行政诉讼法律适用冲突研究

上海市学术著作出版基金

博士文库

张晗　著

行政诉讼法律适用冲突研究

上海人民出版社

序

行政诉讼中的法律适用是一道难题，也是一道关键题。这根源于两层因素：一是行政诉讼本身在法律法规选择适用上的特殊性。较之其他诉讼，其所涉及的法律法规层级众多、门类复杂；二是行政法律法规之间的冲突性。由于立法技术、部门利益、价值观念等原因，我国各种层级、各种类型的行政法律规范之间难免存在相互冲突的现象。此两方面都为行政诉讼中的法律适用提升了难度。

中国特色社会主义法律体系已经建成，然而，法治体系建设还处在持续进行中，这要求我们不仅要强调立法质量的提高，还要求我国法律适用规则的进一步完善。为此，有必要准确把握法律、行政法规、地方性法规、自治条例和单行条例、规章等不同层级法律规范的效力及其相互之间的关系。

目前，我国行政法学理论和法治实践中有关行政诉讼的法律适用规则并没有形成统一化的认知和体系，法律适用中经常会遇到如何识别法律依据、解决法律规范冲突等各种疑难问题。尽管2015年《立法法》、2017年《行政诉讼法》及其相关司法解释对行政诉讼中的法律适用有所涉及，但从立法及司法的角度看并未完全解决该问题，学界亦欠缺对该问题较为深入的学理阐释。正是由于行政诉讼法律适用本身的复杂性与特殊性以及学界对该问题的立法回应与学理探讨不足，凸显了对于行政诉讼法律适用冲突问题进一步研究的现实意义。

张晗博士的《行政诉讼法律适用冲突研究》一书正是基于这样一种法治背景提出问题并完成论证的。近年,《行政诉讼法》《立法法》相继大修,新《行政诉讼法》司法解释亦相继出台,本书结合新的立法规定与司法实践,对行政诉讼法律适用冲突问题进行了全方位、多视角的立体诠释。从整体框架上来看,本书结构严谨,对行政诉讼法律冲突的一些基础理论和实践问题展开了论述,观点鲜明、论证透彻、结论科学、资料翔实。其中不仅对于行政诉讼法律适用冲突作了类型化的分析,而且深入剖析了冲突产生的各种根源,对于完善行政诉讼法律适用冲突解决规则提出了非常独到的见解。既丰富了该领域的理论知识,对行政审判实践疑难亦作出了积极回应,有很好的理论和实用价值。

概观全书,有如下显著特色:首先,研究视角独特。该书以司法过程中的法律冲突为研究主题,将法律冲突问题契入行政诉讼中,突破了以往大多将该问题放置于国际法或者法理学范畴内加以研究的桎梏,将该问题的探讨从平面角度转向立体角度,从静态层面转向动态层面,将法律冲突问题的研究范畴扩展至法律适用学中,拓宽了该问题的研究视角。其次,研究视野较广。该书的研究主题跨及行政诉讼法学、法律适用学、法理学、立法学等多个领域,尤其是能够紧密地将法理学中的法律渊源理论、法律位阶理论、法律漏洞理论、法律解释理论等有效地与行政诉讼法学领域联结起来,丰富并推动了对该领域法学理论研究的广度,亦使得对冲突问题的研究更为全面与扎实。最后,该书的研究具有问题导向性。全书对于冲突解决对策的研究是从司法层面展开的,主题具有鲜明的时代性,对完善我国目前司法实践中法律冲突解决方式提出了可行性意见,研究结论对于司法机关有可供参考的借鉴价值。当然,书中提及的某些重点问题还可在后续研究中持续跟进与进一步深入。

本书作者张晗是我指导的博士生，作为她的导师，近些年来我见证了她在学术道路上的不断成长。欣闻其博士论文如愿出版，我感到由衷欣慰，首先表达我作为导师的喜悦与祝贺，同时也希望张晗博士能够再接再厉，持续进取。期待她在今后的学术道路上不断创新，层楼更上！

值此书稿付梓之际，代具作序，以为贺！

张淑芳

（上海财经大学法学院教授）

2018 年 12 月于上海

目　录

前　言

行政诉讼法律适用是行政诉讼中非常重要的一个环节，人民法院在运用法律规范审理行政案件的过程中，首先需要查明、识别以及选择与案件有关的法律规范，才能对诉讼争议作出相应裁决。在这一过程中，行政审判涉及的法律规范的层级和门类比较多，只有清楚了解并掌握法律、行政法规、地方性法规、自治条例及单行条例、各类规章等不同层次的规范性法律文件的效力及其相互之间的关系，才能更好、更准确地适用法律。而法学理论以及司法实践中关于法律适用的规则并未完全统一化，法官在适用法律的过程中常常会遇到怎样辨别法律依据、如何解决法律规范文件之间的冲突等难题。只有把前述各种"冲突"解决好了，行政诉讼法律适用过程中出现的各类问题才能迎刃而解。然而作为行政诉讼核心内容之一的法律适用问题，尤其是其中的法律适用冲突问题，目前学界对此在理论上关注不够，研究严重不足。本书主要结合立法学、法理学、法律解释学等法学原理，首先对行政诉讼法律适用冲突的具体表现进行类型化研究，其次分析行政诉讼中法律适用冲突现象产生的原因，继而探讨法律适用冲突的解决原则和解决路径。通过对上述问题进行学理上的探讨，以期为司法审判实践提供参考。

本书除导论外，共分为五章。其中，第一章是“行政诉讼法律适用冲突的基础理论”。该章首先根据涵盖范围对法律适用作出了广义和狭义之分。认为广义的法律适用既包括司法，也包括执法。而狭义的法律适用则仅指司法，即国家司法机关在其职权范围内将法律规范应用于具体案件的活动。并进一步介绍了法律适用即司法的历史演进过程，通过描述法律适用的特征和过程，探寻法律适用的本质。其次，本章界定了全文的核心用词——法律适用冲突的概念。从法律冲突在国际私法领域中的运用延伸谈到其在国内法、法理学中的运用，其研究领域被大大拓宽，认为法律冲突包含法律规范冲突以及法律适用冲突。法律适用冲突的概念，是指司法机关在将一般性法律适用于具体案件中发现相关法律存在冲突而产生无法准确适用法律的情况。最后，将法律适用冲突引入行政诉讼领域，集中探讨了行政诉讼法律适用冲突的内涵与特质。本书中所界定的行政诉讼法律适用冲突是指，在行政案件的审理过程中，人民法院发现涉及同一法律事实或法律关系，存在两个或两个以上的规范性法律文件作出了并不相同的规定，法院适用不同的法律规定就会相应地产生不同的裁判结果，即关涉同一法律关系的数个法律规定之间产生了冲突现象。研究这一问题，有助于夯实我国法律适用冲突的学理基础，为帮助指导司法人员更好地处理法律适用冲突提供参考。

第二章是“行政诉讼法律适用冲突的类型”。本章通过梳理法律规范之间的冲突现象，以法律位阶为标准，分别阐述了行政诉讼法律适用冲突的各种表现形式。为探究行政诉讼法律适用冲突的本质，将冲突的表现类型化为：不同位阶的法律适用冲突、相同位阶的法律适用冲突以及其他类型的法律适用冲突。在阐述不同位阶的法律适用冲突的表现中，首先明确了法律位阶的几个划分标准。其次，从权利主体、权利范围、行政主体、行政职权、义务主体、义务内容、适用条件、行政处罚、行政强制、行政许可等方面，对下位法与上位法适用冲突表现中的“相抵触”的认定问题作出了探讨。再次，思考了中央与地方关于立法权属的配置问题，并将地方立法分为实施性立法、自主性立法、先行性立法以及变通性立法，具体分析了地方性法规、自治条例、单行条例、地方政府规章与中央立法的冲突。最后，回顾了我国授权立法的发展并分析了授权立法与中央立法的冲突表现。

在阐述相同位阶的法律适用冲突表现中，首先分析了特别法与一般法的区分特性，对特别法与一般法适用冲突表现中的“不一致”的认定问题作出了探讨。其次，以司法审判案例的形式阐述了新法与旧法的适用冲突。最后，针对疑难问题“新一般法与旧特别法”的适用冲突，比较了我国的解决方式与世界其他国家的解决方式。实践中还有一类冲突，其法律位阶高低的判定并没有明确的依据。如部门规章与地方政府规章、地方性法规之间的适用冲突，行政规范性文件与行政法规、地方性法规、规章之间的适用冲突，司法解释与法律法规、规章之间的适用冲突，等等。本章中对这一类特殊的法律适用冲突表现情形也作出了探讨。

第三章是“行政诉讼法律适用冲突的根源探析”。本章从立法层面、行政层面、司法层面这三个层次上探讨了行政诉讼法律适用冲突产生的根源，并具体分析了行政诉讼法律适用冲突之立法层面的根源为：立法权限界分不清造成法律适用冲突，法律本身规定有误造成法律适用冲突，大量行政立法规范缺失导致法律适用冲突。行政诉讼法律适用冲突之行政层面的根源为：行政机关部门利益法制化造成法律适用冲突，行政权强力干预司法造成法律适用冲突。行政诉讼法律适用冲突之司法层面的根源为：法院的司法审查权受限导致法律适用冲突，法官的自由裁量权滥用导致法律适用冲突。

第四章是“行政诉讼法律适用冲突的解决原则”。本章探讨了行政诉讼法律适用冲突的解决原则，并在这些原则的指导下更清楚地认识到表象背后深层次的本质，进而能够找到解决问题的根本办法。行政诉讼法律适用冲突的解决原则是指，法院在解决行政诉讼法律适用冲突时必须遵循的基本行为准则。它具有稳定性、非强制性和普遍指导性。具体包括有利于行政相对人权益保护原则、行政公权力适法性控制原则、法的整体秩序价值取向优先原则。本章分析了前述三个原则的历史发展与理论基础，并对这三个原则在解决行政诉讼法律适用冲突时的具体运用、意义等情况分别进行了阐述。《行政诉讼法》制定的目的，首先就是维护人权保障，在解决行政诉讼法律适用冲突时须综合考虑对于行政相对人权益的保护。其次是行政公权力适法性控制原则，因为行政诉讼法的颁布还有一个重要目的就是对在行政公权力背景下作出的行政行为是否符合法律规定进行审查。最后从整体法治观的角度得出法的整体秩序价值取向优先原则，即在面临法律适用冲突时，法官需要对被规制的法律关系进行整体法律秩序价值方面的衡量。

第五章是“行政诉讼法律适用冲突的解决路径”。本章是全书的核心章节，主要是围绕着行政诉讼法律适用冲突解决的具体路径来进行阐述。首先，对于规范性法律文件之间的违法冲突现象，要确立我国法院的违法审查机制，逐步扩大法院的违法审查权限，具体做法为：凡是法律以下位阶的规范均须纳入法院的审查范围，即行政法规、规章和其他规范性文件均应列入审查范围。其次，对于规范性法律文件之间的合法性冲突，需要对行政诉讼法律适用冲突的三大具体规则——上位法优于下位法、特别法优于一般法、新法优于旧法规则的适用条件加以完善。关于上位法优于下位法规则，我国《立法法》中虽然对此项规则有所规定，但仍存在一些法律未完全涵盖的空白点或者规定得不甚明确的模糊点，如在几种特殊情况下的法律位阶认定问题（部门规章与地方性法规、政府规章之间的位阶、行政规范性文件的法律位阶、司法解释的法律位阶等）、“相抵触”的认定问题、该项规则适用的例外情况（经济特区立法、变通性的下位法、实施性的下位法均是优先适用）。关于特别法优于一般法规则、新法优于旧法规则，本章对这两项规则的具体适用条件以及适用的例外情况作出了阐明。再次，还需要法官在行政审判时合理运用司法自由裁量权。因为法官的自由裁量权不仅是以理性的意志，按照正常的法律适用发展过程，作出对法理的理解和说明，而且是法官根据立法精神和立法意图对其所选择的法律规定以及对案件的裁判进行的阐释，这些说明和阐释都是对法律本身的补充与完善。最后一条解决路径是有必要在行政诉讼中适当引入社会共同参与机制，融合一定比例的社会力量共同解决法律适用冲突问题。

导　论

一、选题背景与理论意义

（一）选题背景及研究范围的界定

本书探讨的中心问题主要围绕着行政审判过程中的法律适用冲突现象而展开，该主题的确定是基于以下两个方面的背景：一方面是2014年《中共中央关于全面推进依法治国若干重大问题的决定》（以下简称《决定》）中提出构建中国特色社会主义法治体系，其中包括“形成完备的法律规范体系、高效的法治实施体系、严密的法治监督体系以及有力的法治保障体系”，这表明在一国完整的法律体系形成之后党和国家对于法律适用冲突问题的高度重视；另一方面是行政诉讼法律适用具有其自身的特殊性质，使得我们有必要将行政诉讼法律适用冲突问题单列出来进行研究。

第一，中国特色社会主义法治体系目标的构建使得法律适用冲突问题凸显而出。

2014年年底，党的十八届四中全会通过了《中共中央关于全面推进依法治国若干重大问题的决定》。作为我国整体强化依法治国战略的一份纲领性文件，该《决定》将建设中国特色社会主义法治体系，建设社会主义法治国家确定为全面推进依法治国的总目标。中国特色社会主义法治体系的构建要求形成完备的法律规范体系、高效的法治实施体系、严密的法治监督体系、有力的法治保障体系，形成完善的党内法规体系。在法律规范体系建设方面，我国已于 2011 年形成了中国特色社会主义法律体系。从 20 世纪 50 年代开始，我国社会主义民主法制建设就在不断探索的过程中顺应社会关系的复杂变化，特别是社会分工的发展使法律体系逐步完善，结构清晰，各类社会关系均有法可依；伴随着时代的进步与变迁，一套完整的法律体系逐步成形。一个以宪法为根本大法，以法律为主干，涵盖宪法以及民商法、行政法、经济法、刑法、诉讼法和非诉讼程序法等若干个法律部门在内的，由法律、行政法规、地方性法规、规章等多层级法律规范共同组成的中国特色社会主义法律体系已经在我国形成。这标志着我国的法治建设进入了全面有法可依的新阶段。

不过社会主义法律体系的形成并不意味着我国立法工作的结束，我国正处于经济社会发展的转型期，各行各业的改革浪潮持续推进与不断深化，其间出现的各种复杂现象和问题仍需要新的法律规范予以指引和应对，仍应继续加强与完善立法。更为重要的是，目前我国大规模立法已告一阶段，在今后相当长的一段时期内，在完善各项法律制度的同时，法学研究的重点还应当转向司法，转向法律的适用与实施，以及法律的实现。法律体系形成后应把法治建设的重点转移到法律实施上来。[1]没有得以正确实施的法律，写得再好也只能说是一纸空文。唯在有效实施中，法律才能体现出其价值以及功能。如果说，中国特色社会主义法律体系形成之前，我们面临的主要矛盾是“无法可依”的问题，那么在中国特色社会主义法律体系形成之后，法律的实施就成为发展的主要矛盾。[2]由于法律体系的形成从某种程度上来讲已经基本上使我国人民生活的方方面面都实现了

---

〔1〕 李林：《完善中国特色社会主义法律体系任重道远》，载《中国司法》2011 年第 4 期。

〔2〕《营造法律至上的法治环境》，载《人民日报》2013 年 2 月 27 日。

有法可依，以往的某些领域存在无法可依的情况不复存在。因此在这种大背景下，全面推进依法治国中的“治”理问题就显得尤为迫切，对于该问题，我们整个社会都必须勇于面对，社会中的每个人也都必须做到遵守法律，执行法律。法律的应用是法律实施的主要途径。“徒善不足以为政，徒法不足以自行。”法律的生命在于实施，法治原则和法律理念均体现于法律适用过程中。20 世纪 80 年代至今，我国国内已经形成了比较完善的法律体系。党的十八大、十九大召开以来，在依法治国的理论基础之上国家提出今后法治建设的新目标是健全社会主义法治体系，法治建设的着力点从良法转向善治，即法律的落实与法律的实施。习近平总书记也多次就法治建设发表重要讲话，特别是“把法律实施放在更加突出位置予以强调”〔1〕。党的十九大报告中为广大人民勾勒出了一幅全面建设中国特色社会主义法治国家的蓝图。当前，“在法治层面，社会主要矛盾体现为人民群众对法治建设的期待与法治建设发展尚不平衡不充分的现状存在一定的差距”，“执法司法不规范、不严格、不透明、不文明现象较为突出，司法公信力仍有待提升”。〔2〕

尤其是在法律适用过程中体现出来的法律冲突案例时有出现，如 2011 年的鲁潍（福建）盐业进出口有限公司苏州分公司诉江苏省苏州市盐务管理局盐业行政处罚案、2006 年的汪某某诉宁国市劳动和社会保障局工伤认定案等，司法实践中出现的法律适用冲突现象与关涉该领域理论研究的相对滞后形成了鲜明对比，为回应司法实践的需要，从学理上加强对法律适用冲突的研究显得十分迫切。

第二，由于行政诉讼法律适用所具有的特殊性，有必要将该领域

〔1〕 江必新：《中国法律实施：纲要、内容与路径》，载《北京日报》2014 年 8 月 11 日，第 017 版。

〔2〕 王利明：《新时代中国法治建设的基本问题》，载《中国社会科学》2018 年第 1 期。

中的冲突问题单列出来进行研究。

法律适用，在法学理论上也称为法的适用。根据法理学基础理论，对法律适用的阐述一般是从广义和狭义两个角度展开。广义上的法律适用是指，国家机关（包括司法机关在内）及其工作人员以及被授权的组织依照法定职权将法律规范中一般性的、抽象性的规定应用于具体案件中的活动。狭义上的法律适用是指，司法机关在诉讼程序中依照有关法律法规处理具体案件的活动。〔1〕在诉讼法学上，法律适用专指法院依据有关的规范性法律文件对行政案件的处理过程。虽然在我国民事诉讼、刑事诉讼与行政诉讼中都存在着法律适用问题，但由于行政诉讼法律适用的独特性质而使得法律适用冲突现象在行政诉讼过程中体现得较为集中。

行政诉讼法律适用是指，人民法院遵循法定程序，将法律、行政法规、地方性法规、规章等法律文件具体运用于各类行政案件，以便对行政机关行政行为的合法性予以审查的专业性活动。行政诉讼法律适用的目的主要是解决人民法院对被诉行政行为合法性进行审查判断的标准问题，即人民法院以何种标准、依据何种法律规范来审查被诉行政行为的合法性，并进而对被诉行政行为的合法性作出裁判。〔2〕

除却全国人大及其常委会制定颁布的法律在我国的行政诉讼中得以毫无疑问地适用之外，我国行政法源制定主体多元，各类法律规

〔1〕 江必新、梁凤云：《行政诉讼法理论与实务（上下卷·第二版）》，北京大学出版社2011年版，第1013页。

〔2〕 学理上将行政诉讼法律适用分为两种：广义层面上的行政诉讼法律适用，是指法院根据法律规范，对行政纠纷进行处理时所开展的所有活动。它贯穿于行政诉讼全过程。而狭义层面上的行政诉讼法律适用，仅指行政诉讼中，在进入案件审理流程后，法院选择适用具体法律规范于特定案件事实，判断行政行为合法性的特定过程和活动。参见胡建淼主编：《行政诉讼法学》，复旦大学出版社2010年版，第151页。本书中研究的是狭义层面上的行政诉讼法律适用。

范的位阶、效力不一，关于它们是不是都应当属于法院行政诉讼法律适用对象的范围，这些行政审判法源在司法实践中对法院的约束力或者说效力如何，这是我们在研究行政诉讼法律适用中首先需要解决的问题。作为司法实践中的一个难点以及争论的焦点，我国行政立法的主要特征表现为层级众多，在此背景下，法律适用冲突问题在行政诉讼案件中就显得十分突出和重要。同时这也是司法部门关注和亟待解决的一大难题，原因在于人民法院在审判过程中对行政行为合法性进行审查时，会涉及被告法律地位的特殊性以及对于行政行为合法性判断条件的严格性问题。其中，作为行政诉讼被告的行政机关所依据的法律规范之间存在职权交叉、职权冲突、相互矛盾的情形屡见不鲜。人民法院应当如何正确地适用法律规范对行政机关的行政行为的合法性进行审查并予以评价，这是行政诉讼中的核心和关键问题。就本质而言，行政诉讼在性质上类同于复审，也即人民法院对行政机关所作出的被诉行政行为是否具有合法性进行审查。这时的法院以及行政机关都属于法律的适用机关，行政诉讼的含义为法院针对国家行政机关的法律适用是否合法在法律上进行的裁判，法院裁判所依据的标准也同样是法律规范，是对法律规范的复次适用。但是，我们知道，法院所适用的这些法律规范中有不少属于行政立法，是由行政机关发布的，和全国人大制定的法律相比，其不同之处在于，行政立法对人民法院并没有必然的法律约束力，因为行政权不可以束缚司法权的行使，相反，司法权对行政权还起着一定的监督作用。如此一来，尽管行政机关制颁的行政法规、行政规章等行政立法亦属于行政审判中的法源，然而在法院审查行政主体被诉行政行为合法性的时候，这些行政立法的地位需要与法律、地方性法规等作出区分。上述这些原因加重了行政诉讼法律适用表现出极少见的参差不齐、无法统一适用的状况，与民事诉讼以及刑事诉讼中规定法律适用进行比较，行政诉讼法律适用具有其鲜明的特色和纷繁的复杂性：

其一，行政诉讼法律适用的性质具有二次性，体现了司法权对行政权的监督作用。行政诉讼法律适用从性质上而言是法院针对行政机关法律适用的审查，当行政主体对某一事项已经作出了某种行政行为以后，法院针对该行政行为是否合法再一次适用法律，作出裁判，法院的法律适用是对首次行政主体法律适用的有效监督。主要是由于行政机关在作出行政行为的时候，该行政行为都是行政机关适用法律、法规或其他规范性文件于特定法律事实的结果。行政机关在作出行政行为之前，需要认真分析案件的实际情况，然后选择应适用的法律规范，从而作出行政机关认为符合法律规范的决定。这属于首次法律适用。但是倘若公民、法人或者其他组织不服行政机关作出的行政行为，则可以依照法律的规定向法院提出诉讼，法院在审查行政行为的合法性后进行判决。这时法院依旧需要选择适用相关的法律规范，也就是再一次地适用法律。因而有专家将行政诉讼的法律适用亦称为“审查适用”。行政机关在首次适用法律的时候是针对公民、法人或者其他组织的行为作出的行政行为，实施法律。而法院再一次适用法律时尽管也是与公民、法人或者其他组织已经发生的行为事实有关联，但法院审查的是行政机关所作出的行政行为，而不再是行政相对人作出的事实行为。行政诉讼中的法律适用，也就是法院针对行政机关对公民、法人或者其他组织的行为是否符合法律规定的再一次法律适用，而民事诉讼以及刑事诉讼的法律适用都是对法律规范的首次适用。

其二，行政诉讼法律适用的目的带有特殊性。行政诉讼中的法律适用，其需要处理的问题是裁判国家行政机关所作出的行政行为是否合法。行政诉讼中一个最主要的原则就是合法性审查原则，即审查行政行为本身有没有违法。从原则上来讲，法院只审查行政行为是否合法的问题，[1]仅在明显不当的行政处罚或者其他涉及对款额的确定、认定确有错误的行政行为中审查合理性问题。[2]其原因在于，很多情况下国家行政机关是拥有行政裁量权的，即只要在法律规定的权限及其范畴内，行政机关有权依据自己的职权进行行政行为，而不允许司法权介入其中，更不允许司法机关替代行政机关进行处理。且判断合法与否需要有法律的明确规定才可行。而民事诉讼中的法律适用原则上解决的是被诉民事行为是否合法以及是否合理的问题，且判断合法、合理的标准是法无禁止性规定即为合法。刑事诉讼中的法律适用主要解决的是被诉行为是否违法、是否触犯了刑法的问题，如果被诉行为违反了刑事法律的明确规定，则须予以刑事处罚。

其三，行政诉讼法律适用的法源具有复杂性。我们知道，在刑事诉讼中，法院可以作为审判依据的只能是刑法及其相关的立法解释和司法解释。在民事诉讼中，法院能够在审判中适用的法律规则包括《民法总则》《民法通则》《合同法》等民事法律及相关的立法解释和司法解释。在法定的特殊情况下，行政法规、地方性法规等也可以适用。可是在行政诉讼时，法院能够据以作为适用法源的法律规范性文件包括法律及其解释、行政法规、行政解释、地方性法规、自治条例和单行条例、规章、其他规范性文件、司法解释以及国际条约等，且在审判实践中，运用诸如行政法基本原则、行政惯例、政策等进行审判的现象也都是存在的。由此可以看出，行政诉讼中适用的法源可谓

---

〔1〕 参见 2017 年《行政诉讼法》第 6 条的规定，即“人民法院审理行政案件，对行政行为是否合法进行审查”。

〔2〕 参见 2017 年《行政诉讼法》第 77 条的规定，即“行政处罚明显不当，或者其他行政行为涉及对款额的确定、认定确有错误的，人民法院可以判决变更”。

纷繁复杂，它们各自的位阶与效力等级也不相同，因此会产生适用方面的复杂性。

其四，行政诉讼法律适用的类型呈现多样性。司法实践中，法院在判定行政主体的行政行为是否合法时，不仅可以法律、行政法规、地方性法规、民族自治地方的自治条例和单行条例为依据，而且可以将规章予以参照适用。适用类型具体表现在既有"依据"，又有"参照"，还有"援引"和"引用"。例如我国《行政诉讼法》[1]第63条规定，人民法院审理行政案件，以法律和行政法规、地方性法规为依据。地方性法规适用于本行政区域内发生的行政案件。人民法院审理民族自治地方的行政案件，并以该民族自治地方的自治条例和单行条例为依据。人民法院审理行政案件，参照规章。《最高人民法院关于适用〈中华人民共和国行政诉讼法〉的解释》[2]（以下简称《行诉解释》）第100条规定，人民法院审理行政案件，适用最高人民法院司法解释的，应当在裁判文书中援引。人民法院审理行政案件，可以在裁判文书中引用合法有效的规章及其他规范性文件。根据前述法条之规定，法院在行政诉讼中能够对规章进行"参照"适用，能够对司法解释进行"援引"适用，也能够对其他规范性文件进行"引用"，这些是行政诉讼法律适用最主要的特点。

由于行政诉讼中的被告是行政机关，且行政机关本身也是具有一定立法权限的，因此行政诉讼中法律适用的情况远比民事诉讼、刑事诉讼中的法律适用情况复杂。我国《行政诉讼法》中特意对行政诉

---

〔1〕 1989年4月4日第七届全国人民代表大会第二次会议通过，根据2014年11月1日第十二届全国人民代表大会常务委员会第十一次会议《关于修改〈中华人民共和国行政诉讼法〉的决定》第一次修正，根据2017年6月27日第十二届全国人民代表大会常务委员会第二十八次会议《关于修改〈中华人民共和国民事诉讼法〉和〈中华人民共和国行政诉讼法〉的决定》第二次修正。

〔2〕 2017年11月13日最高人民法院审判委员会第1726次会议通过，自2018年2月8日起施行。法释[2018]1号。

讼的法律适用冲突作了单独规定，其中第 63 条就“依据”法律法规和“参照”规章进行了规定。《行诉解释》第 100 条对援引司法解释和引用规章及其他规范性文件进行了规定。最高人民法院于 2004 年 5 月 18 日公布的《最高人民法院关于审理行政案件适用法律规范问题的座谈会纪要》(以下简称《纪要》)也是规范行政诉讼法律适用的重要法律性文件。另外，根据《行政诉讼法》第 101 条，法院在审理行政诉讼案件的时候，其法律依据除了包含行政诉讼法及其司法解释之外，还可以适用民事诉讼法中的相关规定。以上所阐述的各类规范性法律文件构成了目前我国行政诉讼法律适用时的基本规范，这些不同种类的法律规范也被统称为行政诉讼的法源，由于它们都具有一定的法律效力，因此在法律适用过程中，均占据一席之地，但是不同法律规范所占据的法律位阶却是各不相同的，这一局面产生了在行政诉讼法律适用过程中的法律冲突现象该依何种理论解决之问题。

综上，行政诉讼法律适用是行政诉讼中的一个非常重要的环节，法律适用问题也是行政诉讼中的核心问题之一，人民法院在运用法律规范审理行政案件的过程中，首先需要查明、识别并选择与案件有关的法律规范，才能对诉讼争议作出相应裁决。在这一过程中，由于各类法律规范适用的地位不同，即各类法律规范在行政审判中的位阶、效力等级不同，从而导致规范同一事项的法条之间若出现不同的规定则在法律适用中经常会产生相互矛盾的情况，这也是本书研究的主要内容。行政诉讼法律适用的独特性进而导致的复杂性均集中体现于行政诉讼法律适用过程中出现的大量冲突现象中。本书即是针对这一现象所进行的研究，本书的研究范围包括行政诉讼法律适用冲突的基础理论、行政诉讼法律适用冲突的类型、行政诉讼法律适用冲突的产生根源、行政诉讼法律适用冲突的解决原则以及行政诉讼法律适用冲突的解决路径。

（二）选题的理论意义和实用价值

行政诉讼审判实践中，法官面对不断出现的各种新问题，面对法律、法规、规章、政策、规范性文件等各类纷繁复杂、不同位阶的“法”时如何正确发现法、找出适合的法、如何将适合的法适用于涵摄事实中；当适合的法之间存在规定方面的冲突时，应如何相应地对这些不同位阶的法进行解释，如何按照一定的原则处理出现的冲突现象，选择合适的法条，从而正确地进行裁判等等，行政诉讼法律适用的独特性和复杂性以及问题解决的困难性可谓集中体现在“冲突”两字上，只有把“冲突”解决好了，行政诉讼法律适用过程中出现的各类问题才能迎刃而解。而该冲突问题的解决仅靠现行的五六处条款的规范是远远不够的，因为在司法实践中行政诉讼的法律适用冲突领域仍然存在一些重大的理论和实践问题，需要我们从法学理论上进一步深入探讨该领域里呈现出的有争议的、新的问题，并结合立法学基础理论的分析，提出解决这些问题的法律适用原则、法律适用方法及对策等。

行政诉讼法律适用冲突问题的解决，有利于行政审判中法院正确地适用法律，直接反映司法的公平、公正；有利于提高行政法治监督水平和行政执法水平；有益于维护我国法制的统一、提高司法公信力。其影响具体来说体现为以下几点：

其一，对行政诉讼法律适用冲突问题的深入研究因应司法审判实践的需要。为司法实践中出现的问题提供解决办法与启迪，是学者进行法学研究的主要目的之一。由于行政审判与民事审判、刑事审判相比，在法律适用方面具备诸多独特性，在行政审判实践中产生了大量独特的现象与问题，这些问题是我们仅仅依赖传统的民事、刑事审判原理无法解决的，因此对行政诉讼法律适用问题的深入研究是源自行政审判实践的需要。

其二，对行政诉讼法律适用冲突问题的深入研究能够促进行政诉讼制度的建设。行政诉讼制度建设中有两种非常重要的制度，即人民法院对事实的认定制度，以及人民法院对法律的适用制度。具体说来，就是人民法院根据何种原理与方法来寻找、选择、识别、解释、适用法律规范，从而对案件进行裁判。而我国的行政诉讼法仅用几个条文规定法律适用冲突制度，且规定得较为笼统和原则，因此对该领域中出现的各种问题进行深入研究有助于行政诉讼法律适用制度的补充和完善。

其三，行政诉讼法律适用冲突问题的深入研究能完善行政诉讼基础理论，使其更加体系化。目前我国的行政诉讼法学研究范围尽管已经十分广泛，涵盖行政审判组织模式、证据规则、当事人制度、审判程序、裁判及执行等方面，论证比较深入，但是对于行政诉讼的法律适用，尤其是法律适用冲突问题，其研究则显得较为薄弱，法理学中的法律渊源理论、法律位阶理论、法律漏洞理论、法律解释理论等一直未能有效地与行政诉讼法学研究相结合。理论研究上的滞后或缺位更无法满足行政诉讼法理论更新与完善的需要。

其四，行政诉讼法律适用冲突问题的深入研究能够推动我国法治建设进程。我国法治建设的目标是使公民权益得到保障，不受行政公权力的非法侵害，并在遭受侵害时能够得以受到法律上的救济和保护。在这一过程中，关键问题就是：法院站在什么样的立场、以什么样的法律规范来裁判案件。因此，行政审判维护和推动法治建设进程，这一作用的发挥需要学界对法律适用冲突现象加以深入研究。

总体来说，认定事实与适用法律贯穿行政诉讼活动的全过程，两者构成了行政审判的基本内容。然而作为行政诉讼核心内容之一的法律适用问题，尤其是如何解决法律适用冲突问题，目前学界对此在理论上关注不够，研究严重不足。本书拟结合立法学、法理学、法律解释学等法学原理，首先对行政诉讼法律适用冲突的具体表现进行类型化研究，并分析行政诉讼中法律适用冲突产生的原因，继而探讨法律适用冲突的解决原则和解决路径。通过对上述问题进行学理上的探讨，以期为司法审判实践提供参考。

二、 研究现状综述

行政诉讼法律适用是行政诉讼法学界长期关注的问题，也是一个非常关键的问题。目前在我国行政诉讼法研究领域中针对涉及行政诉讼法律适用冲突的基础理论、行政诉讼法律适用的不同法源、行政诉讼法律适用冲突产生的根源以及针对该现象的解决原则和具体解决路径等问题均有研究，取得了积极的成果。

首先，在行政诉讼法律适用冲突的基础理论方面，不少学者对法律适用、法律冲突问题都提出了自己的看法。如江必新等认为，法律适用，在法学理论上也称为法的适用。根据法理学基础理论，对法律适用的阐述一般从广义和狭义两个角度展开。广义上的法律适用指的是国家机关（包括司法机关在内）及其工作人员与法定被授权的组织依照法定职权将法律规范中带有抽象件的、一般性的规定应用于具体案件的活动。狭义上的法律适用是指司法机关在诉讼程序中依照有关法律法规处理具体案件的活动。[1]沈宗灵认为，法律适用，亦称为法的适用，通常是指，国家司法机关根据法定职权和法定程序，具体应用法律处理案件的专门活动。由于这种活动是以国家名义来

〔1〕 江必新、梁凤云：《行政诉讼法理论与实务（上下卷·第二版）》，北京大学出版社2011年版，第1013页。

行使司法权，故一般简称“司法”。[1]

关于法律冲突的研究，大多是从国际私法领域而言的，如韩德培认为，法律冲突是指两个或两个以上的不同法律同时调整一个相同的法律关系而在这些法律之间产生矛盾的社会现象。一般来说，只要各法律对同一问题作了不同的规定，而当某种事实又将这些不同的法律规定联系在一起时，法律冲突便会发生。[2]又如丁伟认为，法律冲突又称法律抵触，指内容相互歧义的不同国家的法律竞相要求对同一国际/涉外民事法律关系实施管辖而形成的法律适用上的矛盾冲突状态。[3]近年来随着国内对于法律冲突研究的深入，法律冲突的研究范围得到了极大扩展，首先是在法理学领域，法律冲突开始研究国内法律规范的冲突。如蔡定剑认为，法律冲突是国际私法上的一个概念，它是在国际民商事交往中，不同国家对同一问题的规定不同，产生有关国家的法律对同一民商法律的规定相互冲突。……然而，在当今中国，法律、法规、规章和法律解释相互冲突、打架，一点也不逊于国际社会中的法律冲突。[4]马怀德指出，法律冲突看似是与国际私法相伴而生的，早期法学界对于“法律冲突”现象的研究更多地局限在国际私法学的视野之内，但法律冲突作为一种普遍存在的现象已经成为不容置疑的事实，法律冲突早已超越国际私法的疆域而成为法学研究无法回避的议题。所谓法律冲突是指，调整同一法律关系的不同法律规范因内容上的差异而导致效力上的排斥进而互不兼容的现象。行政法律冲突只是法律冲突在行政法视域中的特别化。[5]董皞认为，法律冲突是由于法律产生的原因和条件不同而

〔1〕 沈宗灵主编：《法理学(第二版)》，高等教育出版社2004年版，第349页。

〔2〕 韩德培主编：《国际私法》，高等教育出版社、北京大学出版社2000年版，第85页。

〔3〕 丁伟主编：《国际私法学》，上海人民出版社2004年版，第6页。

〔4〕 蔡定剑：《法律冲突及其解决的途径》，载《中国法学》1999年第3期。

〔5〕 马怀德主编：《我国法律冲突的实证研究》，中国法制出版社2010年版，第4页。

导致的对同一调整对象都有管辖权的法律之间内容的不一致，法官或有关专门机关认为适用不同的法律将会产生不同法律后果的法律制度现象。[1]刘莘认为，法律冲突是指我国立法领域中不同法律规范之间存在的矛盾冲突。[2]

大多数学者对于行政诉讼法律适用的概念及特点的认识较为统一，能够达成一致。通常认为行政诉讼法律适用是指，人民法院在审理行政案件，审查行政行为合法性的过程中，具体运用法律规则作出裁判的活动。[3]有关行政诉讼法律适用冲突的含义，目前学界中明确作出阐明的较少，大多数研究均是从静态角度对法律冲突进行分析，而从动态角度分析的较少。在对行政法律规范冲突的内涵进行解读方面，有学者对行政法律规范的冲突的含义和分类进行了系统解读，认为行政法的冲突包含三方面的含义：内容和理由的不统一，没有权限或者权限冲突，限制或者增加权利义务。规范冲突的主要形式有九种：范围不一致，条件不一致，行为不一致，法律概念不一致，无权限或者越权，规范的规定、精神相互不一致，上位依据丧失，时间或者期限不一致，以及前后规范不一致。[4]还有学者从法理学角度对法律冲突进行了探讨，认为法律冲突是一种重要的法现象，也是法理学研究的重要范畴。法律冲突不仅表现为规范冲突，还表现为权利(权力)冲突。法律冲突有正负两方面的作用，我们不能太过于强调法律冲突的负面作用，这种做法仅是片面的，实际上，法律冲突也是具有正面作用的。法律冲突在某种程度上也会成为法律变迁

---

〔1〕 董皞：《论法律冲突》，商务印书馆2013年版，第39页。

〔2〕 刘莘主编：《国内法律冲突与立法对策》，中国政法大学出版社2003年版，第94页。

〔3〕 参见姜明安主编：《行政法与行政诉讼法(第五版)》，北京大学出版社、高等教育出版社2011年版，第1014页。胡建淼：《行政诉讼法学》，复旦大学出版社2010年版，第151页。

〔4〕 杨小君：《行政法律规范的冲突》，载《国家行政学院学报》2006年第3期。

的动力。因为没有矛盾冲突的发现，就没有新法律的出台。我们可以针对冲突问题建立一套调整法律冲突的灵活运作机制，以使法律制度的最大效用得以发挥。〔1〕

其二，关于行政诉讼法律适用的法源方面的研究。法律适用冲突现象的产生主要是由于行政审判中可适用的法律文件种类繁多，各类不同法律文件所制定的位阶、颁布的时间、效力的范围均不相同。行政审判中法院可以选择适用的法律规范包括法律、行政法规、地方性法规、自治条例、单行条例、规章、司法解释、其他规范性文件等在内的多级法律规范，它们的层级较多、范围较广，彼此之间容易出现不一致的情况。不过现有的研究成果多数仅是对这些法律规范的某一种类型的地位及适用进行探讨。

关于法律适用、法规适用方面的研究有以下成果。由于《行政诉讼法》对于法律、法规作为行政诉讼的审判依据规定得较为清楚，《立法法》中也对法律法规的位阶作出了明确的规定，因此，目前的研究中学者们得出的意见较为统一。在这方面，对于狭义上的法律的适用问题谈论得较少，仅有少量论文中谈及法规在行政诉讼中适用地位方面的问题，如有学者指出，虽然《行政诉讼法》中明确了法院在审理行政诉讼案件的时候，依据包括法律、行政法规、地方性法规；地方性法规适用于本行政区域内发生的行政案件；人民法院审理民族自治地方的行政案件，并以该民族自治地方的自治条例和单行条例为依据。但是如果行政法规、地方性法规、自治条例和单行条例与法律对于同一事项的规定相抵触，则在这种情况下，法院应当依照《立法法》的规定报请最高人民法院提交全国人大常委会审查决定。〔2〕也

---

〔1〕 范忠信、侯猛：《法律冲突问题的法理认识》，载《江苏社会科学》2000 年第 4 期。

〔2〕 章剑生：《依法审判中的“行政法规”——以〈行政诉讼法〉第 52 条第 1 句为分析对象》，载《华东政法大学学报》2012 年第 2 期。

有学者对于行政诉讼法律适用中法院如何对法律规范进行审查进行了探讨，认为在行政诉讼案件中，法官应当对所适用的法律规范进行合宪性、合法性审查，然后将有效的法律规范适用于具体案件中。还有学者认为，当前行政诉讼法赋予行政法规的行政审判依据地位受到了质疑。从国外的行政审判理论与实践来看，各种效力层级不同的行政立法对法院并无绝对的约束力，法院在审理行政案件时均可以对它们的合法有效性进行审查，因而它们不具有行政审判依据地位。从我国宪法的有关规定来看，行政法规不能成为人民法院审理案件的依据规范，行政诉讼法赋予行政法规审判依据地位是违反宪法的，应当予以纠正。[1]

关于规章在行政诉讼中的适用冲突研究。此方面的研究虽然较多，不过争议仍然较大。主要集中在关于规章在审判中的适用地位——参照性质的探讨以及关于法院对规章的审查权与选择适用权如何正确行使这两方面。如有学者通过对我国法律有关包括规章在内的行政规范的产生、效力等级及其在行政诉讼中的地位和作用的分析，提出行政诉讼的任务在于审查确定行政行为的合法性问题，它以行政行为所针对的行政管理活动的标的为基础，审查是否对标的进行依法管理。这里存在一个问题的两个方面：一方面，行政管理活动的标的是否违法，另一方面，行政行为是否违法。行政诉讼的侧重点在于审查行政行为是否违法的问题。确定这两个“是否”，都要有一个标准或者依据，尤其在行政诉讼中，其争议是由行政行为而引起，而行政行为正是以成千上万的不同效力等级的法律规范为依据的。必然会出现这些众多的规范之间是否抵触或一致的问题，所以在行政诉讼中首要问题就是选择和确定衡量具体行政行为是否合法

〔1〕 崔文俊：《对行政法规行政审判依据地位问题的探讨》，载《行政论坛》2007 年第 4 期。

的标准。我国行政诉讼法并未明确规定对行政规范的司法审查问题，但"参照"规章的规定实际上隐含了这一内容。参照一词体现了法院在行政诉讼中对行政规范的审查是以选择适用为目的的审查。[1]还有学者认为，地方政府规章是我国法律体系中数量最大、涉及面最广、问题也最多的一种规范性文件。可是从实践中来看，地方政府规章在内容的质量以及立法的技术等方面都存在不少问题。如何理解"参照"的内涵，关系到规章在行政诉讼中的地位。现行行政诉讼法对于规章的法律效力规定得含糊不清，其根本原因之一在于中央立法与地方立法的适度分权问题没有解决好，并重新界定了地方政府规章的构成要件、主体资格以及地方政府规章的制定权限。[2]另有学者认为，人民法院在行政诉讼中有权以独立解释行政规章的形式来对规章进行审查。判断任何一项规章在审判具体行政案件时"参照"与否的权力专属于人民法院。人民法院的解释和裁判不能被推翻。人民法院在解释行政规章时也应遵循一定的原则。[3]

关于其他规范性文件法律地位的研究。这方面有关的探讨在数量上并不多，如有学者探讨了行政规范性文件的法律地位，认为行政规范性文件是由行政机关制定的规章以外的行政管理行为规则。然而，行政规范性文件的法律地位(如性质、调整方式、规范效力等)在行政法学体系中却无系统性理论，学界关于其他规范性文件存在的各种认识仍然未能达成一致。众所周知，行政规范性文件制定主体具有很大的复杂性，于是这便引申出了另一个难题，即规范性文件的地位高低问题，如国务院制定公布的规范性文件的效力要明显高于各部委以及地方制定的规章。有学者指出行政规范性文件是行政法

〔1〕 董皞:《论行政审判对行政规范的审查与适用》，载《中国法学》2000年第5期。

〔2〕 沈荣华:《关于地方政府规章的若干思考》，载《中国法学》2000年第1期。

〔3〕 刘知了:《行政诉讼中人民法院对行政规章的解释》，载《理论月刊》2005年第11期。

体系的有机构成。行政规范性文件应以规范名称和制定主体相结合确定其等效。行政规范性文件具有次级强制力性。[1]有学者从制度方面对行政规范的法律地位进行了论证，简要分析了围绕行政规范法律地位所展开的争论以及司法界的态度，区分了法源和“依据”，论证了判断行为规范是否属于法源的标准，认为法定解释性行政规范是法的具体表现形式，其他行政规范并不具有法源地位，非法源性行政规范可以作为作出行政行为和司法裁判的依据但应接受司法审查和合法性检验。[2]还有学者从更具体的行政规范——国务院各部委制定的规范性文件的法律效力作为切入点，指出经过国务院的同意，由国务院办公厅公布的带有普遍约束力的规范性文件是其制定行政措施、行政决定、命令的公文载体。其效力虽然不能完全等同于行政法规的效力，但只要不与上位法的规定相抵触，其效力应当高于地方性法规和规章。[3]另有学者也分析了行政规范性文件的法律规范，指出对规范文件进行立法的必要性以及方式，对规范性文件的订立权限进行了综合分析，研究了不同制定主体的行政规范文件的法律效力与司法适用。[4]

关于司法解释在行政诉讼中的适用地位及冲突的研究。有学者认为，中国的司法解释在整个法律解释体系中占有十分重要的地位，具有自身的特点。司法解释分为法院规范解释和法官裁量解释两种，其中，法院规范解释指依据法律授权的最高人民法院在审判工作中就适用法律普遍存在的问题作出的抽象性、规范性解

〔1〕 关保英：《行政规范性文件的法律地位研究》，载《河南司法警官职业学院学报》2003年第1期。

〔2〕 叶必丰：《行政规范法律地位的制度论证》，载《中国法学》2003年第5期。

〔3〕 蔡小雪：《国务院下属部门规范性文件的法律效力判断与适用》，载《人民司法》2008年第4期。

〔4〕 金国坤：《论行政规范性文件的法律规范》，载《国家行政学院学报》2003年第6期。

释。它起着与法律同等重要的作用，是中国法院和法官每天办案的直接依据。[1]有学者认为，司法解释是具有中国特色的法律性文件，其中系统的、大篇幅、集中发布的司法解释更具特色。司法解释具有法律效力，可以被裁判引用，在一定程度上构成了我国的“法律渊源”。[2]有学者从广义法律解释的角度指出，法律解释作为法律适用过程中的必要手段和必经步骤，是司法过程的题中之义。法律解释弥补了法律与事实之间的缝隙，在保证实现法治统一性的目标之下体现了法律适用的灵活性，从而成为法律适用的前提。并阐述了法律解释对法律适用的价值。[3]还有学者对我国30年来的行政诉讼批复、答复进行实证考察后，指出行政诉讼的批复以及答复是国内特有的诉讼制度，被当成解决司法疑难案件的依据性文件，它们扩大了法律规范的范畴，具有行政诉讼解释的性质，其中有一些还是对法律的突破和创新，在行政审判中发挥了应有的作用。不过行政诉讼批复答复在司法审判实践中仍存在很大的局限性，它弱化了本应由法律担负的职能，独创了案件请示制度，将其制度化与诉讼化设置，但是这些批复以及答复在程序和效力上仍需要进一步完善。[4]

针对指导性案例适用的探讨有以下部分。有专家指出，最高人民法院发布的《关于案例指导工作的规定》标志着案例在我国法治理论和法治实践中的作用越来越突出。行政法案例是指发生在行政法治实践中，由行政法的适用行为引起的、已经发生法律效力并被封存的那些案件。其对行政法治实践而言，具有厘清行政法关系、选择行政立法进路、对行政法适用提供参照和整合行政法实现的价值。行

〔1〕 陈春龙：《中国司法解释的地位与功能》，载《中国法学》2003年第1期。

〔2〕 曹士兵：《最高人民法院裁判、司法解释的法律地位》，载《中国法学》2006年第3期。

〔3〕 姜保忠：《法律解释及其在法律适用中的作用》，载《法学杂志》2011年第6期。

〔4〕 许蔚东：《超越个案：诉讼批复答复的价值解析与功能优化》，载《法律适用》2014年第1期。

政法案例的主要类型有:作为行政判例的行政法案例;作为行政赔偿的行政法案例;作为行政复议的行政法案例;作为权力机关监督个体的行政法案例;作为公务员纪律处分的行政法案例;作为行政处理的行政法案例。[1]有学者指出,案例指导制度是我国在推进司法改革的进程中的一项保障司法公正的重要举措,它在保障裁判的统一、规范法官自由裁量权、保障法律的准确适用等方面均起到了十分重要的作用。案例指导制度建立之后,其将与司法解释制度相辅相成,共同发挥解释法律、统一裁判尺度、保障法律的准确适用的功能。建立案例指导制度的关键在于,要明确指导性案例的效力。指导性案例发挥作用的关键在于,通过“识别”确定系争案件与指导案件之间是否存在类似性,指导性案例不应仅仅限于漏洞填补情形下的指导,还需包括各种事实认定、法律适用的典型案例的指导。[2]有学者对案例指导制度的性质定位与价值维度进行了论述,认为案例指导制度的性质定位是基于审级监督权对法律适用进行规范的司法制度。案例指导制度的价值维度彰显了司法法治运行规律。[3]还有学者对我国最高人民法院案例指导制度的发展过程作了回顾,认为最高人民法院发布案例的程序与最高人民法院发布司法解释时的程序相同,这便体现了最高人民法院关于法律适用的具体标准和司法尺度的主张。公报案例与司法解释都是最高人民法院对审判工作中具体应用法律的解释,并同时构成最高人民法院指导全国法院审判工作的法律工具。[4]还有学者对案例指导制度若干重大疑难争议问题进行了

---

〔1〕 关保英:《行政法案例的范畴及价值研究》,载《行政法学研究》2013年第1期。

〔2〕 王利明:《我国案例指导制度若干问题研究》,载《法学》2012年第1期。

〔3〕 夏锦文、莫良元:《社会转型中案例指导制度的性质定位与价值维度》,载《法学》2009年第11期。

〔4〕 周伟:《通过案例解释法律:最高人民法院案例指导制度的发展》,载《当代法学》2009年第2期。

研究，指出案例指导制度的价值和作用应当是多元的、多层次的，与西方国家的判例制度相比，具有独特的功能。从本质上说，案例指导并非“法官造法”，而是旨在发挥指导性案例在统一法律适用标准、指导下级法院审判工作、丰富和发展法学理论等方面的作用。案例指导工作始终要求在法律框架下进行，以遵循现行法律为前提。所以，指导性案例的形成和运用不可能属于立法范畴，目的是使抽象的审判指导概念进入更明确、更具操作性的层面，其作用在于正确解释和适用法律。〔1〕

其三，关于行政诉讼法律适用冲突现象产生的原因方面的研究。有学者认为，中央统一领导下的中央和地方两级、多层次的立法体制，对行政诉讼法律适用的影响是巨大的。从中央行政机关到地方行政机关，无论是行政法规还是规章以及其他行政规范性文件，它们都是行政机关进行行政管理不可缺少的。而且，层级越低，具体性越强，在行政管理中适用的机会也就越多。在这些众多的行政规范中，低层级的行政规范由于缺乏严格和规范的制定程序，制定时缺乏利益的考虑，因而与高层级的行政规范之间不可避免地存在着冲突。〔2〕有学者也分析了产生法律冲突的主要原因，指出法律规则的多义性和模糊性，立法者价值取向或价值判断具有相异性，地区差异，法律规则的相对稳定与社会生活变迁的矛盾，我国立法主体多元及立法权限不清，某些地方保护和部门垄断等均是我国产生法律冲突的原因。〔3〕

其四，关于行政诉讼法律适用冲突处理与解决的研究。在冲突

〔1〕 胡云腾、于同志：《案例指导制度若干重大疑难争议问题研究》，载《法学研究》2008年第6期。

〔2〕 董皞：《我国行政法律规范冲突缘起探究》，载《中国法学》2013年第2期。

〔3〕 刘莘主编：《国内法律冲突与立法对策》，中国政法大学出版社2003年版。

的处理与解决方面，首先需要确认的是法律位阶的认定。法律位阶不仅是法理学的一个基本问题，而且是“上位法优于下位法”规则正确适用的重要前提。目前学界对于“法律位阶的划分根据是什么”的问题在理论上颇有争议。我国《立法法》本身也没有给出清晰的回答，从而造成对我国法律位阶划分标准认识上的分歧。探源梅尔克—凯尔森法律位阶理论模式可知，法律位阶关系具备三个特性，即条件性、具体化和控制性。位阶构建了整个法律渊源体系的有序性和整体性，它提供了法律适用上的依据，位阶学说表现为高位阶法对低位阶法在法秩序的控制上，即它可以改变或撤销低位阶的法。位阶划分的实质标准就在于能否实施层级监督和合法审查。〔1〕胡玉鸿则从法律位阶划分标准的角度提出了独特的看法，认为可以通过三个准则来对法律位阶进行上、下位的确定：(1)权力的等级性，是指法律位阶的高低以权力的不同等级为确立基准。(2)事项的包容性，是指法律位阶关系以立法事项的包容性为标准，由此形成法律与法律之间的层层递进关系。(3)权力的同质性，指法律位阶的划分以权力的同质性为基础。这一标准本身也是对“权力的等级性”标准的限制。以上述三个标准为依据，得出在行政法规和地方性法规之间并不存在上下级的位阶关系，而是属于法律之下同等的规范性法律文件。〔2〕

最后是关于法律冲突的解决机制研究。有学者认为，对于法律冲突，法院必须有所行动。在审理案件的过程中，如果法院遇到冲突的规范性文件，那么，法院该如何适用这些冲突的法律呢？一种做法是报请最高人民法院并由最高人民法院送请有权机关解释或裁决；

〔1〕 顾建亚：《法律位阶划分标准探新》，载《浙江大学学报（人文社会科学版）》2006年第6期。

〔2〕 胡玉鸿：《试论法律位阶划分的标准——兼及行政法规与地方性法规之间的位阶问题》，载《中国法学》2004年第3期。

另一种做法是在法院系统内部作出判断选择，根据冲突解决规则在这些相互冲突的法律中谨慎地予以适用，甚至还需对法的效力作出一定的评价。上述做法尽管保全了法制的统一性及整体性，但也是存在一定问题的。为了让法院履行通过审判维护法律秩序统一的职责，实现“国家的审判机关”的宪法定位。一方面，法院应当恪守司法权的界限，另一方面，法律应当明确赋予法院一定的选择乃至评判的权力。[1]也有学者介绍了我国现行法律冲突的调整机制，探讨了解决法律冲突的途径，提出了对法律冲突必须进行综合治理，综合治理包括预防冲突、排除冲突和裁决冲突等多方面。[2]

法律冲突问题并非我国特有的现象，即使是在西方法治发达国家，也会面临法律冲突问题。国外关于行政诉讼法律适用领域内的研究主要体现在两个方面。

一个方面是对于确立法律适用冲突规则的研究。以美国为例，由于其属于普通法系国家，受英国法律传统的影响较大，美国行政法的渊源既包括立法(制定法)也包括判例法[3]，且美国又是一个联邦制国家，立法权分别归属于联邦和州行使，因此美国行政诉讼中的法源不仅包括联邦法律，还包括各州的法律；不仅包括制定法，还包括判例法；不仅涵盖议会立法，还涵盖了委任立法。那么在这样一种庞杂的法律系统内部，若发生了法律冲突，同样也会存在一些冲突解决规则，具体包括：(1)联邦法律效力最高原则。《联邦宪法》第6条第2款规定，“本宪法和依本宪法所制定的合众国法律，以及根据合众国的权力已缔结或将缔结的一切条约，都是全国的最高法律；每个州的法官都应受其约束，即使州的宪法和法律中有与之相抵触的内容”。

---

〔1〕 王贵松：《法院对法律冲突问题的应对：现状与前瞻》，载《法商研究》2010年第2期。
〔2〕 蔡定剑：《法律冲突及其解决的途径》，载《中国法学》1999年第3期。
〔3〕 王名扬：《美国行政法(上)》，北京大学出版社2016年版，第35—36页。

从这一规定可以看出，在美国，联邦立法效力高于州立法的效力，州宪法不能与联邦的宪法、法律、法规相冲突，州法律也不能与联邦法规相冲突。(2)充分忠实和信任原则。(3)新法优于旧法原则。当联邦制定法之间或州制定法之间发生冲突时，适用的是新法优于旧法原则。(4)制定法效力高于判例法。国会代表人民的意志，立法的效力高于判例法，不合理的判例由于和法律冲突无效，法院的职责首先是适用国会制定的法律。(5)搁置先例。(6)议会立法优于委任立法。[1]

在德国，法律冲突的解决原则有以下几点：(1)优先考虑制定法。从理论上来说，大陆法系认可的法律渊源只有制定法、条约以及习惯，只有这三者才具备正式的法律效力。而在这三者中，尤以制定法的地位为最高，具有优先适用效力。(2)联邦法律优于州法律。基本法作为联邦法律拥有上位法的优先效力。[2]

另一个方面则是从司法审查制度的完善角度来展开的。在美国，法院有权力审查国会制定的法律是否存在与宪法相悖的地方，也有权力审核包含行政命令在内的一切行政立法是否存在与宪法和法律相悖的地方。在英国，行政机关制定的法律规范被称为“委任立法”。法院在审查处理案件时是依据越权原则来对包括中央行政机关立法在内的委任立法进行判断，审核其是否合法。在德国，宪法法院和行政法院均有权对于委任立法进行审查。其中，宪法法院在审查处理行政案件的过程中是以直接审查的方式审查委任立法是否越权的。而行政法院在审查处理行政案件的过程中是以附带审查的方式审核委任立法是否有越权行为，即间接审查。

由于西方国家实行的大多是“二元”性立法体制，联邦和各个组

---

〔1〕 马怀德主编：《我国法律冲突的实证研究》，中国法制出版社 2010 年版，第 123—126 页。

〔2〕 顾建亚：《行政法律规范冲突的适用规则研究》，浙江大学出版社 2010 年版，第 6 页。

成单位立法机关的立法权限界分清楚，各州的诉讼和联邦层面的诉讼界分相对清楚，加之西方国家行政诉讼的体制与我国不甚一样，因此法律适用问题不似中国这般繁杂。这就凸显出行政诉讼的法律适用问题具有较为鲜明的中国特色。因此对该问题的研究应当结合我国的基本国情，围绕我国法治建设中出现的实际问题，进行法治理论创新。我国对于该问题的立法规定较为简单，理论上也存在不少争议。总体观之，行政诉讼法律适用的学术研究成果并不多，涉及其中法律适用冲突问题的研究则显得更为薄弱。对该问题的阐述所占篇幅较小，论证层次较浅，多为涉及行政诉讼法律适用冲突研究领域中的某一问题或者是对法律适用过程中出现的争议进行探讨。体现在——目前国内几乎每一本行政诉讼法教科书及综合性行政法学术著作中均能看到以"行政诉讼的法律适用"为标题的章节，这说明国内对于行政诉讼法律适用的研究具有范围固定性的特点；但由于该部分章节的篇幅大多不长，又说明对于行政诉讼法律适用的研究还具有浅层性的特点；尤其从已公开发表的论文与著作中来看，其中大多是对行政诉讼法律适用问题中某一层面的探讨。以上研究梳理的薄弱点及空白点正是本书研究的范畴，通过对行政诉讼法律适用冲突现象的考察，阐明行政诉讼法律适用冲突的形成原因，提出在司法实践中解决该问题所应遵循的原则及相关有效的解决路径，目的是通过本书的研究进一步推进行政诉讼法律适用制度的完善，使该制度内容更加丰富化、体系化。

三、研究的基本思路与方法

（一）研究的基本思路

正如本书的题目《行政诉讼法律适用冲突研究》清晰所示，本书的写作脉络大致是沿着解决以下几个问题而产生的。首先，行政审判中，法院可以适用的规范性法律文件都有哪些？其次，法院在适用这些不同类型的规范性法律文件时会遇到哪些冲突？并对前述冲突现象加以类型化研究。再次，前述冲突现象产生的原因包括哪些？最后，行政诉讼法律适用冲突的解决原则与具体解决路径都有哪些？写作脉络如下图所示。

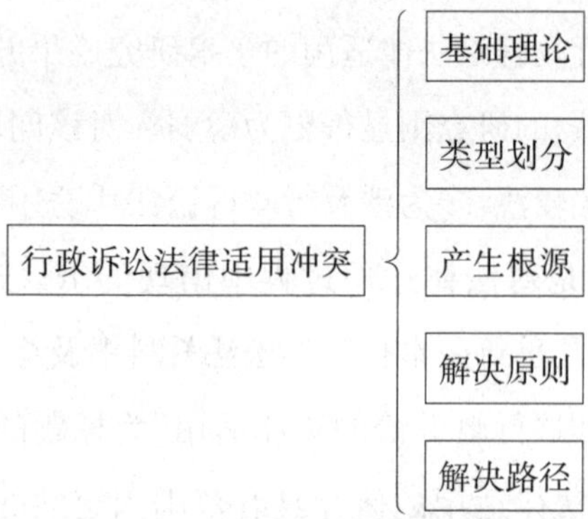

本书以司法适用的完善为背景，围绕“行政诉讼法律适用冲突”这一核心问题展开，总体上将文章分解为五大部分，逐层从基础性原理、冲突类型的实证分析、产生根源、解决原则、完善路径等方面对行政诉讼法律适用冲突现象进行分析研究，各部分内容既相对独立，又存在内在的逻辑关系，环环相扣、逐层推进。既有对行政诉讼法律适用冲突理论基础的分析梳理，又有对法律适用冲突问题的具体表现作出的类型化描述，更有对法律适用冲突问题产生原因的追踪溯源。在全面剖析论证我国现阶段行政审判过程中出现的法律适用冲突问题的基础上，凝练出行政诉讼法律适用冲突的解决原则，提出健全与完善法律适用制度的对策建议及解决路径。

(二) 研究方法

本书的研究方法主要包括规范文献研究、实证案例研究、比较分析研究等。

（1）规范文献研究。即梳理本书研究视域内的相关文献，关注国内外相关领域的最新研究成果，掌握相关领域的理论研究动态，梳理相关制度涉及的法律规范，比较分析相关观点与解决问题的思路。

（2）实证案例研究。采用学理论证与案例分析相结合的方式，做到理论与实践相结合，收集整理法院在行政审判中进行法律适用时的第一手材料，对行政诉讼法律适用冲突问题的基础性理论研究与实证研究相结合，以实证研究验证理论研究的科学性、合理性与可行性。

（3）比较分析研究。在国内已有相关文献成果基础之上，注意与域外的行政诉讼法律适用冲突进行比较性分析，挖掘内蕴于相关制度之中的基础性法理问题，凸显健全与完善我国行政审判法律冲突解决的不同思路及其合理性。

（4）多种方法交叉研究。注重文献分析与实证分析相结合；多学科综合分析与特殊领域专题分析相结合；学理论证与案例分析相结合；比较研究与历史研究相结合；法学方法与其他社会科学研究方法相结合。

第一章
行政诉讼法律适用冲突的基础理论

改革开放四十余年以来，我国的立法工作已经取得了非常丰硕的成果，据统计，截至 2019 年 1 月底，中国除现行宪法外，现行有效的法律共 275 件，现行有效的行政法规总共有 730 件，地方性法规及自治条例、单行条例一共有 11 114 件，部门规章加之地方政府规章共有 11 663 件，司法解释 536 件。[1]法律规范体系的构建可以说较为完备，因此面向未来，在新一阶段性工作上，我国法学研究的重点应当转向司法层面，即法律的应用方面，研究司法审判实践中出现的亟待解决的新问题，并找出相应的解决对策，改进与完善司法过程。法律的应用是法律实施的主要途径。列宁曾说，“法律重要的不在于写在纸上，而在于由谁执行”。[2]法律规范中的法治原则和法律理念均体现在法律适用过程中。目前我国大规模的立法时代已经初告结束，因而关于法律如何适用的研究在现阶段就显得十分突出。国家司法机关依据其自身法定的职权与程序，将法律规范运用于具体案

---

〔1〕 中国现行规范性法律文件数据库，http://www.chinalawindex.cn/#，2019 年 2 月 3 日访问。

〔2〕《列宁全集》第 29 卷，人民出版社 1985 年版，第 110 页。

件审理过程中的专门性活动，称为法的适用。该项活动是以国家的名义来行使司法权的，所以也被通俗地称作“司法”。法律实施涵盖多种形式，法的适用便是其中一种，它在达成立法目的、发挥法律成效等方面具有十分重要的地位。

本章主要围绕行政诉讼法律适用冲突阐述相关的几个基础性概念。概念是一种用词语来表达的、能够体现事物属性的思维方式，人们在实践的过程中将对事物的感性认识上升到理性认识，进而有了概念的产生。人们在社会生活中会接触到各种各样的事物，将这些看似不同的事物抽象得出某种共同具备的属性，就形成了概念，它可以帮助人们对事物进行总结、判断和剖析论证。法律概念即是对各种法律现象的共同特征加以概括和抽象后形成的权威性范畴。所有论述都是建立在对同一概念相同理解的基础上，本书所讨论的冲突现象是产生于法律适用过程中的冲突现象，因此只有在对法律适用、法律冲突、法律适用冲突、行政诉讼法律适用冲突等法律概念的具体内涵、特征、法理基础等方面作出清晰的阐述和界定的前提下，才有可能进行后面几章的讨论。

第一节　法律适用冲突的一般分析

由于本书所研究的冲突现象产生于法律适用过程中，因此我们首先需要对法律适用进行阐释。所谓适用(application)是指，为了确定某种联系或建立某种关系而对立法或规则进行解释。[1]法律适用，在法学理论上也称为“法的适用”。在我国民事诉讼、刑事诉讼以及行政诉讼领域中都存在着法律适用问题。

---

〔1〕 *Black's Law Dictionary* (6th Ed.), St. Paul, Minn.: West Publishing Co.(1990), p.99.

一、 法律适用的司法本质

凯尔森认为,对一个概念下定义的任何企图,必须要将表示该概念的这个词的通常用法当作它的出发点。[1]没有概念,我们便无法将我们对法律的思考转变为语言,也无法以一种可理解的方式把这些思考传达给他人。如果我们试图完全否弃概念,那么整个法律大厦就将化为灰烬。[2]如此,我们在探寻法律适用的本质时,需要首先厘清法律适用的概念、特点和内涵。

(一) 法律适用的概念

对于法律适用的概念,可以从两个方面加以分析。

其一,法律适用与法律执行不同,它们是法律实施中存在的两个不同的阶段。法律适用是法律实施中的一个环节。法的实施,也称法律的运行,[3]是指法律在社会实际生活中的具体运用和体现。法律实施是指法律规范在社会生活中被人们实际贯彻与施行。它主要包括两个方面:一方面是国家执法、司法机关及其公职人员严格执行法律、适用法律,保证法律的实现;另一方面,是一切国家机关、社会组织和个人,即凡行为受法律调整的个人和组织都要遵守法律。也就是说,法律实施的含义包括执法、司法和守法。[4]而且,法律的实施体现出来的是法律从应然到实然的转化,强调的是法的要求向现实转化的过程。[5]而法律适用体现的是一般性的法律适用于具体案件过程中的转化过程,即从一般到个别的转化,因此我们可以认为法

---

〔1〕 [奥]凯尔森:《法与国家的一般理论》,沈宗灵译,商务印书馆2013年版,第4页。

〔2〕 [美]博登海默:《法理学——法律哲学与法律方法》,邓正来译,中国政法大学出版社2004年版,第504页。

〔3〕 张文显主编:《马克思主义法理学——理论、方法和前沿》,高等教育出版社2003年版,第196页。

〔4〕 沈宗灵主编:《法理学(第二版)》,高等教育出版社2004年版,第345页。

〔5〕 葛洪义主编:《法理学》,中国人民大学出版社2007年版,第187页。

律适用只是法律实施中的一个环节。

其二，法律适用，也称为法的适用。根据法理学基础理论，对法律适用的阐述通常是从广义或者狭义两个角度展开的。

广义上的法律适用指的是国家机关（包括司法机关在内）及其工作人员以及被授权的组织依据它们的法定职权将法律规范中带有抽象性的、一般性的规定应用于个别具体案件的活动。这种定义方法将法的执行也包含在法律适用的范畴之内。法的执行，通常指的是国家行政机关及其公职人员在行使职权过程中，贯彻和实施法律的活动，也称为执法。法的执行被归入广义上的法律适用。还有学者认为法律适用的主体不仅包括行政机关，甚至包括立法机关。〔1〕

狭义上的法律适用仅是指司法机关在诉讼程序中依照有关法律法规处理具体案件的活动，〔2〕也即我国司法机关依照其自身的法定职权与程序，运用法律处理具体案件的专门性活动。由于此种活动是利用国家的名义行使司法权，因此通常简称为“司法”。〔3〕

学界对于法律适用的概念从其产生之日起便存在多种不同的看法。本书是站在狭义的角度上对法律的适用来进行界定，认为法律适用是指一国司法机关根据认定的案件事实将相关法律规范适用于具体案件并作出强制性裁决的活动。法律适用等同于司法，与法的执行并列从属于法律的实施。法律适用是法律实施中不可或缺的一种重要方式，有助于法律目的的实现以及法律功能的发挥。

---

〔1〕 胡建淼主编：《法律适用学》，浙江大学出版社2010年版，第8页。

〔2〕 江必新、梁凤云：《行政诉讼法理论与实务（上下卷·第二版）》，北京大学出版社2011年版，第1013页。

〔3〕 沈宗灵主编：《法理学（第二版）》，高等教育出版社2004年版，第349页。

（二）法律适用的特点

1. 法律适用（司法）的历史溯源

“司法”一词，在我国历史上出现得很早。我国早在奴隶社会商朝时期便有“听讼断狱”的“司寇”作为一种官职。至封建社会，如唐朝时期，地方官吏体系中，在州一级设“法曹参军”，又称为“司法参军”，在县一级设立“司法佐”“司法吏”。不过由于我国古代社会中司法以及行政是两位一体的，因此没有出现和立法以及行政相对应的司法这一概念。我国真正发展出司法概念是起源于清朝末期的修律时期，比如《大清法规大全宪政部》规定了“立法、行政、司法则总揽于君上统治之大权”。[1]清末我国从西方社会引入司法的定义之后，这两个字在我国立法中便常常被使用。

2. 法律适用的特征

对于法律适用本质的理解，集中体现在法律适用的特征。法律适用的特征表现为：首先，法律适用具有主体法定性。所谓主体法定，是指能够将法律规范适用于具体案件的审判过程中的一定是法院。其次，法律适用具有程序性。这具体表现为司法活动必须专门化，由于司法活动涉及公民的人身安全和财产安全，因此司法活动必须依据特定的程序进行，不能恣意妄为，不能由司法机关借国家名义随意践踏他人权益。再次，法律适用过程具有动态性。因为法律适用是与特定的案件纠纷、争议紧密联系在一起的。司法审判是将抽象的、普遍的法律规范运用于具体的实践案件中，并在带有强制力的裁判中明确当事人所享有的具体权利和应承担的义务。由此可以看出法律适用所涵摄的范围是动态性的，适用法律的结果会由于对法律规范的选取不同而具有不确定性，甚至具有可辩驳性。最后，法律

〔1〕 张光杰主编：《法理学导论》，复旦大学出版社 2012 年版，第 119 页。

适用具有国家强制性，是以国家强制力为后盾来进行的，法律适用的结果即各类法律文书具有法律约束力。

（三）法律适用的过程

法律适用包括法官从各种证据中确认法律事实，选择并确定法律规范，运用法律技术，将特定法律规范运用至法律事实中，并进行法律推理阐述裁判理由后得出某种法律结论的全过程。法律适用的过程，具体表现为法律适用的各个步骤。为了实现法律适用的目标，在遵循一定的逻辑要求下，大陆法系的法律适用〔1〕一般可以分为事实认定、法律的发现与识别、涵摄这三个步骤。

第一步，事实认定。所谓事实认定，即对法律适用客体的涉法事实进行适当的描述，并对其合法性、真实性和关联性进行认定。历史从哪里开始，思维过程也应当从哪里开始。事实认定是法律适用过程的第一步，特别需要注意的是，这里的事实，并不完全等同于作为生活事件的案件事实，而是作为陈述的案件事实，因为法条只能适用在已发生的案件事实被陈述了之后。在无限多姿多彩，始终变动不居的事件之流中，为了形成作为陈述的案件事实，总是要先作选择，选择之时，判断者已经考量到个别事实在法律上的重要性。因此，作为陈述的案件事实并非自始“既存地”显现给判断者，毋宁必须一方面考量已知的事实，另一方面考虑个别事实在法律上的重要性，以此二者为基础，才能形成案件事实。〔2〕

法律适用与其说是将一般的法律适用于具体的涉法事实，不如说是将一般的法律适用于对确定无疑的涉法事实的描述。法律适用阶段之所以包括事实认定阶段，是因为法律适用主体在对涉法事实

〔1〕 由于英美法系以判例法为主，其法律适用与大陆法系中以成文法为主的法律适用过程有较大差异，因此本书欲将重点放在讨论大陆法系的法律适用过程上。

〔2〕 [德]卡尔·拉伦茨：《法学方法论》，陈爱娥译，商务印书馆2003年版，第152页。

进行描述、取舍并且对其真实性进行审视的时候无时无刻不在适用法律，进行法律思考。〔1〕

第二步，法律的发现与识别。首先是法律的发现。在大陆法系，又称成文法系国家中，法律渊源是无数法律规范的集合体。它不仅包括国家的制定法，而且还包括诸如习惯法、公共政策等非正式渊源。司法人员需要运用法律思维，在万千法条中间搜寻出与案件事实相关涉的法律法规条文。其次是法律的识别。由于存在众多不同的法律渊源，司法实践中会出现一些问题，比如在针对一起诉讼案件的时候，相关的法律规范是否合法；或者当法律规范之间存在着不同法律位阶关系时，该如何选择；又或者当它们在规定的具体内容上相悖时，该如何选择；这时便产生了法律识别问题。具体而言，法律识别是一个司法人员审查并选择法律渊源的过程，其中需要司法人员运用一定的原则、规则，挑选出他们认为最适合运用在该个案中的法律条文。这是一个迂回、反复的过程，若以钟摆作为比喻，司法人员的眼光需要在无数法律条文与涉案事实之间来回流转，以期更加准确地发现涉案法律条文，并对其进行识别，完成对法律条文的选择。

此处需要注意的是，事实认定与法律的发现和识别这两个过程并不是截然分开的，事实的认定肯定是在法律规定基础之上进行的，而法律的发现与识别更加离不开对事实的认定，因此，这两个过程在发生时间上有时候是重合的。但是，从性质上看，它们分别属于法律适用的两个不同阶段。

第三步，涵摄。涵摄，一般是指将特定的案件事实置于法律规范的要件之下，以获得一定结论的思维过程。〔2〕与逻辑学上的涵摄不

---

〔1〕 胡建森主编：《法律适用学》，浙江大学出版社 2010 年版，第 24 页。

〔2〕 王泽鉴：《法律思维与民法实例》，中国政法大学出版社 2001 年版，第 200 页。

同,在逻辑学上看,涵摄一定是将外延较窄的概念归入外延较宽的概念之下,即将前者涵摄于后者之下,而本节所探讨的法律适用过程中的涵摄,并不是将外延较窄的概念涵摄于较宽的概念之下,法律适用过程中的涵摄具体表现为将上述第一步中所认定的事实涵摄于法律描述的构成要件之下。调查、分析、确认事实以后,就应把该事实同相应的法律规范联系起来。这是一个既把法律的一般规定具体、细化到该项事实的过程,同时也是一个把该项具体事实抽象、概括到法律规定的过程。在涵摄阶段,首先要求司法人员选择确定要适用的法律规范。选择适用相应的法律规范意味着把具体事实与相应的法律规范相联系,根据事实在法律上的性质,确定这项事实应该按照哪一个法律部门来进行调整,并且还要确定是根据该部门法中的哪一个法律来进行调整。最后一步,选择相对应的合适的具体法律规范,并根据事实的情节、后果,区别不同的情况,找出与案件事实相对应的条款来适用不同的法律规范。其中,涵摄过程包括法律解释和法律推理两个部分。

其一是法律解释(explaining),法律解释是对法律规范的意涵进行的揭示和说明。在法律适用时面临关涉同一事项的不同法律规范该如何选择,必然需要法官对法律进行合理的解释,主要是对法律的内涵、目的、意义等进行阐释与明确。法律是一种抽象性的规定,当某一具体事件发生时,该事件究竟与何种法律规定相当,而应受其适用,并非当然都是明显的,适用法律的机关首先要探求法律的意蕴,剖析各种法律原则相互间之关系,借以了解其适用之范围,然后才能作一正确的判断。[1]抽象的法律条文需要通过适当的解释才能与复杂多变的现实生活实现对接。适用法律一定是在理解法律前提基础

〔1〕 韩忠谟:《法学绪论》,中国政法大学出版社2002年版,第93页。

上的适用，也就是说要深入理解法律，在理解法律的基础上对法律进行解释，适用法律的前提就是要解释法律。在进行法律适用时，司法人员必须正确理解法律规范中的法律术语，并对其所运用的法律规范的含义联系案件事实作出具体的解释。当法律文件有相关的正式解释时，还应结合案件事实情况，适用有效的司法解释来对案件作出判断和裁决。在不能明确有关法律规范的确切含义时，下级司法机关应向上级司法机关请求，以取得相应的司法解释。

其二是法律推理(reasoning)。法律推理是指在法律实践中，从一个或几个已知的判断(前提)得出一个未知的判断(结论)的思维方式和过程。法律推理实质上是将有关法律规范和具体案件结合在一起，推导出法律结论的过程。这一过程也是从规范到事实、从事实到规范的循环往复、寻求有说服力的结论的过程。[1]由于法律仅是一般的原则，法条中所使用的文字，追求简单明了，对于那些比较复杂的状况很难全部囊括进来，不过社会的状况确实是多样复杂的，法条与案件事实之间并不是简单的一对一的关系，因此需要我们有技巧性地运用法律推理的方法。法律推理作为一种思维活动，是案件事实与法律规范之间的必要连接。

（四）法律适用的重要价值

第一，有法律就必然有法律的适用。法律是一种应然的规范、原则或命令。[2]这些应然的规范只是文本意义上的法律，如果没有法律适用，法律就不会得以实现；如果没有法律适用，争议就无法得到解决，纠纷会处于不确定状态；如果没有法律适用，一般性的法律规范就无法匹配具体案情，个案无法定性，无法得出裁判结论，个人的权益将无法得到保障。

---

〔1〕 张光杰主编：《法理学导论》，复旦大学出版社2012年版，第151页。

〔2〕 [奥]凯尔森：《法与国家的一般理论》，沈宗灵译，商务印书馆2013年版，第44页。

第二，从经济学视角看，对于诉讼双方当事人来说，虽然法律适用的结果即司法裁判是零和博弈，但是其带来的溢出作用，对于社会而言是具有价值的。通过法律适用，法官澄清了法律中的模糊之处，对法律的遗漏之处进行解释性的补充，对相互矛盾的法律规范提供了解决方法，这些对于法律完善、社会进步都是具有极大意义的。

第三，法律的价值和作用均是通过法律适用来完成和实现的。法律并不只是写在纸上的条文，作为调整社会关系、平衡社会利益、规范个人行为、维护社会秩序的武器，国家政权就是运用法律这一武器，以使得法律公平、正义等价值的实现，法律人权保障作用的体现，法律体系的改进与完善，法律整体秩序的维护，以及体现法律所致力于达到的规范作用与社会作用。法律适用是这样一种对向交流的过程。

最后，法律适用的重要价值还体现在司法的作用上。法学家霍姆斯曾经提出，法律的生命始终在于经验而从来不是逻辑……真正的法律不是一般性的抽象规则，也不是固定的逻辑推理，而是社会的实际，一系列的事实。[1]此外，培根也曾经提出，如果发生了一次不公平的判断，那么它所产生的危害要远远大于很多次不公平的行为。对于那些不公平的行为来讲，只是把现有的水流弄脏了，而不公平的判断则是污染了整个水源。显然，他这句名言深刻体现了司法的重要性。

综上，我们可以得出结论，即法律适用的本质就是司法活动。以下我们换个契入点，站在法理学的视角上来进一步探讨法律适用与法律冲突之间的关系。

---

〔1〕 刘全德：《西方法律思想史》，中国政法大学出版社1996年版，第211页。

二、法律冲突与法律适用的关系

（一）法律冲突的内涵

法律冲突是法律适用冲突的一个上位概念，因此厘清法律冲突的概念是准确理解法律适用冲突的前提。首先需要注意的是，这里的“冲突”二字不同于社会冲突，也并不等同于社会矛盾。因为利益矛盾存在于所有的社会中，冲突必然产生。为了保证社会活动的顺利进行，就需要化解社会冲突。直接而言，法律的出现就是为了能够解决社会中存在的冲突，法律就是为了能够定分止争才被创制出来的。而法律冲突指的是不同法律规定之间产生的矛盾，这种矛盾需要运用另外的原则和规则来加以处理。

法律冲突作为一种学术概念在我国的法学研究中提出时间不长，且有关法律冲突的学术研究大多体现在国际私法领域中。尽管从学理上来看，在所有的法律领域之中均有法律冲突出现的可能性，我们应当将法律冲突归纳为法理学的一个重要范畴。但是长期以来，法学界对法律冲突的认识带有一定的局限性，导致法律冲突这一概念多是在国际私法领域中使用并加以研究。正如韩德培所言，法律冲突是指两个或两个以上的不同法律同时调整一个相同的法律关系，而在这些法律之间产生矛盾的社会现象。一般来说，只要各法律对同一问题作了不同的规定，而当某种事实又将这些不同的法律规定联系在一起时，法律冲突便会发生。〔1〕又如丁伟认为，法律冲突又称法律抵触，指内容相互歧义的不同国家的法律竞相要求对同一国际/涉外民事法律关系实施管辖而形成的法律适用上的矛盾冲突状态。〔2〕此外也有学者在“政府利益分析”理论中将“法律冲突问题视

〔1〕 参见韩德培主编：《国际私法》，高等教育出版社、北京大学出版社2000年版，第85页。

〔2〕 丁伟主编：《国际私法学》，上海人民出版社2004年版，第6页。

为不同国家之间的利益冲突”。[1]而事实上,法律冲突中最为重要、最需要处理的是国内法律规范之间的冲突。

国内学者对于法律冲突研究不断深入,进一步扩展了法律研究的涉猎范围。最早体现在法理学领域,在法律冲突方面开始对国内法律规范的冲突进行研究。如蔡定剑认为,法律冲突是国际私法上的一个概念,它是在国际民商事交往中,不同国家对同一问题的规定不同,产生有关国家的法律对同一民商法律的规定相互冲突。……然而,在当今中国,法律、法规、规章和法律解释相互冲突、打架,一点也不逊于国际社会中的法律冲突。[2]此后,还有一些专家指出,法律冲突是由于法律产生的原因和条件不同而导致的对同一调整对象都有管辖权的法律之间内容的不一致,法官或有关专门机关认为适用不同的法律将会产生不同法律后果的法律制度现象。[3]还有学者认为,法律冲突是指我国立法领域中不同法律规范之间存在的矛盾冲突。[4]另外,还有学者指出,“不仅同一法律体系的规范之间可能发生逻辑矛盾,而且不同性质之体系的规范之间也可能发生逻辑矛盾”。[5]

对同一项法律事实,可能会存在多个法条对其进行规范。当同一项案件事实符合多个法条的规定时,通常存在以下三种情况:(1)多个法条之间内容一致,此构成立法技术上的法条重合。(2)多个法条之间内容虽不一致但也不冲突,适用多个法条产生的法律后果是一致的,此构成法条竞合。其特点是一个法条并不排斥另一个法条的适用。此时的法律竞合不会产生法律冲突问题。在法条竞合

〔1〕 杜涛:《从“法律冲突”到“法律共享”》,载《当代法学》2019 年第 3 期。
〔2〕 蔡定剑:《法律冲突及其解决的途径》,载《中国法学》1999 年第 3 期。
〔3〕 董皞:《论法律冲突》,商务印书馆 2013 年版,第 39 页。
〔4〕 刘莘主编:《国内法律冲突与立法对策》,中国政法大学出版社 2003 年版,第 94 页。
〔5〕 雷磊:《法律规范冲突的逻辑性质》,载《法律科学》2016 年第 6 期。

的情况下，权利人有选择权，即选择适用相关法条作为调整相关关系的法律规范。(3)多个法条之间内容不一致，且适用多个法条产生的法律后果是不同的，此时便构成法律适用过程中的法律冲突。其特点是在法院裁判中不同法条之间不能并存，一个法条排斥另一个法条的适用。

本书中所论述的法律冲突即是指在法院裁判过程中，针对同一项法律关系，存在多个内容不一致的法条对其进行规范，且适用多个法条产生的法律效果不同，使得法院必须只能选择其中的一个法条而排斥另一个法条的适用。

法律冲突表现为许多种不同的具体情形，作为一种复杂的社会现象，将其类型化有助于我们进一步认识法律冲突现象。学理上亦从不同角度按照不同的标准对法律冲突进行了不同的分类，且其中大多数是国际法学者的研究成果，比如李双元提出，对于已存在的法律冲突能够划分为四种类型，也即区际、国际、时际以及人际法律冲突这四种。[1]韩德培也对法律冲突进行了分类，将法律冲突划分为公法冲突与私法冲突，积极冲突与消极冲突，空间上的法律冲突、时际法律冲突与人际法律冲突，立法冲突、司法冲突与守法冲突，平面的法律冲突与垂直的法律冲突五种类别的冲突。[2]肖永平对法律冲突进行了六种类型的分析，分别是公法和私法冲突，空间上的、时际与人际冲突，积极与消极冲突，虚假与真实冲突，立法和司法以及守法冲突，平面与垂直冲突六种法律冲突。[3]也有行政法学者对国内法律冲突作出过分类。如刘莘认为，我国国内的法律冲突一般分为

〔1〕 参见李双元：《国际私法学》，北京大学出版社 2000 年版，第 5—8 页。

〔2〕 参见韩德培主编：《国际私法》，高等教育出版社、北京大学出版社 2000 年版，第 86—87 页。

〔3〕 参见肖永平：《肖永平论冲突法》，武汉大学出版社 2002 年版，第 5—6 页。

以下三类，第一，纵向冲突，主要指的就是法律和宪法的冲突，行政法规和法律的冲突，地方性法规与法律、行政法规的冲突；规章与法律、法规的冲突。第二，横向冲突，其指的是一般法律与基本法律的冲突；法律之间、行政法规之间的冲突；部门规章之间的冲突；地方性法规之间、地方政府规章之间的冲突；同一法律、法规、规章中的法条冲突。第三，地方与部门法律规范之间的冲突，具体包括国务院部门规章与地方性法规之间的冲突，地方政府规章与部门规章之间的冲突。〔1〕

可以说，以上学者们对法律冲突的分类涵盖了法律冲突的各种情形，尽管各类划分标准不可避免存在些许重复之处，但是这些分类对于我们进一步研究法律冲突问题仍具有非常重要的学术价值。本书的研究主要以司法过程为契入点，因而在关于法律冲突的类型划分标准方面侧重于关注法律冲突所发生的不同场域，根据这一区分标准，法律的冲突可以划分为立法冲突和司法冲突。

(1) 立法冲突。这是指立法者立法权限的相互冲撞和侵越，以及不同的立法文件在解决同一问题时内容上的差异并由此导致效力上的抵触。〔2〕这是法律冲突在立法阶段所表现出来的情形。当法律被立法者创制出并公开颁布后，法律意志变成了法律文本，各类法律规范以静态的形式存在，并未与具体的权益利害人相联系。此时，法律规范性文件中的法律冲突的特征是，即使存在法律冲突，也不易被发现。如果被发现存在明显不一致的规定，则需要经过法定程序，由法定的立法机构进行裁决。由此，立法冲突又被称为静态的法律冲突。

---

〔1〕 参见刘莘主编：《国内法律冲突与立法对策》，中国政法大学出版社 2003 年版，第 3—52 页。

〔2〕 董皞：《论法律冲突》，商务印书馆 2013 年版，第 64 页。

（2）司法冲突。这是指在法律适用阶段产生的冲突，又被称为法律适用冲突。具体是指司法机关在将一般性法律适用于具体案件中、调整个别法律关系时发现相关法律规范的适用会产生不同的法律效果，即发现法律规范之间存在冲突而不能够选择合适的法律的情形。由于这种法律冲突主要表现在法律运行的场域之中，以动态的方式呈现，因此司法冲突也被称为动态的法律冲突。

学者们从不同的角度对法律冲突进行了概括。综上，作者认为，法律冲突是指调整同一法律关系的不同法律规范由于它们在具体内容上存在差异，从而导致效力上相互排斥、且不相容现象的产生。

（二）法律冲突与法律适用的关系

由上文可知，法律适用是一个动态过程，包括法官从各种证据中发现法律事实、选择并确定法律规范，或者找出相关的判例（在判例法国家），运用法律技术，将特定法律规范运用到法律事实中，进行法律推理（主要是演绎推理）、阐述判决理由后得出某种法律结论（裁判）的过程。

法律冲突是一种静态的状况，是指不同法律规范之间规定的差异性。它不仅表现在立法领域，也表现在行政执法和各类诉讼场域中，不同场域中操作法律规范的主体也是不同的。

两者内涵分别指向不同的范畴。不过两者同时也存在交集。静态的法律规范冲突在不同的场域下都是不可避免的。若存在于行政审判过程中，就产生了行政诉讼法律适用冲突问题。这时需要通过司法意义上的法律适用来弥合、协调法律冲突。

就法律适用中的法律规范冲突而言，主要是指行政执法与司法审判中的法律规范冲突，而本书着重分析的是司法审判之一的行政诉讼中的法律规范冲突。但必须说明的是，行政诉讼中的法律规范冲突问题是行政诉讼中法律适用问题的重要内容之一，但并不是其全部。关联性的内容有行政诉讼中对不同类型法律规范的立场和态度，这也是行政诉讼中法律适用的重要内容。

三、本书中对于法律适用冲突的界定

（一）法律适用冲突的特点

由于法律适用冲突是体现在法律运行过程中的冲突情形，因此其表现形式呈现出动态特征，主要体现在以下几点：其一，表现为一般的法律规范与个别的案件相结合，在法律运行过程中对不同法律规范作出不同解释，法律适用具有较为明确的适用对象以及特定的目的。其二，表现为针对同一法律关系，由不同的法律规范分别作出可能产生不同法律效果的规定，这些不同的规定之间存在不同程度的不一致，这些不一致是否构成了冲突，究竟应该适用哪一个法律规范，存在法律适用上的选择问题。其三，体现在审理案件的法官在司法过程中需要对不同法律规范之间是否存在冲突问题作出识别和判定，对不同的法律规范进行选择适用，以期在法律适用过程中弥合法律冲突现象。

（二）本书对于法律适用冲突的界定

法律适用冲突并不等同于一般意义上的法律规范冲突，它强调的是在法律适用过程中产生的法律冲突。这是因为，法律冲突主要是在法律规范进入司法适用中才得以充分显现的，也可以说法律冲突在大多数情况下显现于法律适用中。尽管法律冲突在法律审查备案、法律执行等环节中都有所体现，不过在世界范围内来看，达成了一个比较统一的观点。这是因为，一方面，在行政审判中，法官往往首先需要做的事情就是根据案件事实寻找裁判的根据，从而容易发现相关法律规范在适用上所发生的具体冲突。另一方面，司法的中立性使得案件的当事各方均会竭尽全力选择对自己有利的法律规范并作出解释。因此在法律适用阶段，解决法律冲突的迫切性也最为强烈。

综上，法律适用冲突是指司法机关在将一般性法律规范适用于具体案件的过程中，发现相关法律规范之间存在冲突而产生的无法准确适用法律的情况。

第二节　行政诉讼法律适用冲突的特征

一、 行政诉讼法律适用的特征

（一）行政诉讼区别于民事诉讼的特征

分析行政诉讼法律适用的特征，首先需要我们将行政诉讼与民事诉讼区别开来。因为在民事诉讼和行政诉讼中都存在着法律适用问题，但行政诉讼与民事诉讼是有显著差别的，所以行政诉讼法律适用与民事诉讼法律适用也是存在明显差异的。

尽管行政诉讼曾经脱胎于民事诉讼，但是两者是两种不同的诉讼活动。比较它们彼此之间的特点有助于我们认识行政诉讼的独特性。第一，两者所解决的纠纷不同。民事诉讼是用来解决民事纠纷的，民事纠纷的原被告之间的地位是平等的，只要达致纠纷解决的目的，甚至可以通过和解来处理纠纷。而与民事诉讼相比，行政诉讼是用来解决行政纠纷的，行政机关必须奉行依法行政的规则。第二，两者立法的宗旨不同。民事诉讼以保护平等主体的人身权利、财产权利，并使民事纠纷得以解决为立法宗旨。而行政诉讼的立法宗旨是保护行政相对人的权益，监督行政机关依法履行职权，解决行政纠纷。第三，两者法院审查的内容不同。在民事诉讼中，法院审查原被告双方作出的行为是否合法。而在行政诉讼中，法院通常只需要审查被告即行政机关作出的行政行为是否合法。造成这一差别是由行政诉讼的性质所决定的，行政诉讼是司法机关审查行政机关行政行为的一种司法监督活动。第四，两者的诉讼证据规则不同。具体而言，需要提交的证据的内容、形式、来源、举证责任的承担等均有不同。第五，两者的诉讼程序不同。这是程序方面的差异。最后，两者的法律适用规则不同。

（二）行政诉讼法律适用的特殊性

行政诉讼法律适用，是指人民法院在审理行政案件，审查具体行政行为合法性的过程中，具体运用法律规则作出裁判的活动。[1]具体而言，即人民法院按照行政诉讼法定程序，通过识别、判断和选择，将宪法、法律、法规（或参照规章的规定）具体运用于各种行政案件，从而对行政机关行政行为的合法性进行审查的专门活动。[2]行政诉讼的法律适用主要解决人民法院对被诉行政行为合法性进行审查判断的标准问题，即人民法院以何种标准、依据何种法律规范来审查被诉行政行为的合法性，并进而对被诉行政行为的合法性作出裁判。广义上的行政诉讼法律适用是体现在行政诉讼案件的整个过程中的，法院根据法律的相关规定在解决行政争议的过程中所开展的各项活动的总和。狭义上的行政诉讼法律适用，仅指行政诉讼过程中，在进入案件审理阶段后，法院选择适用具体法律规范于特定案件事实，判断行政行为合法性的特定过程和活动。[3]本书中研究的是狭义上的行政诉讼法律适用。

行政诉讼法律适用与民事诉讼法律适用相比而言具有其自身的特殊性。行政诉讼中法源的复杂性决定了其法律适用的多样化，司

---

〔1〕 参见姜明安主编：《行政法与行政诉讼法（第五版）》，北京大学出版社、高等教育出版社 2011 年版，第 504 页。

〔2〕 马怀德：《行政诉讼法学（第三版）》，北京大学出版社 2012 年版，第 236 页。

〔3〕 参见胡建淼主编：《行政诉讼法学》，复旦大学出版社 2010 年版，第 151 页。

法机关在处理民事纠纷的时候只需要按照法律规定进行判决即可，而无须对所依据的法律进行审查，而行政诉讼中行政权的强制性决定了法官适用法律规则的样式与民事诉讼不甚相同。在依据法律解决行政纠纷之前，法院需要对法律依据中的"法规"进行审查，只有通过审查要求的法规才能作为定案的依据。

二、行政诉讼法律适用冲突问题的特殊性

法律适用冲突问题不仅存在于行政诉讼中，在我国的民事诉讼、刑事诉讼中都存在着法律适用冲突问题，不过行政诉讼的法律适用冲突有其所具备的独特性质，这些特质使得行政诉讼法律适用冲突问题具有予以单独列出加以研究的必要性。

行政诉讼法律适用冲突，指的是司法机关在解决行政争议的过程中，发现对涉及同一法律事实或法律关系，存在两个或两个以上的规范性法律文件对此作出了不一致的规定，法院适用不同的法律规范会导致不同的裁判结果，即关涉同一法律关系在数个法律规定之间产生冲突的现象。研究这一问题，有助于夯实法律适用冲突的学理基础，帮助司法者更好地处理法律适用冲突。

第一，法律规定具有模糊性导致行政诉讼法律适用冲突的解决并不确定。

法律适用冲突问题在我国《行政诉讼法》中并没有具体的规定，学界对此问题也存在诸多争议，导致司法实践中法院在具体适用法律法规遭遇冲突时各有不同的处理办法。有的案件中，法官对于冲突的法条采取回避做法，即对冲突的法律规范视而不见，直接适用某一具体法律规范。有的案件中，法官对于冲突的法律规范也作出释明，但未阐述选择适用的理由，或者含糊阐明选择适用的理由，便以位释法，即以法官所在的地位而不是依据法学原理强行选择适用某

一具体法律规范。有的案件中，法官对于冲突的法条依据错误地适用规则处理，从而得出了错误的适用规范，进而作出了错误的裁判。还有的案件中，法官对于冲突的法律规范，自己不进行选择适用，而是将案件请示到上级法院，由上级法院来指导个案具体的法律适用等等。这些现象的出现均不符合我国依法审判原则。因此，需要我们加强对法律适用冲突的深入研究，尤其是在学理上进行探讨，以期在学界形成统一的看法，进一步转化为明确的立法，从而更好地指导司法实践。

第二，行政诉讼法律适用冲突是由于行政诉讼的特殊性所造成的。

首先，行政诉讼中非常重要的一个环节就是行政诉讼法律适用，人民法院在运用法律规范审理行政案件过程中，首先需要查明、识别并选择与案件有关的法律规范，才能对争议作出相应裁决。行政诉讼中，被告行政主体必须提交的举证范围包括作出行政行为的证据和所依据的规范性文件，虽然在行政诉讼法中并未规定所依据的规范性文件属于法定证据，但它们是被告举证时需要提交材料中的必备内容。由于行政诉讼不同于民事诉讼和刑事诉讼，行政诉讼是对行政行为的合法性进行审查的诉讼活动，而法律依据是行政行为能否成立、合法与否的决定性因素。在这一过程中，由于各类法律规范适用的地位不同，即各类法律规范在行政审判中的位阶、效力不同，从而导致规范同一事项的法条之间会出现法律适用冲突现象。

在我国三大诉讼中，刑事诉讼适用的刑事法律规范是由最高权力机关制定的，所以其审判依据比较单一，民事诉讼也大抵如此。与其他两种诉讼形式相比，行政诉讼过程中可以适用的法律性文件种类、适用的程度等情形最为复杂，这使得法律适用在行政诉讼中占有非常突出的地位和作用。在行政诉讼司法实践中遇到的问题，如关于期间、送达、财产保全、开庭审理、调解、中止诉讼、终结诉讼、简易程序、执行等，以及人民检察院对行政案件的受理、审理、裁判、执行的监督等方面，对于在行政诉讼法中没有规定的，行政审判中可适用民事诉讼法的相关规定来解决。又比如在管辖制度、诉讼参加人、证据制度等方面，行政审判中也多可借用民事审判理论与规则来解决，即使存在与民事诉讼不同的地方，也是少量的。但是在法律适用制度这一领域中，行政诉讼的法律适用制度与民事、刑事诉讼存在非常显著的不同之处，差异最大，因此该领域需要行政诉讼法理论研究的深入加强。

第三，行政诉讼法律适用的多层级性和多样性使得冲突问题尤难解决。

我国行政法源制定主体多元，各类法律规范的位阶、效力不一。行政诉讼法律适用首先要解决的问题就是，这些法源是不是均属于人民法院行政诉讼法律适用对象，这些法源对法院审判所起到的约束力或者说效力如何。除法律、行政法规、规章之外，最高人民法院在对法律进行适用时，可以对法院审判工作中具体应用法律、法令的问题作出诸多解释，除此之外，法院更多的是以针对下级法院审理案件中发现的法律问题的请示作出批复、答复的方式来解释法律、法令。由于行政审判的特殊性，人民法院有关行政审判的批复、答复，已经延伸到了整个行政管理领域，覆盖了法律、法规和规章。有关行政审判的批复、答复，不但指导着下级法院办案，也规范着行政机关行政执法，并保证了法律的与时俱进。

由于我国行政立法具有多层级和复杂性，作为司法实践中的一个难点以及争论的焦点，在这种特殊背景下，法律适用冲突问题在行政诉讼中显得十分突出和重要，同时也是司法部门关注和亟待解决的一大难题。原因在于人民法院在审判过程中对行政行为合法性进行审查时，会涉及被告法律地位的特殊性以及对于行政行为合法性判断条件的严格性，其中，作为行政诉讼被告的行政机关所依据的法律规范，相互之间职权交叉、职权冲突、相互矛盾的情形屡见不鲜。人民法院如何正确地适用法律规范，对行政机关作出的行政行为的合法性进行审查并作出评价，这是行政诉讼中的核心和关键问题。行政诉讼法律适用的方式还具有多样性，这使得冲突问题更加复杂化。如人民法院衡量行政机关的行政行为的合法性时不仅有权依据法律、行政法规、地方性法规，自治条例和单行条例，而且还有权参照规章适用。适用类型按照法定强制力划分为既有“依据”，又有“参照”，还有“援引”“引用”。

司法实践中，尽管近年来，我国立法成果丰硕，但随着立法数量的增长以及社会生活与法律关系的复杂化，我国的法律适用冲突问题日渐加剧，尤其体现在行政诉讼中，由于行政法律规范的制定主体众多、内容覆盖面广，涉及社会行政管理的方方面面，且适用频繁，导致法律冲突在行政诉讼领域表现得尤为突出。虽然我国《立法法》的颁布为解决法律适用冲突问题提出了几个重要的适用规则，还有《行政诉讼法》和《最高人民法院关于审理行政案件适用法律规范问题的座谈会纪要》等有关的法律及法律性文件中也都对该法律适用冲突问题的解决作出了一定程度上的规范，但是司法实践表明这些规定并没有有效制止法律适用冲突现象的出现，也没有完全解决行政诉讼中法律适用冲突的问题，现行的三大适用规则〔1〕在实施中也依然会遇到许多困阻，在适用过程中无法涵盖所有现象。因此，有必要对行政诉讼法律适用冲突的学理基础、表现类型、产生原因、解决原则以及具体的解决路径等进行系统性探讨。

〔1〕 三大规则分别是“上位法优于下位法”“特别法优于一般法”“新法优于旧法”。

本章小结

本章主要阐述行政诉讼法律适用冲突的基础理论，认为我国在已经形成中国特色社会主义法律体系后，大规模立法时期已告一段落。现阶段法学研究的重点应当转向司法层面，即法律的应用方面。应当研究司法审判实践中出现的亟待解决的新问题，并提出相应的解决对策，改进与完善司法过程。法律的应用是法律实施的主要途径。法律的生命在于实施，法治原则和法律理念均体现在法律适用的过程中。因而关于对司法的研究在现阶段显得十分突出。

首先，对法律适用作出了广义和狭义之分。认为广义的法律适用的范围不仅涵盖司法，也包括执法。而狭义的法律适用则等同于司法，即仅指国家司法机关依照其法定职权范围与程序将法律规范应用于具体案件的行为。并进一步介绍了法律适用（司法）的历史演进过程，通过描述法律适用的特征和过程，探寻了法律适用的本质。

其次，界定了全书的核心用词——法律适用冲突——的概念。从法律冲突在国际私法领域中的运用延伸，谈到其在国内法、法理学中的研究领域拓宽，阐述了法律冲突与法律适用的关系，本书中界定的法律适用冲突并不等同于一般意义上的法律规范冲突，它强调的是在法律适用过程中产生的法律冲突。笔者认为法律适用冲突是指司法机关在将一般性法律适用于具体案件中发现相关法律存在冲突而产生的无法准确适用法律的情况。

最后，将法律适用冲突纳入行政诉讼这一范畴，并将民事诉讼法律适用与行政诉讼法律适用进行对比分析，从中指出了行政诉讼的特殊性，并集中探讨了行政诉讼法律适用冲突的内涵与特质。本书中的行政诉讼法律适用冲突，是指人民法院在审理行政案件的过程中，发现对涉及同一法律事实或法律关系，存在两个或两个以上的规范性法律文件对此作出了不一致的规定，法院适用不同的法律规范会导致不同的裁判结果，即关涉同一法律关系的数个法律规定之间产生了冲突现象。研究这一问题有助于夯实法律适用冲突的学理基础，帮助司法者更好地处理法律适用冲突。

第二章
行政诉讼法律适用冲突的类型

我国立法种类繁多，形态样式各异。我国特有的国情以及"一元、两级、多层次"[1]的立法体制使得行政审判实践中法院可以适用的法律性文件较为繁杂。我国的《行政诉讼法》中规定，法院在行政审判时能够适用的规范有很多种类，其中包含法律、行政法规、地方性法规、自治条例和单行条例、部委规章和地方政府规章、其他规范性文件以及行政解释、司法解释等多种形式。在不同原因的作用之下，这些不同层级、不同类型的法律性文件之间对同一事项的规定有时会出现不一致的情况，不可避免地会发生法律规范之间的冲突问

〔1〕 所谓"一元、两级、多层次"的立法体制是指，由立法机关享有立法权，同时，我国的立法权从纵向上依据管理事项的重要程度以及影响范围的广度为标准还被划分为中央立法与地方立法，即所谓的两级立法。多层次是指我国法律体系中包含法律、行政法规、地方性法规等不同效力等级的规范性法律文件。亦有学者认为我国的立法体制可以概括为"二元、两级、多层次"的立法体制，从立法主体而言，传统的立法权本意是特指立法机关享有立法权，但是在近代社会行政权快速蔓延的背景下，通过行政权建立法律规范从而加强社会管理的作用逐渐被人们所重视，借助行政立法能够让政务工作更快、更有效率。在宪法明确赋予国务院行政法规的立法权之后，行政机关开始具有一定程度的立法权。立法权被分配至立法机关与行政机关各自享有，即所谓的二元立法。参见董皞：《论法律冲突》，商务印书馆 2013 年版，第 16 页。

题。随着社会生活的发展，新的社会关系不断出现，需要解决的社会问题层出不穷，因此各种法律、法规、规章的制定颁布也呈现数量愈来愈多、涉及面愈来愈广、相互之间又存在交叉的局面。各个不同层级、法域、部门之间的法律冲突均有发生，在行政诉讼的法律适用中出现了许多问题，其中最重要的、最亟待解决的一个问题就是行政诉讼法律适用中的冲突问题。

法律规范之间的冲突现象形形色色、千姿百态，很难一一列举之，但是我们在研究中能够对这些冲突现象作一定程度上的抽象，即概括和划分出它们的类型，以便进行分类比较研究。这样的研究对于我们认识法律适用中的冲突现象的一般表现和规律来说是非常必要的。探究行政诉讼法律适用冲突的本质，需要我们从研究这些冲突的各种表现形式开始。只有通过分析具体的冲突现象，我们才可以进一步运用归纳方法将繁复的法律适用冲突现象背后所蕴含的规律找出来，从而透过现象才能更好地看清事物的本质。分析一种现象，最基本的方法便是对其加以分类，类型化是人们认识事物的基本途径和方法，因此我们需要对行政诉讼法律适用冲突的各种表现加以分类。冲突的分类标准按照不同的研究要求与方向可以分为许多不同的类型。对于冲突现象进行分类研究，是为了方便我们进一步深入认识冲突现象的本质、冲突现象产生的原因以及解决冲突现象的原则和具体对策。因此，我们不能简单地说哪一种分类最科学和最完善。事实上，每一种分类对于问题的认识都有各自的意义。本章主要是针对我国目前行政审判实践中的法律适用冲突现象，以法律位阶为标准进行不同的分类，具体而言，可以划分为以下几种类型。

其一，不同位阶的法律适用冲突，亦可称为纵向冲突，是指不同效力等级的法律文件在适用时，效力等级低的法律文件与效力等级高的法律文件之间的冲突。具体包括:(1)法律与基本法律的冲突。(2)行政法规与法律、基本法律的冲突。(3)地方性法规、自治条例、单行条例与法律、行政法规的冲突。(4)规章与法律、法规的冲突。(5)中央立法与地方立法的冲突。(6)中央立法与授权立法的冲突等。

其二,相同位阶的法律适用冲突,又称为横向冲突,是指相同效力等级的法律文件之间在适用时的冲突。具体包括:(1)特别法与一般法的冲突。(2)新法与旧法的冲突。(3)新的一般法与旧的特别法的适用冲突等。

其三,其他类型的法律适用冲突,此处的冲突是指内容不一致的法律规范相互之间并没有位阶高低之区别,或者由于未有明确的规定而导致法律规范在适用过程中出现的冲突。具体包括:(1)部门规章与地方政府规章、地方性法规的适用冲突。(2)行政规范性文件与地方性法规、规章的冲突。此处的规范性文件既指国务院制定的规范性文件与法规、规章的冲突,也包括除此之外的其他规范性文件与法规、规章的冲突。(3)司法解释与法律、法规、规章的冲突等。

第一节　不同位阶的法律适用冲突

一、上位法与下位法的适用冲突

(一)法律位阶及其划分标准

上位法、下位法分别是上位阶法律规范、下位阶法律规范的简称,区分上位法与下位法的关键就在于它们所处的法律位阶不同。法律位阶理论又称"法律规范层级构造理论",该理论由奥地利法学家梅尔克(Adolf Merkl)首次提出。他认为,法律是一个有等级秩序的规范体系，即一个由一些条件性规范和附条件规范组成的体系。[1]后来，凯尔森(H.Kelsen)对他的学说作了全面分析以及进一步的完善，使其成为具有特定内涵的通说。在凯尔森看来，法律制度是一个有层次的体系，法律秩序是一个不同级的诸规范的等级体系。[2]

“所谓法律位阶是指，在统一的法律体系内，确定不同类别规范性法律文件之间效力等级与适用顺序的制度。”[3]此一概念展示了法律的内部次序，反映了法律规范在整个法律体系内具有一种纵向排序，它成为明确不同法律效力层级的有力依据，亦即处于高一层次的法律规范是上位法，否则便是下位法。各种不同位阶的法律规范共同构成一个完整的层级系统。简而言之，高位阶上的法律规范效力较高，低位阶上的法律规范效力较低。不过亦有学者认为，法律位阶与法律效力等级这两个看似相同的概念其实是不同的，实践中容易相混淆。首先，两者的出发点是不同的。法律效力是从性质上而言的，法律效力是法律规范的一种特性，指的是法律规范的作用力，是法律都具有法律效力，并且它们的效力相同，法律效力本身是没有高低强弱之分的。因为效力也就是对事务的约束能力，法律效力即法律规范对社会事务所产生的约束能力，这种约束力使人们必须遵从法律所规定的行为方式，按照法律的指引行事，服从和适用法律规范。而法律位阶的出发点是以法律体系为基础阐述法律规范的层次。法律规范是有等级的，法律体系是一个由不同层级规范构建起来的统一体，整个法律体系表现为阶梯状。其次，两者的内在逻辑是

---

〔1〕 顾建亚:《法律位阶划分标准探新》，载《浙江大学学报(人文社会科学版)》2006年第6期。

〔2〕 [奥]凯尔森:《法与国家的一般理论》，沈宗灵译，商务印书馆2013年版，第124页。

〔3〕 参见胡玉鸿:《试论法律位阶划分的标准——兼及行政法规与地方性法规之间的位阶问题》，载《中国法学》2004年第3期。

不同的。法律位阶是由于颁布主体、制定时间和适用范围的不同，而使得不同的规范性法律文件在层级方面也有所区别，在此基础上形成了法律位阶。因此，法律位阶并不完全是确立法律效力等级的标准，法律位阶与法律效力不是属于同一范畴的种属关系，在逻辑上不能混同。法律位阶展现了一国法律体系内部不同规范性法律文件之间的联系。法律位阶和法律效力等级是有区别的，在法律实施的意义上不甚相同。〔1〕

笔者认为，虽然法律位阶与法律效力等级的确并不能完全等同，不过法律位阶是确立法律效力等级的主要依据，这一点无可辩驳。首先，法律位阶制度是从立法角度来探讨的一种制度，这一概念体现的是对国家机关立法行为的约束，按照《立法法》第 87 条至第 89 条的内容，下位法不能僭越上位法，也就是说处于下级的立法机关制定的法律文件不能与上级机关制定的法律文件相冲突。其次，法律位阶制度确立了我国司法实践中对高位阶法与低位阶法之间的司法适用规则与标准，能够增强司法实践的可操作性。法律位阶制度主要是用以调整一国法律体系之中规范性法律文件的适用冲突问题，该理论为位阶高低不同的法律规范之间如何适用提供了理论上的依据。“立法法确定法的效力等级，主要是为在法律规范发生冲突时便于作法律效力判断，即在构成抵触的前提卜，卜位法不能适用（不具有法律效力），而不是指优先适用与劣后适用的关系。”〔2〕

2000 年《立法法》颁布实施之后，我国的立法体制已大致呈现出

---

〔1〕 参见[德]汉斯·J.沃尔夫、奥托·巴霍夫等：《行政法（第 1 卷）》，高家伟译，商务印书馆 2002 年版，第 278 页。

〔2〕 孔祥俊：《法律规范冲突的选择适用与漏洞填补》，人民法院出版社 2004 年版，第 152 页。

一个金字塔形的样态。在我国的行政诉讼中，人民法院在衡量行政机关的行政行为的合法性时不仅可以依据法律、行政法规、地方性法规、民族自治地方的自治条例和单行条例进行适用，而且还可以对规章进行参照适用。[1]最高人民法院《行诉解释》第100条指出，“人民法院审理行政案件，适用最高人民法院司法解释的，应当在裁判文书中援引。人民法院审理行政案件，可以在裁判文书中引用合法有效的规章及其他规范性文件”。从此处可以看出，人民法院在行政审判中能够适用的法律文件包括法律、行政法规、地方性法规、自治条例和单行条例、规章、司法解释、其他规范性文件等，其法律适用上的法源众多，各类型法源列于不同的法律位阶中，具备不同等级的法律适用效力，这些使得法律适用冲突问题在下位法与上位法之间表现得尤为显著。尽管如此，各类法律规范并不是杂乱无章的，它们仍存在于一个统一有序的法律体系当中，这个体系是由不同的法律规范按照位阶的高低之分排列组成的。只有明确法律规范之间的位阶关系，即清楚明确哪个是上位法、哪个是下位法，才能解决法律适用实践中的冲突问题。

关于法律位阶的划分标准，学界主要存在两种观点，一种观点是，区别法律位阶的标准有两个：一是立法主体的层次高低；二是立法程序的约束多少。[2]另一种观点是，有学者提出可以通过以下三个标准来对法律位阶进行上、下位的确定：(1)权力的等级性，是指法律位阶的高低以权力的不同等级为确立基准。(2)事项的包容性，是指法律位阶关系以立法事项的包容性为标准，由此形成法律与法律

〔1〕 2017年《行政诉讼法》第63条规定：“人民法院审理行政案件，以法律和行政法规、地方性法规为依据。地方性法规适用于本行政区域内发生的行政案件。人民法院审理民族自治地方的行政案件，并以该民族自治地方的自治条例和单行条例为依据。人民法院审理行政案件，参照规章。”

〔2〕 张根大：《法律效力论》，法律出版社1999年版，第169页。

之间的层层递进关系。(3)权力的同质性,是指法律位阶的划分以权力的同质性为基础。这一标准本身也是对“权力的等级性”标准的限制。〔1〕

笔者认为,法律位阶的确定十分复杂,导致法律位阶的划分标准并不是唯一的、绝对的,不过主要是看该法律文件之颁布主体在整个国家机关体系内的位置,由不同主体颁布的法律规范,其位阶各不相同。具体来看可归纳为以下四点:(1)宪法高于其他一切法律规范。(2)人民代表大会及其常委会,也就是国家权力机关颁布的法律文件其位阶在行政机关制定的法律文件之上。(3)中央立法高于地方立法。不过国务院部门规章与地方性法规的关系是例外。(4)民族自治地区立法和经济特区立法拥有变通权。

我国 2015 年《立法法》对不同类型的法律规范的位阶有直接规定。其第 87 条首先规定,宪法具有最高的法律效力,一切法律、行政法规、地方性法规、自治条例和单行条例、规章都不得同宪法相抵触。第 88 条规定,法律的效力高于行政法规、地方性法规、规章。行政法规的效力高于地方性法规、规章。第 89 条规定,地方性法规的效力高于本级和下级地方政府规章。省、自治区的人民政府制定的规章的效力高于本行政区域内的设区的市、自治州的人民政府制定的规章,等等。根据上面的内容以及 2018 年《宪法修正案》第 47 条之规定,显然可以推导出,现行《宪法》与 2015 年《立法法》中对于大多数情况下的法律位阶都已经规定得比较清楚了。其法律效力的高低排序依次为:宪法＞法律＞行政法规＞地方性法规＞地方政府规章,部门规章＝地方政府规章。可参阅下图:

〔1〕 胡玉鸿:《试论法律位阶划分的标准——兼及行政法规与地方性法规之间的位阶问题》,载《中国法学》2004 年第 3 期。

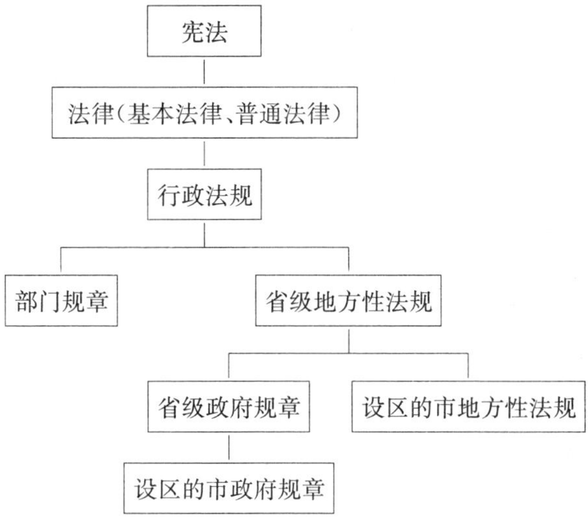

（二）下位法与上位法适用冲突的表现

下位法与上位法适用冲突具体是指下位法的规定与上位法的规定不相符合，《立法法》中对于下位法与上位法冲突的法定用语为"相抵触"。在2015年新修订的《立法法》中，"相抵触"一词反复出现，在第72、87、99、100条中共出现了十余次，如《立法法》第72条第1款规定，"省、自治区、直辖市的人民代表大会及其常务委员会根据本行政区域的具体情况和实际需要，在不同宪法、法律、行政法规相抵触的前提下，可以制定地方性法规"。不过《立法法》中对于究竟如何识别与判断不同位阶的法律规范之间是否存在"相抵触"未作明确规定。

2004年《最高人民法院关于审理行政案件适用法律规范问题的座谈会纪要》[1]（以下简称《纪要》）中对于下位法与上位法适用冲突，即相抵触的各种情形作过较为具体的罗列，认为，"下位法不符合上位法的常见情形有：下位法缩小上位法规定的权利主体范围，或者

〔1〕 法[2004]96号。

违反上位法立法目的扩大上位法规定的权利主体范围；下位法限制或者剥夺上位法规定的权利，或者违反上位法立法目的扩大上位法规定的权利范围；下位法扩大行政主体或其职权范围；下位法延长上位法规定的履行法定职责期限；下位法以参照、准用等方式扩大或者限缩上位法规定的义务或者义务主体的范围、性质或者条件；下位法增设或者限缩违反上位法规定的适用条件；下位法扩大或者限缩上位法规定的给予行政处罚的行为、种类和幅度的范围；下位法改变上位法已规定的违法行为的性质；下位法超出上位法规定的强制措施的适用范围、种类和方式，以及增设或者限缩其适用条件；法规、规章或者其他规范文件设定不符合行政许可法规定的行政许可，或者增设违反上位法的行政许可条件；其他相抵触的情形”。该《纪要》的列举性规定对于行政审判实践中如何认定“相抵触”起着重要的指导作用，提供了可操作性的标准，其积极意义是毋庸置疑的。〔1〕

根据上述《纪要》中的描述，可以对我国法律规范中下位法与上位法适用冲突的具体表现作一归纳分类。法律是“法律规范的总和”，法律规范是法的构成细胞。法律规范属于一种特殊的社会规范，是由国家制定或认可的、具有严密逻辑结构的规范人们行为与管理社会秩序的一系列规则，并由国家强制力保证实施。法律规范的逻辑结构的构成要素可以分为三种：前提条件、行为模式以及法律后果，法律规范的三个构成部分是有机地联系在一起的，缺一不可的。其中行为模式又包括行为主体：(1)可以这样行为；(2)应该这样行为；(3)禁止这样行为。分别对应的是权利、职权、义务，则冲突也具体表现为以下几个方面。

〔1〕 朱景文：《关于完善我国立法机制的思考》，载《社会科学战线》2013年第10期。

第一，关于权利主体、权利范围的规定相抵触。

法律规范也是一般性的行为规则，它不针对某一特定主体，而是针对较为广泛的主体所提供的行为模式。在有关权利主体的规定方面，下位法有时会与上位法产生冲突。该方面的冲突尤其表现在1997年国务院制定的行政法规《农药管理条例》[1]第18条与1999年农业部制定的部门规章《农药管理条例实施办法》[2]第20条。如1997年《农药管理条例》第18条规定，“下列单位可以经营农药：供销合作社的农业生产资料经营单位；植物保护站；土壤肥料站；农业、林业技术推广机构；森林病虫害防治机构；农药生产企业；国务院规定的其他经营单位。经营的农药属于化学危险物品的，应当按照国家有关规定办理经营许可证”。而1999年《农药管理条例实施办法》第20条规定，“供销合作社的农业生产资料经营单位，植物保护站，土壤肥料站，农业、林业技术推广机构，森林病虫害防治机构，农药生产企业，以及国务院规定的其他单位可以经营农药。农垦系统的农业生产资料经营单位、农业技术推广单位，按照直供的原则，可以经营农药；粮食系统的储运贸易公司、仓储公司等专门供应粮库、粮站所需农药的经营单位，可以经营储粮用农药。日用百货、日用杂品、超级市场或者专门商店可以经营家庭用防治卫生害虫和衣料害虫的杀虫剂”。由于《农药管理条例》是行政法规，《农药管理条例实施办法》是部门规章，显然两者之间存在上位法与下位法的关系。对比两者的具体内容可以看出：后者所规定的有权经营农药的单位与前者相比，其权利主体的范围明显要宽泛许多。这显然属于“违背上位法的

〔1〕 1997年5月8日国务院令第216号发布，根据2001年11月29日《国务院关于修改〈农药管理条例〉的决定》修订。

〔2〕 1999年4月27日农业部通过，1999年7月23日发布实施。该规章已经先后被《农业部关于修改〈农药管理条例实施办法〉的决定》《农业部关于修订农业行政许可规章和规范性文件的决定》修订。

立法目的扩大上位法规定的权利主体范围”的情形，与上位法之间形成“相抵触”的情况。

法律规范中规定行为规则本身的部分即是指行为模式，它具体指明了人们的权利和义务，是法律规范的核心部分。行为模式中的第一类赋予了行为主体作为或不作为的权利，这种行为模式被称为授权性规范。授权性规范，是指设定权利的规范，它规定人们有权作出某种行为或不作出某种行为。关于权力的范围方面，下位法有时也会与上位法产生冲突。例如，1987 年《深圳经济特区土地管理条例》〔1〕规定了经济特区内国有土地实行有偿使用和有偿转让制度，这一规定赋予了深圳市人民政府合法有偿转让土地的权力，而 1982 年《宪法》第 10 条明确规定，“任何组织或者个人不得侵占、买卖、出租或者以其他形式非法转让土地”。对上述法律规范的内容进行比较，可以发现两者的规定存在明显出入，即作为上位法的《宪法》并未赋予地方政府转让土地的职权，而作为下位法的《深圳经济特区土地管理条例》却赋予了地方政府有偿转让土地权。两者相比较，显然是下位法产生了与上位法的相抵触。〔2〕

再如，2002 年修订后的《水法》〔3〕第 48 条规定，“直接从江河、湖泊或者地下取用水资源的单位和个人，应当按照国家取水许可制度和水资源有偿使用制度的规定，向水行政主管部门或者流域管理机构申请领取取水许可证，并缴纳水资源费，取得取水权。但是，家庭生活和零星散养、圈养畜禽饮用等少量取水的除外。实施取水许

〔1〕 1987 年 12 月由广东省第六届人大常委会第 30 次会议通过，1988 年公布实施。

〔2〕 直到 1988 年《宪法修正案》才把这一条修改为，“任何组织或者个人不得侵占、买卖或者以其他形式非法转让土地。土地使用权可以依照法律的规定进行转让”。

〔3〕 1988 年 1 月 21 日六届全国人大常委会第 24 次会议通过，自 1988 年 7 月 1 日起施行。2002 年 8 月 29 日九届全国人大常委会第 29 次会议修订，修订后的《水法》自 2002 年 10 月 1 日起施行。

可制度和征收管理水资源费的具体办法，由国务院规定”。而《广西壮族自治区水资源费征收使用管理暂行办法》[1]第3条规定，“下列取用水免征、缓征、减征水资源费：(一)国家和自治区规定不需申请许可的取水，免征水资源费；(二)国家机关、人民团体、驻军(军办企业除外)、学校、医疗单位核定限额内的生活用水，免征水资源费；(三)航运、渔业养殖、农业灌溉、缓征水资源费；(四)根据管理权限，经县级以上(含本级，下同)人民政府批准免、缓、减征水资源费的其他取用水”。对照前述《水法》和《广西壮族自治区水资源费征收使用管理暂行办法》中的相关内容，可以看出：前者所规定的免征水资源费的情况仅限于“家庭生活和零星散养、圈养畜禽饮用等少量取水的”情况，而后者在其第3条中却将免征水资源费的范围作了结构性的扩大，在较大程度上超越了前者所规定的免征范围，因而构成与上位法的相抵触。

第二，关于行政主体、行政职权内容的规定相抵触。

法律规范中，按照法律调整方式的不同，可以分为授权性规范、职权性规范和义务性规范。职权性规范是针对国家机关及其工作人员具有哪些职务上的权利和义务(职权和职责)所作出的具体法律规范。尽管这些法律规范看似是授予国家机关及其工作人员一定的权力，但同时这些权力也是国家机关及其工作人员应尽的义务，即职权也是等同于职责的。我国法律中对于国家机关和公职人员的职权的规定，都属于这类规范。在行政主体及其行政职权内容方面，下位法会发生与上位法冲突的现象。如2006年颁布的《合肥市优化投资环

[1] 1992年12月12日桂政发[1992]95号发布，根据1997年12月22日发布的广西壮族自治区政府第16号令《广西壮族自治区人民政府关于清理政府规章的决定》进行修正。2007年5月14日，广西壮族自治区第十届人民政府第66次常务会议审议通过《广西壮族自治区实施〈取水许可和水资源费征收管理条例〉办法》，自2007年10月1日起施行。该办法实施后，原《广西壮族自治区水资源费征收使用管理暂行办法》废止。

境条例》[1]作为地方性法规，严重违反了《环境保护法》等上位法，其第 34 条规定，“行政机关依法对企业进行执法检查，应当事先拟定包括检查依据、时间、对象、事项等内容的检查计划，并在实施检查 30 日前报同级人民政府企业负担监督管理部门和法制机构备案。企业负担监督管理部门应当对检查计划进行协调，可以联合检查的，应当联合检查，避免多头检查。实行垂直管理的行政机关对企业进行执法检查，应当于实施检查 30 日前将检查计划报上一级行政机关和同级人民政府企业负担监督管理部门备案。上一级行政机关应当对下一级行政机关的检查计划进行研究协调，避免重复检查”。第 37 条规定，“同一行政机关对同一企业的执法检查每年不得超过一次。因企业涉嫌违法需要调查的，由县级以上人民政府行政主管部门负责人批准。法律、法规或者行政规章另有规定的除外。实施县级以上人民政府或者省级以上行政管理部门组织的集中统一的执法检查，按照统一部署进行”。该《条例》第 34 条、第 37 条对包括环境执法在内的执法检查行为设置了检查依据以及检查时间等内容的限制性前提条件，这构成了对《环境保护法》第 14 条、《水污染防治法》第 18 条等国家环境法律所认可的非定期现场检查的执法形式的取消与否定，使国家法律授予环境保护行政主管部门的行政监管权力受到限制与削弱。因为在法律上并没有执法检查须事先备案的规定，也没有对现场检查的次数作出限制的规定。此后于 2013 年，安徽省人大常委会审查批准了新修订的《合肥市优化投资环境条例》。

又如，《海关法行政处罚实施细则》[2]第 8 条规定，“有下列情形

---

〔1〕 经 2006 年 11 月 3 日合肥市十三届人大常委会第 29 次会议通过，2006 年 12 月 22 日安徽省十届人大常委会第 27 次会议批准。

〔2〕 1987 年 6 月 30 日国务院批准，1987 年 7 月 1 日海关总署发布，1993 年 2 月 17 日国务院批准修订，1993 年 4 月 1 日海关总署重新发布。

之一的，可以从轻或者免予处罚：（一）走私情节轻微的；（二）当事人主动交代、检举立功的；（三）走私行为在三年以后发现的。前款第（三）项规定的期限，从走私行为发生之日起计算；走私行为是连续状态的，从最后一次走私行为发生之日起计算”。而《行政处罚法》第29条规定，“违法行为在二年内未被发现的，不再给予行政处罚。法律另有规定的除外。前款规定的期限，从违法行为发生之日起计算；违法行为有连续或者继续状态的，从行为终了之日起计算”。那么，该种情形是否构成下位法与上位法的冲突呢？笔者认为已经构成冲突，具体理由是：就两者的性质来说，前者是海关总署经国务院批准后发布的，它制定于《立法法》实施之前，符合当时《行政法规制定程序暂行条例》中所规定的程序，因此其性质应该属于行政法规。后者是全国人大制定的，其性质属于基本法律。两者之间的关系属于下位法与上位法的关系。依据前者的规定，海关对于走私行为，有权在自该行为发生之日起3年内予以处罚，超过3年的，不再处罚。这也就是说，其履行法定职责的期限是3年。但是依据后者的规定，包括海关在内的所有行政机关，履行法定的行政处罚职责的期限是自违法行为发生之日起2年内，超过2年的，不再对违法行为实施处罚，其法定职责不存在。两者相比，作为下位法的前者延长了作为上位法的后者所规定的履行法定职责的期限，因此前者与后者“相抵触”。

第三，关于义务主体、义务内容的规定相抵触。

前文指出，根据法律调整方式的不同，法律规范可以被分为授权性规范、职权性规范以及义务性规范。其中的义务性规范是指针对人们应尽哪些义务所设立的规范，它的目的是要求人们必须承担一定的积极作为的义务或消极不作为的义务。在义务主体及义务具体内容方面，下位法也会发生与上位法冲突的情况。例如，2003年国务院颁布的《婚姻登记条例》[1]第5条规定，“办理结婚登记的内地居民应当出具下列证件和证明材料：（一）本人的户口簿、身份证；（二）本人无配偶以及与对方当事人没有直系血亲和三代以内旁系血亲关系的签字声明。……”从该条规定来看，《婚姻登记条例》只规定了居民结婚登记所必须出具的证件和材料以及不予登记的情形，并没有强制婚检的规定。而2005年修订后的《黑龙江省母婴保健条例》[2]第8条却规定，“本省实行婚前医学检查制度。……准备结婚的男女双方，应当接受婚前医学检查和婚前健康教育，凭婚前医学检查证明，到婚姻登记机关办理结婚登记”。第11条规定，“婚姻登记机关在办理结婚登记时，应当查验并留存男女双方婚前医学检查证明。有下列情况之一的，不予办理结婚登记：（一）没有婚前医学检查证明的；……”前者是国务院颁布的行政法规，后者是地方性法规，两者之间存在上位法与下位法的关系，因此，《黑龙江省母婴保健条例》中关于办理结婚登记人的义务的规定与《婚姻登记条例》相抵触。

第四，关于适用条件的规定相抵触。

法律规范的一个核心要素就是适用条件，具体是指法律规范中所规定的在哪些条件或情况下能够适用该规范，即说明在什么时间、地点和条件下，某一社会关系由这一法律规范来调整。在具体的法律规范中，规定时间效力、空间效力和对人的效力的那一部分，属于法律规范的适用条件。关于适用条件的规定，下位法也会发生与上位法相冲突的现象。例如，《商标法》[3]第52条第（一）项规定，“未

〔1〕 国务院令第387号。2003年7月30日国务院第16次常务会议通过，2003年10月1日起施行。

〔2〕 2000年10月20日黑龙江省第九届人民代表大会常务委员会第19次会议通过。

〔3〕 1982年8月23日五届全国人大常委会第二十四次会议通过，1993年2月22日七届全国人大常委会第三十次会议第一次修正，2001年10月27日九届全国人大常委会第二十四次会议第二次修正。

经商标注册人的许可，在同一种商品或者类似商品上使用与其注册商标相同或者近似的商标的”，属于侵犯注册商标专用权的行为。《商标法实施条例》[1]第50条规定，“在同一种或者类似商品上，将与他人注册商标相同或者近似的标志作为商品名称或者商品装潢使用，误导公众的”，属于《商标法》第52条第（五）项所称侵犯商标专用权的行为。《驰名商标认定和管理暂行规定》[2]第9条规定，“将与他人驰名商标相同或者近似的商标使用在非类似的商品上，且会暗示该商品与驰名商标注册人存在某种联系，从而可能使驰名商标注册人的权益受到损害的，驰名商标注册人可以自知道或者应当知道之日起两年内，请求工商行政管理机关予以制止”。上述规定中，《商标法》属于法律，《商标法实施条例》属于行政法规，《驰名商标认定和管理暂行规定》属于部门规章。依据前两者的上述规定，商标专用权的保护范围是同一种或者相类似的商品，而后者所确立的保护范围却扩展到非类似的商品上，这在客观上增设了违反上位法规定的适用条件，因而构成下位法与上位法相抵触。

第五，关于行政处罚、行政强制、行政许可的规定相抵触。

行政处罚、行政强制、行政许可是国家行政管理过程中最常见的三种行政行为，分别制定了各自单独的行政法律。行政司法实践中上下位法之间的冲突也多数体现于下述三种领域中。

首先，在行政处罚领域，相抵触的情况主要体现在下位法增加了上位法规定的行政处罚种类，或者加重了上位法规定的行政处罚力度。例如，《中华人民共和国行政处罚法》第8条规定，“没收违法所

---

〔1〕 国务院令第358号。2002年8月3日国务院发布，自2002年9月15日起实施。

〔2〕 1996年8月14日国家工商行政管理局令第56号公布，1998年12月3日国家工商行政管理局令第86号修订。2003年6月1日《驰名商标认定和保护规定》实施后废止。

得、没收非法财物”。《重庆市林业行政处罚条例》第1章总则第5条也规定了没收非法财物，而该《条例》第22条第1款第1项规定：对规定林产品无运输证的，予以没收。如果行为人对所运的物品享有合法的所有权（行为人有相应的主体资格并办理了相应的手续），就不能因其非法运输而将该林产品视为行为人的违法所得或非法财物。由此可知，遵照该《条例》第22条第1款第1项规定，对无证运输规定林产品的就予以没收，则可能没收了行为人的合法所得与合法财物。因此，《条例》第22条第1款第1项扩大了没收的范围，与《行政处罚法》第8条的规定及该《条例》第5条的规定是相抵触的。

也有下位法的规定加重了上位法规定的行政处罚力度的情况，如《中华人民共和国道路交通安全法》〔1〕第89条规定，行人、乘车人、非机动车驾驶人违反道路交通安全法律、法规关于道路通行规定的，给予警告或者5元以上50元以下罚款。而《深圳经济特区道路交通安全违法行为处罚条例》〔2〕第9条规定，“驾驶非机动车有下列行为之一的，处500元罚款：（一）驾驶改装、加装动力装置非机动车上道路行驶的；（二）违反规定在机动车道内行驶的；（三）驾驶不符合相关标准的非机动车上道路行驶的；（四）违反规定进入高速公路、城

〔1〕 主席令第47号，2003年10月28日第十届全国人民代表大会常务委员会第五次会议通过，根据2007年12月29日第十届全国人民代表大会常务委员会第三十一次会议《关于修改〈中华人民共和国道路交通安全法〉的决定》第一次修正，根据2011年4月22日第十一届全国人民代表大会常务委员会第二十次会议《关于修改〈中华人民共和国道路交通安全法〉的决定》第二次修正。

〔2〕 2010年1月19日深圳市第四届人民代表大会常务委员会第三十五次会议通过，根据2011年6月27日深圳市第五届人民代表大会常务委员会第九次会议《关于修改〈深圳经济特区道路交通安全违法行为处罚条例〉的决定》第一次修正，根据2012年12月25日深圳市第五届人民代表大会常务委员会第十九次会议《关于修改〈深圳经济特区道路交通安全违法行为处罚条例〉的决定》第二次修正，根据2014年10月30日深圳市第五届人民代表大会常务委员会第三十二次会议《关于修改〈深圳经济特区道路交通安全违法行为处罚条例〉的决定》第三次修正。

市快速干道的”。前者为法律，后者为经济特区法规，两者之间是上下位法的关系，《深圳经济特区道路交通安全违法行为处罚条例》中关于对非机动车驾驶人违法行为的行政处罚的规定与《道路交通安全法》中的规定大有不同，加重了《道路交通安全法》的处罚力度。又如，《河南省盐业管理条例》[1]第30条第1款规定，违反本条例第21条第1款规定的，由盐业行政主管部门没收违法运输的盐产品，对货主和承运人分别处以违法运输的盐产品价值1倍以上3倍以下的罚款。而国务院《食盐专营办法》[2]第25条规定，违反本办法第18条的规定，无食盐准运证托运或者自运食盐的，由盐业主管机构没收违法运输的食盐，对货主处以违法运输的食盐价值3倍以下的罚款，对承运人处以违法所得3倍以下的罚款。前者是地方性法规，后者是行政法规，两者之间是上下位法的关系，可以发现，《河南省盐业管理条例》中关于对承运人罚款基准为“盐产品价值”及对货主及承运人的罚款幅度为“1倍以上3倍以下”的规定，与国务院《食盐专营办法》第25条的规定不一致。[3]

其次，在行政强制领域，相抵触的情况主要体现在下位法增加了上位法规定的行政强制措施的适用条件，或者下位法违反上位法增设行政强制措施。如1991年9月22日国务院发布的《道路交通事故处理办法》[4]第13条规定，“交通事故造成人身伤害需要抢救治疗的，交通事故的当事人及其所在单位或者机动车的所有人应当预付医疗费，也可以由公安机关指定的一方预付，结案后按照交通事故

[1] 1999年5月30日河南省第九届人民代表大会常务委员会第九次会议通过。

[2] 1996年5月27日国务院令第197号发布。

[3] 2003年4月29日《最高人民法院对人民法院在审理盐业行政案件中如何适用国务院〈食盐专营办法〉第25条规定与〈河南省盐业管理条例〉第30条第1款规定问题的答复》，法行(2000)36号。

[4] 1991年9月22日国务院令第89号发布。该法规于2004年5月1日已被《中华人民共和国道路交通安全法实施条例》废止。

责任承担。交通事故责任者拒绝预付或者暂时无法预付的，公安机关可以暂时扣留交通事故车辆”。1992年公安部发布的《道路交通事故处理程序规定》[1]第28条第1款规定，“预付抢救治疗费直接向医院交纳；凭据由预付的当事人保存。对不预付或无力预付的，公安交通管理部门可以暂扣交通事故责任者的车辆，暂扣的期限由各省、自治区、直辖市公安厅、局规定”。对比上述《道路交通事故处理办法》和《道路交通事故处理程序规定》的内容，可以发现两者存在两点区别：其一，扣押车辆的前提不同。前者扣押车辆的前提是“交通事故责任者拒绝预付或者暂时无法预付”医疗费，后者扣押车辆的前提是交通事故责任者“不预付或者无力预付”。其二，扣留的对象不同。前者所规定的扣押对象是“交通事故车辆”，而后者所规定的扣押对象是“交通事故责任者的车辆”。这样，作为下位法的公安部所制定的部门规章是否构成与作为上位法的国务院制定的行政法规的“相抵触”呢？笔者认为，该种情形属于最高人民法院《纪要》中所说的“下位法超出上位法规定的强制措施的适用范围、增设其适用条件”的情况，因而已经构成了下位法与上位法的“相抵触”。

又如，《中华人民共和国渔业法》[2]第30条规定：“未按本法规定取得捕捞许可证擅自进行捕捞的，没收渔获物和违法所得，可以并收罚款；情节严重的，并可以没收渔具。”这一条未规定可以没收渔船。而《福建省实施〈中华人民共和国渔业法〉办法》[3]第34条规定，“未取得捕捞许可证擅自进行捕捞或者伪造捕捞许可证进行捕

---

〔1〕 1992年8月10日公安部令第10号发布。该规章已经被公安部于2004年4月30日发布、自2004年5月1日起实施的《交通事故处理程序规定》废止。

〔2〕 主席令第34号，第六届全国人民代表大会常务委员会第十四次会议于1986年1月20日通过，自1986年7月1日起施行。

〔3〕 1989年3月10日福建省七届人大常委会第7次会议通过。

捞,情节严重的,可以没收渔船”。[1]前者为法律,后者为地方性法规,两者之间是上下位法的关系,《中华人民共和国渔业法》规定的行政强制包括“没收渔具”,而《福建省实施〈中华人民共和国渔业法〉办法》规定的行政强制却还规定了“没收渔船”,显然这构成了下位法对上位法的“相抵触”。

最后,在行政许可领域,相抵触主要体现在下位法相对于上位法增设了行政许可适用的条件。如《道路交通安全法》[2]第 13 条第 1 款规定,“对登记后上道路行驶的机动车,应当依照法律、行政法规的规定,根据车辆用途、载客载货数量、使用年限等不同情况,定期进行安全技术检验。对提供机动车行驶证和机动车第三者责任强制保险单的,机动车安全技术检验机构应当予以检验,任何单位不得附加其他条件。对符合机动车国家安全技术标准的,公安机关交通管理部门应当发给检验合格标志”。2004 年公安部发布实施的《机动车登记规定》[3]第 34 条规定,“机动车所有人申请检验合格标志,应当提交行驶证、机动车第三者责任强制保险凭证、机动车安全技术检验机构出具的安全技术检验合格证明”。第 34 条第 3 款规定,“机动车涉及道路交通安全违法行为和交通事故未处理完毕的,不予核发检验合格标志”。比较上述规定的内容,可以发现:作为下位法的公安部规章,对安全技术检验附加了条件,即如果“机动车涉及道路交通安全违法行为和交通事故未处理完毕的,不予核发检验合格标志”。这

---

〔1〕 参见最高人民法院《关于人民法院审理行政案件对地方性法规的规定与法律和行政法规不一致的应当执行法律和行政法规的规定的复函》(1993 年 3 月 11 日发布,法函[1993])。

〔2〕 2003 年 10 月 28 日十届全国人大常委会第五次会议通过,2007 年 12 月 29 日十届全国人大第三十一次会议第一次修订,2011 年 4 月 22 日十一届全国人大常委会第二十次会议第二次修订。该法两次修订时第 13 条第 1 款内容均未发生变化。

〔3〕 2004 年 4 月 30 日公安部部长办公会议通过,自 2004 年 5 月 1 日起施行。2008 年 4 月 21 日公安部部长办公会议对其作了修订,自 2008 年 10 月 1 日起施行。

样，公安部规章的规定就违反了《行政许可法》中的相关规定。该法第16条第4款规定，“法规、规章对实施上位法设定的行政许可作出的具体规定，不得增设行政许可；对行政许可条件作出的具体规定，不得增设违反上位法的其他条件”。依据该规定，上述公安部《机动车登记规定》第34条就属于“增设违反上位法的其他条件”，构成了与作为上位法的《道路交通安全法》的“相抵触”。

二、 中央立法与地方立法的适用冲突

（一）中央与地方关于立法权属的配置

一国立法体制的核心内容便是有关立法权限的配置与安排，“包括确立立法权的归属、立法权的性质、立法权的种类和构成、立法权的范围、立法权的限制、各种立法权之间的关系、立法权在国家权力体系中的地位和作用、立法权与其他国家权力的关系等方面的体系和制度”。[1]其中，在关于立法权限的安排中最为重要的是明确一个国家享有立法权的主体范围以及不同立法主体行使立法权力的范围。[2]这一结构决定了一国法律体系中多元法律规范之间的地位和关系。

如前文所述，我国的立法体制既统一，又分层次，实行的是两级制的立法权限配置，配置的主要依据是立法事项的重要程度与影响范围。[3]我国立法权不仅被分配至中央一级的全国人民代表大会及其常务委员会、国务院所享有，还被分配至地方一级的地方人民代表大会及其常务委员会、地方各级政府所享有。在我国的立法体制中，

---

〔1〕 周旺生：《立法论》，北京大学出版社1994年版，第131页。
〔2〕 汪全胜：《制度设计与立法公正》，山东人民出版社2005年版，第25页。
〔3〕 封丽霞：《中央与地方立法权限的划分标准："重要程度"还是"影响范围"?》，载《法制与社会发展》2008年第5期。

最核心的问题便是中央与地方立法权限的划分标准的界定。划分标准若使得中央立法权限较大、过分集权或者使得地方立法权限较大、过分分权，均会给社会的发展造成损害。若划分标准模糊不清，也会造成越权立法、重复性立法或者立法缺漏等现象，导致法律适用上的困难。我国虽然是一个单一制国家，但幅员辽阔，情况复杂，各地经济、文化发展不平衡，必须在维护国家法制统一和主要依靠法律来调整各种社会关系的前提下，充分发挥地方立法积极性，借助有立法权的地方人大及其常委会制定的地方性法规等其他规范性文件来辅助调整各种社会关系。

中央立法权与地方立法权之间的关系是国家立法制度的重要内容，决定着国家立法制度的发展动力。回顾我国立法制度对中央立法权与地方立法权的关系的界定，存在过中央集权模式、地方分权模式、集权分权模式和分权集权模式四种具有代表性的界定。〔1〕中央集权模式因其对中央享有完全立法权而否定地方立法权存在的正当性，不能有效满足现代社会对法律渊源多样性与有效性的希求，因此只是短暂出现在我国立法制度的发展历程中。地方分权模式因其对地方享有绝对立法权而否定中央立法权存在的合法性，既不能有效满足现代社会对法律秩序统一性与安定性的期望，又不能具体维护一国立法制度对国家主权的尊重，因此只是个别性地存在于我国立法制度的发展历程中。集权分权模式和分权集权模式实质上是对中央立法权与地方立法权之间关系的一种非模式化定位，具备内在的灵活性，因此成为我国立法制度安排中央立法权与地方立法权之间关系的一种趋势。

至 1949 年下半年，以 1949 年 8 月制定的《中国人民政治协商会

〔1〕 戚渊：《论立法权》，中国法制出版社 2002 年版，第 138—139 页。

议共同纲领》为依据，立法权被分配到中央和多个不同的地方主体之中。该《共同纲领》为中央与地方立法发挥积极性提供了空间。在1949年至1954年这段时期内，地方立法权在国家立法权配置中的重要性得到了充分尊重和有效实现。然而，1954年《宪法》中只规定了全国人大具有立法权，此后中国在中央与地方立法关系问题上迅速转向对中央完全意义或绝对意义上的立法权的依赖。地方立法权的再次获得并得以有效实现是从改革开放以后开始的。从1979年下半年到1981年底，全国县级以上地方各级人大相继建立常委会后，1979年制定的《地方各级人民代表大会和地方各级人民政府组织法》尝试承认地方立法权的合法性，赋予了省级人大及其常委会制定地方性法规的权力。1982年，修改后的《地方组织法》又进一步赋予省、自治区人民政府所在地的市和"较大的市"人大及其常委会立法权。1987年邓小平曾再次强调："调动积极性，权力下放是最主要的内容。"〔1〕2000年实施的《立法法》全面规范了中央立法权和地方立法权的立法主体、立法权限和立法程序，这一过程深刻表明中国立法制度在改革开放的进程中逐步探索中央立法权与地方立法权之间的稳定关系所作出的努力。经过三十余年中央立法权与地方立法权的配置，最终于2011年形成了中国特色社会主义法律体系。

当代中国立法制度自改革开放以来在制度上确立了统一而又分层的立法体制，在中央层面有全国人大及其常委会，有国务院及其各部委行署等。在地方层面有省级人大及其常委会，还有设区的市的人大及其常委会，以及省级人民政府、设区的市的人民政府都是立法的主体。这样一个统一而分层次的立法体制既维护了国家法制的统一，又发挥了地方的积极性，照顾了地方的特点和需求，有效地推动

〔1〕《邓小平文选》第3卷，人民出版社1993年版，第242页。

了中国特色社会主义法律体系在超大型社会中的形成。[1]地方立法涵盖地方政治、经济、教育、科学、文化、卫生、民政、资源和环境保护等社会生活各个方面，对于保证宪法和法律在地方的实施、补充国家立法以及各地因地制宜自主解决本地方的事务起着重要作用。

中央立法权与地方立法权之间的关系是以维护国家法治统一为前提，当然国家法治的统一性并不是等于强调中央立法权的绝对性。事实证明，中央立法权的绝对性不仅无益于国家法治统一性的维护，同时还会导致国家法治创新活力的丧失。为了法律体系的活力与稳定，地方立法权在立法制度中的价值必须得到充分肯定。从一定意义上说，有效的中央立法集权需要通过有效的地方立法分权来维护、实现和延续。制度化地保证和稳定中央立法权与地方立法权之间的关系理应成为当代中国立法制度完成结构性发展的重要内容。地方立法权的实现不得僭越《立法法》所确定的国家立法权专属事项，同时全国人民代表大会及其常务委员会要就国家立法权专属事项及时、有效地行使立法权，包括已有法律的修改和解释，否则应由中央立法权规范的事项若得不到及时的体现则会破坏当代中国法律体系的有效性。

赋予地方立法权对于调动地方参与国家治理的积极性具有不可或缺的意义，但同时我们不能无视试验性立法模式是与经济体制所蕴含着的利益关系联结在一起的，地方先行立法或授权立法在中央与地方权限尚未制度化的背景下必然带来地方立法寻租的现实风险。强化地方立法为前提的放权很难与地方主义和权力机会主义的滋生相隔绝，地方立法与地方主义的纠缠、试验性立法与地方和个体利益的纠缠，均加剧了法律体系内部冲突。多元化与统一性的失衡、

---

〔1〕《中国特色社会主义法律体系》白皮书新闻发布会，http://www.npc.gov.cn。

个体权利的释放与公共利益的维护的失衡、公共权力的有效性规范与公共权力的有效性规范的失衡注定会导致法律体系内部的危机，导致地方主义的出现与部门利益的泛滥。

（二）中央立法与地方立法的内涵与分类

中央立法是指，以我国全国人民代表大会及其常务委员会、国务院及其部门为立法主体所制定的法律、行政法规、国务院部门规章及其他规范性法律文件。[1]《立法法》第8条对于中央立法权限作出了具体规定。地方立法是指，地方国家机关在行使监督权和行政管理权的过程中，制定的地方性法规和地方政府规章及其他规范性文件。[2]地方立法的主体涵盖地方各级人民代表大会及其常务委员会、地方各级人民政府及部门。我国现行《宪法》第100条确立了地方人大及其常委会的立法权。在《宪法》第3章国家机构第5节地方各级人民代表大会和地方各级人民政府、第6节民族自治地方的自治机关中，不仅明确了地方立法权限和范围，还对地方立法的名称即地方性法规首次加以肯定。与此同时，《宪法》第105、107条中还规定了地方政府的立法权。2015年《立法法》在其第72、73、82条进一步分别具体规定了地方立法的权限。

根据我国《立法法》的相关规定，对地方立法可以作如下几种分类：

其 ，实施性立法。又称执行性立法，是指下级机关为了执行或实现特定法律和法规的规定而进行的细化性、解释性立法。我国《立法法》第73条第1款第1项规定，“地方性法规有权对于以下几类事

---

〔1〕 本书中的“立法”是从广义上而言的，尽管我国《立法法》中并未将其他规范性法律文件纳入规定，但是在司法实践中，其他规范性文件也是我国法律体系中不可或缺的一部分，立足于司法实践，因而本书将其他规范性文件也视同为广义上的立法加以研究。

〔2〕 张淑芳：《地方立法客体的选择条件及基本范畴研究》，载《法律科学（西北政法大学学报）》2015年第1期。

项作出规定：为执行法律、行政法规的规定，需要根据本行政区域的实际情况作具体规定的事项”。《立法法》第 82 条第 2 款第 1 项规定，“地方政府规章有权对于以下几类事项作出规定：为执行法律、行政法规、地方性法规的规定需要制定规章的事项”。

其二，自主性立法。又称地方事务立法。《立法法》第 73 条第 1 款第 2 项规定，“地方性法规有权对于下列事项作出规定：属于地方性事务需要制定地方性法规的事项”。《立法法》第 82 条第 2 款第 2 项规定，“地方政府规章有权对于下列事项作出规定：属于本行政区域的具体行政管理事项”。地方立法最实质性的特征就是根据本地方的具体情况和实际需要而制定，地方立法的内容应适应地方的实际情况，用以解决本行政区域的实际问题。地方立法也只是在本行政区域内具有约束力。

其三，先行性立法。是指省级、设区的市的人大及其常委会为了填补法律和法规的空白以实现地区行政管理职能而进行的立法。我国《宪法》第 3 条第 4 款规定了处理中央与地方关系的基本原则，即中央与地方在划分国家机构职权时，首先必须遵循中央的统一领导，其次也要充分调动和发挥地方的主动性与积极性。《宪法》第 5 条第 3 款又规定：“一切法律、行政法规和地方性法规都不得同宪法相抵触。”也即，只要不与《宪法》相抵触，法律、行政法规和地方性法规都有其作用的空间，有一定的灵活性。我国《立法法》在其第 73 条第 2 款中更是进一步细化了该原则。

其四，变通性立法。主要是指民族区域自治立法与经济特区立法中的变通性规定。《立法法》第 90 条规定，民族自治地方的自治条例和单行条例依法对法律、行政法规、地方性法规作出变通规定后，在该民族自治地方适用已变通了的自治条例和单行条例的规定。经济特区法规在法律授权后对法律、行政法规、地方性法规作出变通性规定的，在该经济特区范围内适用已变通了的经济特区法规的规定。

由于经济特区立法的变通权是由单行授权法赋予的，因此也被归为授权立法的一部分，本书会在下文中探讨经济特区立法的适用冲突。

（三）地方立法与中央立法适用冲突的具体表现

地方立法与中央立法适用冲突的背后是中央与地方的政治关系、经济关系与社会关系的利益反映。我国的国家结构形式决定了在我国哪些是应当属于中央的立法权，哪些是应当属于地方的立法权。作为单一制国家而言，只有解决好中央与地方立法权限的合理分配问题，我国才有可能既最大限度地保证法制统一、减少冲突，又能充分发挥中央和地方两个层级的积极性。根据我国《立法法》的具体规定，中央立法层面表现为法律和行政法规、部门规章，地方立法层面表现为地方性法规以及地方政府规章。其中，在中央立法层面，有关国家主权、基本政治制度、经济制度、公民的基本权利义务等十一个方面的事项是专属于全国人大及其常委会的立法权限，只能以法律的形式加以呈现。在例外的情况下，譬如涉及《立法法》第 8 条规定的事项尚未制定法律的，仅国务院可以对其中的部分事项（有关犯罪和刑罚、对公民政治权利）先制定行政法规，亦即地方人大、政府以及国务院各部门是绝对无权针对全国人大及其常委会的专属立法权事项作出任何规定的。不过在中央专属立法权事项之外，地方人大及其政府可以根据本地区的具体情况，在不与中央立法相抵触的情况下，制定地方立法。后继法律或者行政法规出台后，地方立法应当及时据以修改或者废止。

实践中，地方立法与中央立法的冲突往往体现在地方立法突破中央立法的规定，主要表现为地方性法规、地方政府规章与法律、行政法规的相抵触。我国立法制度放弃了绝对意义上的中央立法集权而赋予地方立法权的正当性，但是我们也必须清醒地面对这样一些具有普遍性的问题：有些机关越权制定法规、规章；有些法规、规章同法律相抵触或者法规之间、规章之间、法规与规章之间存在着相互矛盾、冲突、不衔接的现象；有些法规、规章的质量不高，存在着不顾国家利益而为部门、地方争局部利益的倾向。[1]与地方立法权相伴而生的这些问题，使得我们需秉持的一个总体方向是："集权与分权的程度，以法律秩序里中央规范与地方规范的多少与轻重的相对比例而定。如果一切规范均对于整个的领域生效，集权是全部的。如果一切规范均只对于领域的不同部分生效，均只对于划分后的地区生效，分权是全部的。"[2]地方立法合法性的总体原则是，地方立法应当围绕着中央立法留有空隙而属于次级性的事务、中央立法留有空隙而属于行政性的事务、中央立法留有空隙而属于区域性的事务、中央立法留有空隙而属于具体性的事务、中央立法留有空隙而属于实施性的事务[3]来制定。而当前在我国地方立法文件所规定的事项中有相当一部分并不是地方性事务，这是存在问题的。由此，地方立法与中央立法之间的冲突着重表现为地方一级的地方性法规、自治条例、单行条例、地方政府规章与中央一级的法律、行政法规、国务院部门规章之间的冲突。

1. 地方性法规与法律、行政法规、部门规章(以下简称中央立法)之间的冲突

在 1991 年的一起没收渔船案中，《中华人民共和国渔业法》[4]

---

〔1〕 周汉华：《变法模式与中国立法法》，载《中国社会科学》2000 年第 1 期。

〔2〕 [奥]凯尔森：《法与国家的一般理论》，沈宗灵译，商务印书馆 1996 年版，第 337—338 页。

〔3〕 张淑芳：《地方立法客体的选择条件及基本范畴研究》，载《法律科学(西北政法大学学报)》2015 年第 1 期。

〔4〕 1986 年 1 月 20 日第六届全国人民代表大会常务委员会第十四次会议通过；根据 2000 年 10 月 31 日第九届全国人民代表大会常务委员会第十八次会议《关于修改〈中华人民共和国渔业法〉的决定》第一次修正；根据 2004 年 8 月 28 日第十届全国人民代表大会常务委员会第十一次会议《关于修改〈中华人民共和国渔业法〉的决定》第二次修正；根据 2009 年 8 月 27 日第十一届全国人民代表大会常务委员会第十次会议《关于修改部分法律的决定》第三次修正；根据 2013 年 12 月 28 日第十二届全国人民代表大会常务委员会第六次会议《关于修改〈中华人民共和国海洋环境保护法〉等七部法律的决定》第四次修正。

是法律，其第30条规定："未按本法规定取得捕捞许可证擅自进行捕捞的，没收渔获物和违法所得，可以并处罚款；情节严重的，并可以没收渔具。"这一条款并未规定可以没收渔船。而《福建省实施〈中华人民共和国渔业法〉办法》[1]是地方性法规，其第34条规定，未取得捕捞许可证擅自进行捕捞或者伪造捕捞许可证进行捕捞，情节严重的，可以没收渔船。该规定突破了当时《渔业法》的规定，此后《渔业法》经过数次修订，增加了关于没收渔船的规定。

2. 自治条例、单行条例与中央立法的冲突

我国《宪法》规定，在各少数民族聚居的地方实行民族区域自治制度，设立自治机关，行使自治权。自治机关行使自治权的一种重要方式便是制定自治条例和单行条例。由于自治条例和单行条例主要是根据该民族当地的政治、经济、文化的特点而制定出来的，因而这种民族自治性会使得自治条例、单行条例与中央立法之间存在某些方面的冲突。如在婚姻家庭法领域，对涉及结婚年龄、生育人数的限制、结婚条件等事项的规定，单行条例与我国《婚姻法》的规定多有不同。据统计，截至2008年底，民族自治地方制定了137个自治条例、510个单行条例、75个变通和补充规定。[2]自治条例、单行条例与中央立法的冲突多体现在前述变通规定中。

3. 地方政府规章与中央立法的冲突

地方政府规章与中央立法的冲突在行政诉讼审判实践中也会出现，如在2011年的鲁潍（福建）盐业进出口有限公司苏州分公司诉江

---

〔1〕 1989年3月10日福建省七届人大常委会第7次会议通过；1993年3月7日福建省八届人大常委会第2次会议修正；1997年10月25日福建省八届人大常委会第35次会议修正；2002年3月28日福建省九届人大常委会第31次会议修正；2007年3月28日福建省十届人大常委会第28次会议修订；根据2012年3月29日福建省十一届人大常委会第29次会议通过的《福建省人民代表大会常务委员会关于修改部分地方性法规的决定》修订。

〔2〕 马启智：《新中国60年民族法制建设》，载《求是》2009年第20期。

苏省苏州市盐务管理局盐业行政处罚案[1]中，原被告双方争议的焦点即是江苏省人民政府制定的《江苏省盐业管理条例实施办法》属于地方政府规章，它对于在中央层面上国务院制定的行政法规《盐业管理条例》中所规定的未取得许可经营工业盐的行为是否能够设定行政处罚。苏州市金阊区人民法院经审理后认为，苏州盐务局对盐业违法案件进行查处时，应适用合法有效的法律规范。在中央立法层面上，有关盐业管理的行政法规《盐业管理条例》中并没有设定工业盐准运证的行政许可，因此地方政府规章《江苏省盐业管理条例实施办法》不能设定工业盐准运证这一新的行政许可。《盐业管理条例》对盐业公司之外的其他企业经营盐的批发业务并未设定行政处罚，因此地方政府规章《江苏省盐业管理条例实施办法》中便不得加重该行为的负担，对该行为设定行政处罚。该地方政府规章与中央立法相冲突，人民法院在行政审判中不应予以适用。

三、中央立法与授权立法的适用冲突

（一）授权立法概述

在界定授权立法之前，我们首先需要区分授权法与授权立法的

〔1〕(2009)金行初字第0027号。案情简介：2007年11月12日，鲁潍公司从江西等地购进360吨工业盐。苏州盐务局认为鲁潍公司进行工业盐购销和运输时，应当按照《江苏盐业实施办法》的规定办理工业盐准运证，鲁潍公司未办理工业盐准运证即从省外购进工业盐涉嫌违法。2009年2月26日，苏州盐务局经听证、集体讨论后认为，鲁潍公司未经江苏省盐业公司调拨或盐业行政主管部门批准从省外购进盐产品的行为，违反了《盐业管理条例》第20条、《江苏盐业实施办法》第23条、第32条第(2)项的规定，并根据《江苏盐业实施办法》第42条的规定，对鲁潍公司作出了(苏)盐政一般〔2009〕第001-B号处罚决定书，决定没收鲁潍公司违法购进的精制工业盐121.7吨、粉盐93.1吨，并处罚款122 363元。鲁潍公司不服该决定，于2月27日向苏州市人民政府申请行政复议。苏州市人民政府于4月24日作出了〔2009〕苏行复第8号复议决定书，维持了苏州盐务局作出的处罚决定。鲁潍公司遂起诉至江苏省苏州市金阊区人民法院。

关系。授权立法的前提是存在授权法。所谓授权法是指，立法机关把自己某项立法权授权或委托行政部门和其他组织在授权范围内立法的决定或决议。[1]而所谓授权立法是指被授权机关根据授权决定拥有了符合法律规定的立法权限，在授权范围内制定出来的各类形式的立法。授权立法的出现有其客观原因，最初拥有立法权限的仅为立法机关，但是随着工业社会的诞生，人们之间互相连接的经济关系、技术关系逐渐变得更为复杂化、专业化，许多社会问题的解决超出了立法机关的能力范围，科技的发展以及经济生活中各种规则层出不穷，立法机关在某些方面确实无力应对，这样在客观上就促使了授权立法现象的出现，即立法机关将原本应由其自己对于某一社会领域事项的立法权让与其他机关行使。如改革开放以来，我国陆续通过的一些授权法有《关于授权国务院对职工退休退职办法进行部分修改和补充的决定》《关于授权国务院改革工商税制发布有关税收条例草案试行的决定》，等等。

授权法的立法根据，即授权法的制定权，体现在《宪法》第 62 条第 15 款中所规定的应由全国人民代表大会行使的其他职权中。全国人大常务委员会的立法根据是《宪法》第 67 条的规定。国务院则是根据《宪法》第 89 条的规定即国务院有权行使全国人民代表大会和全国人民代表大会常务委员会授予的其他职权，从中推导出国务院也有职权制定授权法。但是，授权法不得违反《宪法》，不得同全国人大及其常委会的决定的基本原则相抵触。因此，授权立法是指被授权的机关根据单行法律和法规或授权决议所授予的立法权而进行的。授权立法的根据有两类，即《宪法》和组织法以外的单行法律、法规和最高国家权力机关专门的授权决议。根据单行法律、法规所进

---

〔1〕 沈宗灵主编：《法理学（第三版）》，北京大学出版社 2009 年版，第 265 页。

行的授权立法一般称为普通授权立法，根据最高国家权力机关专门的授权决议所进行的授权立法称为特别授权立法。依据授权所制定的行政法规、地方性法规和规章可以变通、补充法律或者法规的规定。2015 年《立法法》在其第 9 条、第 10 条、第 11 条、第 12 条、第 13 条、第 74 条等条款中对授权立法作了更为详尽的规定。

在改革开放后我国法律体系的构建过程中，授权立法不失为一种崭新的动力。实践中，授权立法多指经济特区的授权立法，本书也不例外，亦是从特区立法角度来阐述授权立法的。全国人大及其常委会曾经先后五次授权于地方人大及其常委会可以在遵循宪法的规定以及法律和行政法规的基本原则下制定法规。从 1981 年开始，先后得到授权的有广东省、福建省、海南省；深圳市、厦门市、汕头市和珠海市。

授权立法对于破解中央集权在立法权上的独享所带来的，因中央怠于立法而导致国家治理的有效性丧失和立法权对社会发展多样性的反应能力不足的困境，无疑具有现实意义，因为包括立法权在内的国家权力过分集中，越来越不能适应社会经济生活的发展。为了在稳定的社会秩序和变动的经济生活之间谋求平衡，采取了在时间纬度上的“试行立法”和在空间纬度上的“试点立法”“特别授权立法”等充满试验性的立法措施。根据授权，特区人大及政府在不违背法律和行政法规的基本原则的前提之下，可以制定内容与法律、行政法规不一致的法规、规章，也无疑使得特区立法充满改革开放赋予其的活力与动力。

（二）中央立法与授权立法的适用冲突表现

中央立法与授权立法的适用冲突现象历来就存在。其中绝大多数的冲突情况表现在中央立法与经济特区立法之间。如在 2003 年周丹诉珠海市公安局交通警察支队行政处罚案中，在法院进行法律适用的过程中发现，对于使用伪造的机动车牌证的行为给予的行政处罚规定，《珠海市道路交通管理条例》和《中华人民共和国道路交通管理条例》存在相抵触的情况：《珠海市道路交通管理条例》第45条第1款规定，对使用伪造的机动车牌证的，处以3 000元以上2万元以下罚款，而国务院于1988年3月9日颁布的《中华人民共和国道路交通管理条例》第75条规定，对伪造机动车牌证的，处200元以下罚款或者警告等。显然两者关于同一事项的行政处罚的罚款幅度方面存在重大差异。虽然在罚款幅度上授权立法对中央立法作出了变通规定，但根据《中华人民共和国立法法》的相关规定，经济特区只要拥有全国人大的立法授权，就可以地方立法的形式对法律、行政法规进行有效力的变通，并相应适用变通了的特区立法。

第二节　相同位阶的法律适用冲突

所谓相同位阶法，是指具有同等地位的国家机关制定的、法律效力处于平等状态的法律法规。相同位阶的法律适用冲突，也称为横向法的冲突，即处于同一效力等级的法律、行政法规、地方性法规、部门规章、地方规章及其之间的规范相抵触的状态。具体而言，相同位阶的法律适用冲突主要表现为以下三种类型。

一、特别法与一般法的适用冲突

特别法与一般法的适用冲突，是指在法律体系中特别法中的规定和一般法中的规定同时对某一法律关系作出不同的规范要求而产生的不一致。在我国《立法法》中，特别法与一般法的冲突，也称为特别法与一般法的“不一致”。特别法与一般法的存在及产生是客观世界事物存在方式的本质反映。世界上的任何事物都必然包含一般和个别,是共性和个性的矛盾统一体。一般,是指反映某一类事物或同类事物普遍拥有的属性,表现为事物之间的共性,具有一定的抽象性;个别,是指事物区别于其他事物的个体性、独特性,表现为事物之间的差异性。个别和一般不是绝然对立的,而是辩证的统一。一般与特别有着差异、有对立,但这种差异、对立有着内在的统一性和联系性。一般不能脱离特别而存在,共性寓于个性之中,没有个性就没有共性。事物的这种一般和特别的存在状态,反映到法律中,即要求法律既要对普遍事物、事物的普遍行为进行规范调整,同时也要求关切事物的特殊形式、特殊行为的规范调整。前者,即一般法;后者,即特别法。特别法和一般法的辨别与区分是相对性的,而不是绝对性的。例如在《民法总则》与《产品质量法》二者之间,《民法总则》是一般法,《产品质量法》属于特别法;而在《产品质量法》和《药品管理法》二者之间,《产品质量法》是一般法,而《药品管理法》属于特别法。

通常来说,人们将法分为一般法与特别法主要是根据法的调整范围不同。一般法大多是针对一般的人和事项在无限定区域以及时间期限内的有效的法律。而特别法调整范围针对的是特定的人与事项,在特定的区域、特定的时间期限内有效的法律。关于一般法与特别法的具体内涵,国内学者很少论及,一般都是给两者下个简单的区别性定义。[1]如有学者指出,"一般法指的是在时间、空间、对象以及立法事项上作出的一般规定的法律规范,特别法则是与一般法不同的适用于特定时间、特定空间、特定主体(或对象)、特定事项(或行

---

〔1〕 杨登峰:《选择适用一般法与特别法的几个问题》,载《宁夏社会科学》2008年第5期。

为)的法律规范”。[1]也有学者指出,“所谓特别规定,就是根据某种特殊情况和需要规定的调整某种特殊社会关系的法律规范。所谓一般规定,就是为调整某类社会关系而制定的法律规范”。[2]从法律的效力范围和适用条件来说,特别法比一般法的应用范围要狭窄得多、适用条件要严格得多。从经济学的角度看,一般法具有制定成本低、边际效益高等特征,而特别法相对来说其成本较高、边际效益较低。但不管人们对“特别法和一般法”的理解和界定有多大程度的差异,有一点是明确的:特别法与一般法之间存在的矛盾是客观的。从某种意义上说,特别法是对一般法的一种“局部”否定,它所规范调整的行为关系是一般法难以达到的,或者说是无法做到的。特别法一定是不同于一般法且不一致,否则特别法就失去了其存在的自我价值。特别法是针对特定的时间、空间、对象或者事项的法律规定,其适用范围相对较为固定。特别法的概念本身是处于动态变化发展中的,它与一般法之间的区分也是相对的。

在相同位阶的法律规范中,特别法与一般法作为法律规范体系的一种分类,只属于其中的一种。特别要注意的是,相同的位阶并不意味着这些法律规范均是由同一主体发布的。譬如,国务院各部委行署均可以制定部门规章,即它们处于同一法律位阶,但是根据我国《立法法》第92条的规定,特别法与一般法的划分前提为法律规范必须是由同一机关制定的,因而尽管前述法律规范处于同一法律位阶,但由于它们的制定主体并不相同,它们之间并不存在特别法与一般法的适用问题。正如有学者所指出的:“不同的国务院部门制定的规章无疑是同位法,但这种同位法不是出自同一部门,且

---

〔1〕 汪全胜:《特别法与一般法之关系及适用问题探讨》,载《法律科学》2006年第6期。
〔2〕 乔晓阳:《立法法讲话》,中国法制出版社2000年版,第89页。

部门之间首先存在着职权范围上的划分，其规章的效力和适用范围首先取决于其职权范围，因而在法律效力上不具有特别与一般或都有在后与在先的可比性，不适用特别法优于普通法以及后法优于前法的法律适用规则。”[1]

由此可见，“同一机关”是特别法与一般法区分规则的前置条件。但对于什么是“同一机关”，《立法法》本身并未作出明确的界定。由于《立法法》中对“同一机关”的表述不清晰，由此也造成了法律理解和适用上的差异。如关于全国人大和全国人大常委会是否属于同一机关，学界存在不同的观点。有观点认为全国人大常委会是全国人大的常设机构，前者隶属于后者，所以两者是同一机关。也有观点认为，在《立法法》中机关与机构的本质区别在于有无制定法律规范的权限，即“同一机关”中的机关是从有无立法权限的层面进行界定和区分的，全国人大与全国人大常委会都是有独立立法权限的组织，而且名称不同，根据前文对“同一机关”含义的界定可知，两者不属于同一机关。[2]需要注意的是，此处的“机关”是指，为维护国家机器运转而承担国家管理各项职能的各类机构，是体现着国家权力和国家管理职能行使的各类组织，包括中央和地方各级组织。从国家学说上讲，国家机关，即国家政权机关，它涵盖各级权力机关、行政机关、审判机关、检察机关和军队中的各级机关。具体到《立法法》中所称的机关，应理解为具有法律规范制定权的机关。

特别法与一般法并存及其不一致是健全法律体系的理性制度性安排。由于它们对同一问题作出了不同的法律规范并产生相互排斥的法律效力，因此，人民法院在行政诉讼过程中，将不得不面

---

〔1〕 孔祥俊：《法律规范冲突的选择适用与漏洞填补》，人民法院出版社 2004 年版，第 271 页。

〔2〕 顾建亚：《“特别法优于一般法”规则适用难题探析》，载《学术论坛》2007 年第 12 期。

临的是选择与法律事实或关系相关的特别法抑或是一般法的困境，而这对行政相对人的合法权益有着直接影响。通常情况下，特别法与一般法冲突时，特别法优先于一般法适用。根据我国2015年《立法法》第92条的规定，同一机关制定的法律、行政法规、地方性法规、自治条例和单行条例、规章，特别规定与一般规定不一致的，适用特别规定。然而由于法律本身的复杂性，在行政诉讼审判过程中要准确识别特别法与一般法并且加以应用，并不是一件容易的事。

对特别法与一般法的“不一致”，同样需要给予明确，它是特别法与一般法规则适用的第二个前置性条件。不一致，对应的英文是“inconsistent”，表示不一致的，不调和的；前后矛盾的，不合逻辑的；反复无常的，存在分歧。法律规范的不一致，意味着法律规范调整相同对象时进行了不一样的规定，对不同规范的适用会形成不一样的后果。例如，根据我国《道路交通安全法》第107条的规定，对违反交通法的行为人进行警告，处以二百元以下罚款时，交警有权当场作出行政处罚决定，开具处罚书。而根据我国《行政处罚法》第33条的规定，违法事实确凿而且有法定依据，对行为人处以不超过五十元、对法人或者其他组织处以不超过一千元的罚款或者警告的行政处罚时，交警才能当场进行行政处罚。由此可以看出，针对道路交通违法行为的行政处罚的作出，《道路交通安全法》是特别法，而《行政处罚法》是一般法，因此在司法实践中，应适用《道路交通安全法》作为行政处罚案件的法律适用依据。

实践中还存在一种情况，很容易误导人们产生其为特别法的错误认识，即有时实施性的法律文件由于其对上位法一般性的规定作出了自己较为详细的规定，而导致被人们误解为其是特别法，此处需要注意区分实施性立法与特别法的认定。如河南某建设集团有限公司诉广州市城乡建设委员会处罚案。[1]本案就涉及的是实施性立法的适用问题，该案争议的焦点是行政处罚行为事实是适用《招标投标法》《招标投标法实施条例》还是《广东省实施〈中华人民共和国招标投标法〉办法》。原告河南某建设集团有限公司认为，根据《招投投标法》第 54 条规定的“弄虚作假、骗取中标”之情形才能罚款。而原告在相关项目投标中并未中标，况且也未给招标单位造成任何损失，因此不符合处罚条件。而被告广州市城乡建设委员会认为，由于《中华人民共和国招标投标法实施条例》规定对未中标的弄虚作假、骗取中标行为进行处罚，是对《中华人民共和国招标投标法》的补充完善。因此，弄虚作假、骗取中标这一违法行为不以中标为构成要件。《中华人民共和国招标投标法实施条例》第 68 条规定，对于未中标的弄虚作假、骗取中标行为进行处罚，适用《中华人民共和国招标投标法》第 54 条关于“处合同金额千分之五以上千分之十以下罚款”的规定，

---

〔1〕 案情简介：2012 年 11 月 20 日，原告河南某建设集团有限公司在参加地铁大坦沙项目土方工程施工专业承包项目投标中，被投诉所使用的业绩“明珠工业园区 B1 地块 V 标段场地平整土方工程”为伪造，被告广州市城乡建设委员会收到关于原告河南某建设集团有限公司等录入广州建设工程交易中心信息库的土石方工程业绩“明珠工业园区 B1 地块 V 标段场地平整”等涉嫌造假的举报后遂开展调查。调查发现基本违法事实成立。原告在地铁大坦沙项目土方工程施工专业承包项目投标中所使用的业绩是“明珠工业园区 B1 地块 V 标段场地平整土方工程”，该业绩的中标通知书编号为“从化建交(公施)中字(2010)第 115 号”。经到从化市建设工程交易中心查询，该中心中标通知书编号从未有“从化建交”的编号。从化市建设工程交易中心存档的资料中有编号为“从化建招(公施)中字(2010)第 115 号”的中标通知书，该中标通知书对应项目为“从化市乔安楼居住小区永久用电安装工程”，中标单位为广州市一电设备安装有限公司。地铁大坦沙项目土方工程施工专业承包项目，采用资格后审方式，实行电子化资格审查，投标人提供的投标文件是经过电子签名和电子签章的加密投标文件。广州市城乡建设委员会发出行政处罚告知书后，根据原告的申请，被告依法组织召开了两次行政处罚听证会。在第二次听证会上，原告对伪造业绩参与投标的事实予以认可。2013 年 10 月 11 日，广州市城乡建设委员会出具穗建招监(2013)97 号《行政处罚决定书》，对原告处以合同标价的千分之十，即 484 934 元罚款的行政处罚。原告认为被告作出的行政处罚决定缺乏明确的法律依据，该具体行政行为严重损害了原告的合法权益。为此，请求法院判决：“1.撤销穗建招监(2013)97 号行政处罚决定书；2.本案诉讼费用由被告承担。”

援引明确，比例清楚，不存在法律冲突和法律适用不能的问题。本案行政处罚标准取千分之十的比例，符合《中华人民共和国招标投标法》和《中华人民共和国招标投标法实施条例》规定的千分之五至千分之十的处罚幅度，并无不妥。《广东省实施〈中华人民共和国招标投标法〉办法》第 50 条第（三）项规定，千分之七以上千分之十以下的处罚标准属于特别规定，与上位法并无冲突，可以作为本案的处罚依据。在本案中，《招标投标法实施条例》就属于实施性立法，《全国经济审判工作座谈会纪要》中规定："行政法规为了贯彻执行法律，就同一问题作出更具体、更详细规定的，应当优先适用。"注意该案中对于《招标投标实施条例》的优先适用并不是特别法优于一般法规则的适用。

二、新法与旧法的适用冲突

以出台的时间先后为标准，法律规范可以划分为新法与旧法。新法与旧法的区分，早在公元前 450 年古罗马制定的法律中就有标识。在《十二铜表法》第十二表后五表的补充中规定，"前后制定的法律有冲突时，后法取消前法"。这里的前后法即现在所谓的新旧法。新法是相对于原来的法律而言的。新法的制定是法律适应经济社会发展的根本要求和体现。在法律规制对象、适用环境、社会背景等发生变化的情况下，法律规范的内容必然随之进行相应的调整。

相对于旧法，新法一般代表着法律规范的与时俱进，反映了人们对原有社会关系新的认识或对新出现的社会行为事实的及时判断，是对旧法的废除、修改或完善。但同时，由于新法与旧法法律规范内容的不一致，两者之间不可避免地存在冲突。新法与旧法的适用冲突是指，调整同一法律关系的新的行政法律规范与旧的行政法律规范不一致而产生的法律适用冲突。[1]

在我国的行政审判实践中也有不少涉及新法与旧法的适用冲突的案例，如 2014 年的莆田市华友房地产开发有限公司诉莆田市工商行政管理局处罚案。[2]该案中，原告认为，被告认定原告行为欺诈和价外加价的行为认定依据《福建省房屋消费者权益保护条例》第 19 条第(三)项“采用欺诈或者其他方式侵害消费者权益的，由工商行政管理部门予以处罚”。其认为，《福建省实施〈消费者权益保护法〉办法》第 58 条中的规定“经营者提供商品或者服务有下列欺诈行为之一的，需要依据消费者的要求增加赔偿其受到的损失，增加赔偿的金

---

〔1〕 马怀德：《行政诉讼法学(第三版)》，北京大学出版社 2012 年版，第 251 页。

〔2〕 案情简介：原告莆田市华友房地产开发有限公司于 2009 年 2 月开始建设华友广场(华友第一城)，项目地址位于莆田市涵江区涵华东路 2988 号，共 5 幢楼房含住宅 192 套、公寓 348 套、店铺 58 套，合计 598 套商品房。截至 2013 年 8 月 30 日，原告已售出普通住宅(住宅和公寓)452 套、商业用房(店铺)48 套。2012 年底开始，原告向业主发出“华友第一城”《交房通知书》，通知购房消费者交房，在《交房通知书》中列明，办证费用有房产测绘费项目。截至 2013 年 8 月 30 日，面积 23 388.87 平方米，收取房产测绘费 28 066 元；商业用房已交房 28 套，面积 4 664.82 平方米，共计收取房产测绘费 36 462 元。被告莆田市工商行政管理局认为，原告交房时向业主收取房产测绘费这一行为违反了《福建省物价局关于规范房地产测绘收费的通知》[闽价房(2008)245 号]第 5 条“任何单位不得对新建房屋交易强制二次测绘，也不得向房屋买受人收取测绘费”的规定，并违反了《福建省实施〈消费者权益保护法〉办法》第 58 条第(十)项的规定“提供商品或者服务价外加价，收取未予标明或者没有合法依据的费用，或者有别的价格欺诈行为的”，构成了提供商品收取没有合法依据的费用，侵害消费者权益的行为。鉴于原告主观故意不是特别明显，且已退还大部分购房者已交的测绘费，根据《中华人民共和国行政处罚法》第 27 条第 1 款：“当事人有下列情形之一的，需要依法从轻或者减轻处罚：(一)主动消除或者减轻违法行为危害后果的……”和《福建省工商行政管理机关行政处罚自由裁量权适用规则》第 16 条的规定，“行政相对人有下列情形之一的，从轻处罚，并在行政处罚裁量基准丙级所列档次中选择罚款幅度给予原告从轻处罚”。根据《福建省实施〈消费者权益保护法〉办法》第 60 条的规定：“经营者违反本办法规定，侵害消费者权益，法律、法规已有处罚规定的，从其规定。法律、法规没有作规定的，工商行政管理部门责令改正，并依据情节单处或者并处警告、没收违法所得、处以违法所得一倍以上五倍以下的罚款；没有违法所得的，处以一万元以下的罚款；情节严重的，依法追究刑事责任。”决定作如下处罚：“一、责令当事人改正上述违法行为；二、处罚款人民币 91 155 元，上缴国库。原告不服，于 2014 年 5 月 16 日起诉，要求撤销被告作出的莆工商检处字(2013)69 号《行政处罚决定书》。”

额为消费者购买该商品的价款或者接受该服务的费用的一倍……(十)提供商品或者服务价外加价,收取未予标明或者没有合法依据的费用,或者有其他价格欺诈行为的”是错误的。并认为,《福建省房屋消费者权益保护条例》第15条对在购买房屋中的欺诈行为作了特别的规定:“经营者有下列欺诈行为之一的,消费者有权请求人民法院或者仲裁机构变更或者撤销合同,并可以要求经营者加倍赔偿损失:(一)将违法建设的房屋销售给不知情的消费者的;(二)将同一房屋销售给不同消费者的;(三)故意隐瞒房屋权利受限制的情况,诱使消费者购买的;(四)以虚假承诺诱骗消费者签订购房合同的;(五)其他欺诈消费者的行为。”依据工商管理局于1995年公布的《欺诈消费者行为处罚办法》第3条,“经营者在向消费者提供商品时,有下列情形之一的,属于欺诈消费者行为:(1)……(13)以其他虚假或者不正当手段欺诈消费者的行为”。综上,原告的行为并不符合上述规定,不是欺诈行为,也不是价外加价的行为。

被告认为,尽管《福建省房屋消费者权益保护条例》第15条及《欺诈消费者行为处罚办法》第3条列举的欺诈行为没有对其行为进行明确规定,但上述条款均有兜底性规定。如《福建省房屋消费者权益保护条例》第15条规定:“经营者有下列欺诈行为之一的,消费者有权请求人民法院或者仲裁机构变更或者撤销合同,并可以要求经营者加倍赔偿损失:……(五)其他欺诈消费者行为。”《欺诈消费者行为处罚办法》第3条规定:“经营者在向消费者提供商品时,有下列情形之一的,属于欺诈消费者行为:……(13)以其他虚假或者不正当手段欺诈消费者的行为。”此外,《福建省实施〈中华人民共和国消费者权益保护法〉办法》(2005年施行)是地方性法规,法律效力与地方性法规《福建省房屋消费者权益保护条例》(2000年施行)、部门规章《欺诈消费者行为处罚办法》(1996年施行)处同一层级,《福建省实施〈中华人民共和国消费者权益保护法〉办法》第58条第1款对欺诈行为也有规定，与原告援引的法律规定没有冲突。从施行时间看，《福建省实施〈中华人民共和国消费者权益保护法〉办法》是2005年由福建省人大常委会审议通过，按照新法优于旧法的法律适用规则，该《办法》应该得到优先适用。本案法律适用的依据主要是《福建省实施〈中华人民共和国消费者权益保护法〉办法》第58条第1款第(十)项的规定，属于提供商品收取没有合法依据的费用。

三、新一般法与旧特别法的适用冲突

新的一般法与旧的特别法的适用冲突是指两者对同一事项有不相一致的内容规定而产生的法律适用冲突。根据我国《立法法》规定，同一机关制定的法律、行政法规、地方性法规、自治条例和单行条例、规章，特别规定与一般规定不一致的，适用特别规定；新的规定与旧的规定不一致的，适用新的规定。在一般情况下，当特别法是后制定的，无论是依据新法优于旧法还是特别法优于一般法原则，其自然是适用特别法。但当特别法在一般法颁布之前就已存在并一直在适用，这时新的一般法与旧的特别法之间的法律适用关系产生了某种意义上的冲突：如按新法优于旧法规则，适用新的一般法；如按特别法优于一般法规则，适用旧的特别法。例如，我国1986年颁布的《治安管理处罚条例》第18条规定，“违反治安管理的行为如果在6个月内没有被公安机关发现的，便不应再处罚”。而根据1996年制定的《行政处罚法》第29条之规定，“只要是违法行为在2年内未被发现的，就不再给予行政处罚。法律另有规定的除外”。前款规定的期限，从违法行为发生之日起计算；违法行为有连续或者继续状态的，从行为终了之日起计算。两者相比，可以明显看出，1996年《行政处罚法》与1986年《治安管理处罚条例》对于违法行为的追究时效是不同的，《行政处罚法》中规定的时效为2年内，而《治安管理处罚条例》中规定的时效为6个月内，两种规定存在明显的不一致。此时，若按照时间节点来计算，《治安管理处罚条例》是旧法，《行政处罚法》是新法，则按照新法优于旧法的适用规则，应适用《行政处罚法》。但是若按照规制对象的特殊性来分类，《治安管理处罚条例》相较于《行政处罚法》是特别法，应按照特别法优于一般法的适用规则，适用《治安管理处罚条例》。

面对新的一般法与旧的特别法法律适用的冲突矛盾，在世界其他国家和地区多按照"旧特别法优于新一般法"原则予以适用。西方有"后制定的一般法不废止前特别法"的法谚。[1]这一法谚被英国、美国普通法视为最基本的规则，德国及我国台湾地区等也持相同看法。

我国解决这一适用矛盾的方法是裁决制度，具体规定在《立法法》的第94条和第95条中，分别为："法律之间对同一事项的新的一般规定与旧的特别规定不一致，不能确定如何适用时，由全国人民代表大会常务委员会裁决。行政法规之间对同一事项的新的一般规定与旧的特别规定不一致，不能确定如何适用时，由国务院裁决。""地方性法规、规章之间不一致时，由有关机关依照下列规定的权限作出裁决：(一)同一机关制定的新的一般规定与旧的特别规定不一致时，由制定机关裁决……"裁决制度的实施有利于保障立法者对相关法律问题的解释权，有利于维护法律适用上的统一性。但其缺陷也是明显的。第一，有损法的普遍性和安定性。法律的权威和效用，其重要标志之一是其持续的稳定性，不因人而异，不因人而变。法的安定性要求法律必须字义明白不含糊，含义明确不矛盾，不朝令夕改，不

〔1〕 "Lex posterior generalisnon derogatelegis prioris pecialis", Bryan A.Garner, Black's Law Dictionary, West Group, ST. Pau, l.M inn. 7 ed. 1999. 1615—1701.

溯及既往。[1]而"裁决"制度的设置给了法律制定者法律规范适用和解释的空间,存在使法律成为个人徇私谋利的工具的危险。第二,影响诉讼效率。"裁决"需要逐级上报,不论有无逐级上报和有无"裁决"的期限,无疑意味着诉讼时间的延长,而这是司法机关所不愿意看到的结果。正如有学者就行政审判中法律适用问题曾指出:"这种效力判断程序的复杂化会降低人民法院行政审判的效率,致使相关案件久拖不决。"[2]长久的裁判是恶的裁判,诉讼延迟等同于拒绝裁判,即所谓迟到的正义是非正义。[3]第三,缺乏实际运行,制度形同虚设。从《立法法》裁决制度出台至今,在司法实践中很少启动裁决程序。探其原因,一方面或许是在《立法法》制定后,各立法机关没有制定过此类法律;另一方面,可能是涉案当事人及法律适用机关对此没有提出过"裁决"申请或即便申请了也不了了之。如"裁决"制度得不到有效执行和实施,那么这一制度的存在也就失去了应有的法律意义,反而危及应有的法的正义和权威。

第三节　其他类型的法律适用冲突

在行政诉讼的司法实践中,除了全国人大及其常委会制定的法律和国务院制定的行政法规在适用时位阶较易明确之外,在此之下,还有一些类型的法律适用冲突存在较复杂的情况,面临着对可适用的各种法律文件位阶高低的判定并没有明确依据的困境。因此对于

---

〔1〕 陈新民:《德国公法学基础理论》(下册),山东人民出版社 2001 年版,第 547—548 页。

〔2〕 王达:《解读〈关于道路运输市场管理的地方性法规与部门规章不一致的法律适用问题的答复〉》,载万鄂湘、张军主编:《行政法官必备法律司法解释解读》(上册),人民法院出版社 2008 年版,第 800 页。

〔3〕 [意]卡佩莱蒂等:《当事人基本程序保障权与未来的民事诉讼》,徐昕译,法律出版社 2000 年版,第 17 页。

这些类型的法律适用冲突需要我们进一步重视和探讨。如部门规章与地方政府规章、地方性法规之间的适用冲突，行政规范性文件与行政法规、规章、地方性法规之间的适用冲突，司法解释与法律、法规、规章之间的适用冲突，等等，以下分别详述之。

一、 部门规章与地方政府规章、地方性法规之间的适用冲突

（一）部门规章与部门规章之间的冲突

部门规章是由法定的国家行政机关，依据法定权限和程序制定的规范性法律文件。根据《立法法》第 80 条的规定，国务院各部委、中国人民银行、审计署和具有行政管理职能的直属机构，均有权依据法律和国务院的行政法规、决定、命令，在本部门的权限范围内制定规章。部门规章规定的事项应当属于执行法律或者国务院的行政法规、决定、命令的事项。

部门规章与部门规章之间的冲突，是指不同部门制定的规章对同一事项进行了不相一致的规定而产生的法律适用上的冲突。在我国，由于不同的部门规章调整不同的管理对象，基于本部门自身的利益考虑，不同部门规章之间相互冲突的问题一直很突出，如 1998 年《水法》规定，水费和水资源费的征收办法由国务院制定。但是之后国务院长期以来并未制定征收办法，因此电力工业部作出了部门规章，规定在国务院具体规定颁布前，任何单位不得自行征收和交付水资源费、库区开发费。而水利部也作了部门规章，规定水力发电也应依法交纳水资源费。由此，在征收水资源费这一问题上，两个部门规章的具体规定之间产生了适用冲突问题。

司法审判实践中也经常会出现部门规章与部门规章之间产生冲突的情况，如在 2003 年江都市嘶马建筑有限公司、浙江省二建建设集团有限公司湖北分公司诉宜昌市质量技术监督局行政处罚一案

中，就涉及建设部与质量技术监督局分别制定的两个部门规章之间规定的不一致现象。1997 年 5 月 8 日建设部发布的《塔式起重机拆装管理暂行规定》第 4 条规定，由建设部负责全国《塔式起重机拆装许可证》的管理。各省、自治区、直辖市建设行政主管部门负责本地区《塔式起重机拆装许可证》(以下简称《许可证》)的管理工作。国务院有关部门负责本专业工程专用的、特大型塔式起重机的拆装《许可证》管理，具体的拆装单位应当接受当地建设行政主管部门的指导和监督。第 12 条规定，塔式起重机拆装单位必须建立健全岗位责任制，明确现场指挥和司机、钳工、电工、起重工、信号工等作业人员的职责。拆装作业人员实行持证上岗。作业人员的培训和发证工作，由第 4 条规定的业务主管部门或者其委托的机构负责。第 15 条规定，塔式起重机大修后或事故修复后的技术检测和验收检测，由塔式起重机所在地的建设行政主管部门认定的检测机构负责。其他任何部门和单位都不得对塔式起重机进行检测和收费。

而 2000 年 6 月 29 日国家质量技术监督局发布的《特种设备质量监督与安全监察规定》第 2 条规定："特种设备是指由国家认定的，因设备本身和外在因素的影响容易发生事故，并且一旦发生事故会造成人身伤亡及重大经济损失的危险性较大的设备。本规定所称'特种设备'包括电梯、起重机械、厂内机动车辆、客运索道、游艺机和游乐设施、防爆电气设备等。"第 4 条规定，"由国家质量技术监督局统一负责全国特种设备的质量监督与安全监察工作；地方质量技术监督行政部门负责本行政区域内特种设备的质量监督与安全监察工作；各级质量技术监督行政部门的特种设备安全监察机构(以下简称特种设备安全监察机构)在各自职责范围内，负责实施特种设备的质量监督与安全监察"。第 11 条规定，"特种设备安装、维修保养、改造单位必须对特种设备安装、维修保养、改造的质量和安全技术性能负责。安装、维修保养、改造单位必须具备相应的条件，向所在地省级特种设备安全监察机构或者其授权的特种设备安全监察机构申请资格认可，取得资格证书后，方可以承担认可项目的业务。该资格证书在全国范围内有效。特种设备安装、维修保养、改造业务不得以任何形式进行转包或者分包”。

对《塔式起重机拆装管理暂行规定》和《特种设备质量监督与安全监察规定》的相关内容进行对比分析，可以发现两者之间存在以下几点区别：首先，两者规范的对象不同。前者规范的对象是塔式起重机，后者规范的对象是包括塔式起重机在内的特种设备。其次，管理部门不同。前者规定对塔式起重机的管理由建设部、省级建设行政主管部门、国务院有关部门负责。后者规定对包括塔式起重机在内的特种设备的管理由国家质量技术监督局和地方各级质量技术监督行政部门负责。最后，对相关作业人员的培训和发证的规定不一致。塔式起重机作业人员的培训和发证工作，由建设部、省级建设行政主管部门、国务院有关部门或者它们委托的机构通过发放塔式起重机拆装许可证的形式进行管理。而特种设备作业人员的培训和考核由地、市级以上质量技术监督行政部门通过颁发特种设备作业人员资格证书的形式进行管理。由此可以看出，上述两个规章之间显然是存在冲突规定的。

（二）部门规章与地方政府规章之间的冲突

地方政府规章是指由地方政府在一定的法定范畴内，针对地方实际并根据法定程序而制定的规范性文件。《立法法》第 82 条规定，“省、自治区、直辖市和设区的市、自治州的人民政府，可以根据法律、行政法规和本省、自治区、直辖市的地方性法规，制定规章。地方政府规章可以就下列事项作出规定：（一）为执行法律、行政法规、地方性法规的规定需要制定规章的事项；（二）属于本行政区域的具体行政管理事项”。《地方各级人民代表大会和地方各级政府组织法》第 60 条规定，“省、自治区、直辖市的人民政府可以根据法律、行政法规和本省、自治区、直辖市的地方性法规，制定规章，报国务院和本级人民代表大会常务委员会备案”。

部门规章与地方政府规章之间的冲突是指由于中央与地方事权划分不明确，且制定的法律规范之间又不存在等级高低之分，各自在划分不明确的立法领域所作出的规定不一致而导致的法律冲突。[1]以医疗机械药品监管工作为例，2006 年 11 月 4 日，陕西省政府以 115 号省政府令发布《陕西省医疗机构药品和医疗器械管理办法》并已于 2006 年 12 月 10 日正式施行，它是专门规范陕西省境内医疗机构药品管理工作的地方政府规章。而在 2007 年 5 月 1 日，国家食品药品监管局制定了《药品流通监督管理办法》的部门规章，于 2007 年 5 月 1 日起施行，该规章设专门章节对医疗机构购进储存药品的监督管理进行规范。从立法角度讲，《药品流通监督管理办法》属于部门规章，《陕西省医疗机构药品和医疗器械管理办法》属于地方政府规章。《立法法》第 82 条规定，部门规章之间、部门规章与地方政府规章之间具有同等效力，在各自权限范围内实施。因此，《药品流通监督管理办法》和《陕西省医疗机构药品和医疗器械管理办法》在陕西省境内而言，在法律位阶上是平等的，无效力等级高低之分。

对照两部规章的具体规定就会发现，在“要求医疗机构按照法律法规的规定建立真实完整的药品购进记录”这一问题的罚责上，两者规定存在较大差异。《药品流通监督管理办法》第 25 条规定，医疗机构购进药品，必须建立并执行进货检查验收制度，并建立真实完整的药品购进记录。对应的罚则是该《办法》第 41 条，即责令限期改正，情节严重的，给予通报。而《陕西省医疗机构药品和医疗器械管理办法》第 10 条规定，医疗机构应当按照法律法规的规定，建立真实完整

〔1〕 董皞：《法律冲突概念与范畴的定位思考》，载《法学》2012 年第 3 期。

的药品购进记录。对应的罚则是第28条，即责令改正，并处500元以上3 000元以下罚款。

又如，1999年《北京市政府采购办法》[1]第3条规定，市财政局负责政府采购工作的管理、监督和指导，市财政局所属北京市政府采购办公室负责政府采购的日常事务性工作。第7条规定，政府采购应当通过公开招标方式进行，本办法另有规定的除外。而根据财政部《政府采购管理暂行办法》[2]第7条的规定，省、自治区、直辖市和计划单列市人民政府财政部门负责本地区政府采购的管理和监督工作。第21条规定，达到财政部及省级人民政府规定的限额标准以上的单项或者批量采购项目，应实行公开招标采购或者邀请招标采购方式。显而易见，北京市的政府规章与财政部的部门规章在关于行政管理事务权限方面的规定有所冲突。

（三）部门规章与地方性法规的冲突

司法实践中还会发现存在部门规章与地方性法规规定的内容不一致的现象。如在五常市气象局不服哈尔滨市五常质量技术监督局行政处罚一案[3]中，一审法院认为，原告五常市气象局未经计量认证即开展防雷装置检测工作，违背了《中华人民共和国计量法》第22条、《黑龙江省计量条例》第25条的规定。遂维持了原行政处罚决

〔1〕北京市人民政府令第26号。

〔2〕中华人民共和国财政部1999年4月17日颁布。

〔3〕案情简介：该案中，原告五常市气象局内设机构五常市防雷装置检测站未经质量技术监督行政管理部门计量认证，自2000年4月始开展了对五常市范围内机关、企事业单位的防雷装置检测工作。2000年12月20日黑龙江省气象局经资质认证授权五常市防雷装置检测站承担五常辖区内防雷装置检测工作，颁发了授权书，期限为2001年1月1日至2003年12月31日，被告哈尔滨市五常质量技术监督局对原告从事防雷装置检测的事实进行调查并以原告未经计量认证为由，于2001年5月30日向原告下达了行政处罚告知书，依据《中华人民共和国计量法》第22条、《黑龙江省计量条例》第25条、第47条、第50条的规定，于2001年6月5日邮寄送达了[2001]1042号行政处罚决定书，责令原告停止检验、检定、校准、测试并处以9 000元罚款。原告不服被告作出的行政处罚，遂提出诉讼。

定。五常市气象局提起上诉。二审法院经审理后向上级法院就有关法律适用问题提出请示,认为根据《黑龙江省计量条例》第 25 条规定:“向社会提供公证数据的产品质量检验机构、计量公正服务机构和为执法工作提供检测数据的技术机构,应当按照规定经国家或者省质量技术监督行政管理部门对其计量检定、测试能力和可靠性进行计量认证。”而中国气象局《防雷减灾管理办法》第 20 条规定:“省、自治区、直辖市气象主管机构应当会同有关部门组织对本行政区城内从事防雷装置检测的单位进行资质认证。”根据《防雷减灾管理办法》第 20 条的规定,五常市雷电防护设施检测站已取得省气象局的资质认证,可以开展防雷装置的检测工作。而根据《黑龙江省计量条例》第 25 条的规定,五常市雷电防护设施检测站应当经过省质量技术监督局进行计量认证。《防雷减灾管理办法》第 20 条与《黑龙江省计量条例》第 25 条对气象局下设雷电防护设施检测站是否需要计量认证规定不一致。2003 年最高人民法院作出《关于雷电防护设施检测机构是否应当进行计量认证问题的答复》〔1〕,认定“根据《中华人民共和国计量法》等有关法律的规定,雷电防护设施检测机构需要经过资格认证,但不需要经过计量认证”。

二、 行政规范性文件与行政法规、规章、地方性法规的冲突

行政规范性文件是指国家行政机关为执行法律、法规和规章,对社会实施管理,依法定权限和法定程序发布的规范公民、法人和其他社会组织行为的具有普遍约束力的政令。〔2〕“规范性文件”这一称谓最早出现于 1989 年《行政诉讼法》中,该法第 32 条规定,被告对作出的具体行政行为负有举证责任,应当提供作出该具体行政行为的证

〔1〕 [2003]行他字第 13 号。

〔2〕 罗豪才:《行政法学》,中国政法大学出版社 1996 年版,第 151 页。

据和所依据的规范性文件。此后，制定的《行政处罚法》《行政许可法》《行政强制法》等也都沿用了这一用法。1996年《行政处罚法》第14条规定，除本法第9条、第10条、第11条、第12条以及第13条的规定外，其他规范性文件不得设定行政处罚。可见，规范性文件尽管在我国《立法法》中并未明确规定，但由于其在司法实践中的适用性，[1]决定了行政规范性文件也是我国法律体系中的一个组成部分。

虽然行政法学理论的通说认为，行政规范性文件指的是各级政府和政府部门发布的规章以下的，具有普遍约束力的决定、命令，是处于规章之下的下位行政规则，即行政规范性文件的上位规则是规章。然而，在行政法治实践中的状况并非如此，因为在我国行政规范性文件的制定主体并不是没有规章制定权的行政主体，或者准确地说，行政规范性文件不完全是由没有规章制定权的行政机关制定的。[2]立法实践中，各级行政机关甚至是最高行政机关国务院也经常制定行政规范性文件。因此本书中表述的"行政规范性文件"既包括学理上通说的规章以下规范性文件，也包括国务院制定的规范性文件。这在我国《行政诉讼法》的相关法条表述中也可以得到清晰的体现。由于我国2017年《行政诉讼法》中涉及对规范性文件的规定在第53条第1款、[3]第64条，[4]因此我们以制定主体是否为国

〔1〕 2018年最高人民法院《行诉解释》第100条规定，人民法院审理行政案件，可以在裁判文书中引用合法有效的规章及其他规范性文件。

〔2〕 关保英：《行政规范性文件的法律地位研究》，载《河南司法警官职业学院学报》2003年第1期。

〔3〕 《行政诉讼法》第53条第1款规定，公民、法人或者其他组织认为行政行为所依据的国务院部门和地方人民政府及其部门制定的规范性文件不合法，在对行政行为提起诉讼时，可以一并请求对该规范性文件进行审查。

〔4〕 《行政诉讼法》第64条规定，人民法院在审理行政案件中，经审查认为本法第53条规定的规范性文件不合法的，不作为认定行政行为合法的依据，并向制定机关提出处理建议。

务院为标准，亦即以是否能够在对行政行为提起诉讼时一并请求对该规范性文件进行审查为标准进行分类，将规范性文件细分为国务院规范性文件与国务院部门、地方人民政府及其部门制定的规范性文件。

上述规范性文件是《立法法》中未有规定却在司法实践中会对公民权利和义务产生重大影响的一类法律文件。由于《立法法》等法律对其缺乏应有的规范，因此，理论界要么对于此类"规范性文件"的范围、效力等级等问题存在很多似是而非甚至是错误的认识，要么对实践中出现的"规范性文件"混乱现象缺乏应有的理论回应。我国《立法法》等法律对规范性文件缺乏应有的规范，因此无论是在理论界还是实践中对"规范性文件"的范围、效力等级等问题存在许多不同争议乃至错误的认识。根据《行政诉讼法》的规定，行政规范性文件既不是行政行为合法性审查的"依据"，也不是行政行为合法性审查的"参照"，在法律适用上可以不用考虑。但是，在行政审判实践中，对行政规范性文件完全不加考虑，实际是行不通的。分析我国目前行政管理的现实，我们不得不正视这样一个基本的事实，在国家行政管理活动中，行政规范性文件占据十分重要的地位。由于我国的行政管理欲达到完全的法制化尚须时日，在相当长的一段时期内，国家的行政管理活动中，行政规范性文件仍将继续发挥重要作用。根据最高人民法院《行诉解释》第 100 条第 2 款规定，人民法院审理行政案件，可以在裁判文书中引用合法有效的规章及其他规范性文件。可见，我国已在立法和司法实践中承认了其他规范性文件在行政诉讼案件中得以适用的法律地位。那么关于行政规范性文件与法规、规章在适用时的冲突问题也是本书所要讨论的焦点之一。

所谓行政规范性文件与法规、规章的冲突，具体是指行政规范性文件与行政法规、部门规章、政府规章、地方性法规对同一问题作出了不同的法律规范处理而产生的效力冲突问题。包括国务院规范性文件与规章、地方性法规的冲突，以及规章以下规范性文件与法规、规章的冲突。以下分别详述。

（一）国务院规范性文件与规章、地方性法规的冲突

由于国务院行政规范性文件更加强调实效性、应对性、及时性，其内容规范同法律、行政法规、部门规章、地方政府规章、省级地方性法规不可避免地存在内容上的适用冲突。在法律位阶上首先可以肯定的是，国务院规范性文件的位阶低于法律、行政法规，它们之间的冲突问题属于上位法与下位法的冲突。因此，此处只讨论对法律位阶未有明确规定的国务院规范性文件与部门规章、地方政府规章的适用冲突、国务院规范性文件与地方性法规的适用冲突。

国务院规范性文件是国务院制定行政措施、发布行政决定、命令的文本表现。国务院作为我国的最高行政机关，它对于国家各项事务的行政管理通常是以发布国务院规范性文件这样一种方式来进行的，该种方式不仅简洁清晰，而且有助于提高行政效率。通过规范性文件的发布，政府能够快速地对社会管理事务作出敏捷的反应，对社会秩序加以协调与规范。这一方面有助于弥补法律上的滞后性和法律空白的不足，促进法律法规具体的执行实施，明确法律法规的具体操作规范；另一方面也有利于对社会新出现的、突发性的管理事项作出针对性的适应性调整，为今后进一步的行政立法积累实践经验。但《立法法》对国务院规范性文件的特殊效力地位并未作出明确规定，也未对地方政府权限作出细致规定，只要是涉及行政管理事项的，均有权制定规范，因此容易导致国务院规范性文件与地方政府规章在法律关系规范内容方面的不一致，使得其在法律适用过程中发生冲突。

以水资源费征收为例，湖南省的有关水资源费征收的地方政府规章同国务院有关水资源的规范性文件即存在不一致的情况。2003 年 5 月 6 日，湖南省颁布了《湖南省取水许可和水资源费征收管理办法》〔1〕。该办法明确规定，“利用水工程或者机械提水设施直接从江河、湖泊或者地下取水的单位和个人，均应按照国家取水制度的规定，向水行政管理部门申请领取取水许可证，并缴纳水资源费，取得取水权”，“发电企业按照发电量和规定标准缴纳水资源费”。为了具体落实该《办法》，2003 年 7 月 25 日，湖南省物价局与财政厅联合发布了《关于核定水资源费收费标准的通知》〔2〕，规定“火力发电循环冷却取水及水力发电取水按发电量计收”，“水力发电取水和火力发电循环冷却取水收费标准为每千瓦小时 0.001 元”。2003 年 8 月，湖南省水利厅根据该《通知》要针对大唐集团公司在湘发电企业征收水资源费。但是大唐集团公司拒绝缴纳水资源费，认为湖南省人民政府第 166 号令以及湖南省物价局与财政厅第 128 号文件同国务院有关规定不符。大唐集团公司指出，1995 年国务院办公厅曾作出一个规范性文件，即《关于征收水资源费有关问题的通知》〔3〕，其中规定：在国务院发布水资源费征收和使用办法前，水资源费的征收工作暂按省、自治区、直辖市的规定执行。但是，对中央直属水电厂的发电用水和火电厂的循环冷却水暂不征收水资源费，已经征收的，不再重新处理；对在农村收取的水资源费，按照《中共中央办公厅、国务院办公厅关于涉及农民负担项目审核处理意见的通知》的规定，缓收 5 年。并且，国务院办公厅于 1999 年发布的《关于执行国办发[1995]27 号文件有

〔1〕 湖南省人民政府第 166 号令。
〔2〕 湘价费[2003]128 号文。
〔3〕 国办发[1995]27 号。

关问题的通知》[1]中也是明确规定中央直属发电企业免征水资源费。基于此，大唐电力集团公司既不同意也不执行湖南省水利厅向其征收水资源费的要求，它认为国务院明确规定了对中央直属发电企业是免征水资源费的，大唐集团公司地处湖南省内的多家发电企业均属于国务院规范性文件中规定的免征水资源费的范围，相反，湖南省地方政府规章中的有关规定与国务院规范性文件中的有关规定相抵触。此后的 2006 年，国务院公布通过了《取水许可和水资源费征收管理条例》[2]，以行政法规的形式明确了对于所有发电企业的水力发电用水都须征收水资源费，从而消除了该法律冲突问题。

（二）规章以下规范性文件与法规、规章的冲突

行政规范性文件制定的主体，除了国家最高行政机关国务院外，还包括国务院部委等行政机关以及地方人民政府及其部门。我国现行《宪法》第 107 条第 1 款规定，“县级以上地方各级人民政府依照法律规定的权限，管理本行政区域内的经济、教育、科学、文化、卫生、体育事业、城乡建设事业和财政、民政、公安、民族事务、司法行政、监察、计划生育等行政工作，发布决定和命令，任免、培训、考核和奖惩行政工作人员”。由于国务院部门和地方人民政府及其部门制定的规范性文件的法律位阶在规章以下，因此，在行政诉讼法学理论中，对于前述行政机关所制定的规范性文件，通常被简称为“规章以下规范性文件”，或者称为“其他规范性文件”。

我国行政审判实践中有不少涉及其他规范性文件与法律法规的适用冲突的案例，例如 2011 年的陈某某诉南京市江宁区住房和城乡

---

〔1〕 国办函[1999]1 号。

〔2〕 2006 年 2 月 21 日中华人民共和国国务院令第 460 号公布，根据 2017 年 3 月 1 日《国务院关于修改和废止部分行政法规的决定》修订。

建设局不履行房屋登记法定职责案[1]。该案中,原告陈某某由于对江宁区住建局的行政不作为行为不服,向法院起诉,认为被告在行政行为中要求原告作强制公证是不符合我国目前施行的《继承法》《物权法》等多部上位法律规定的,请求法院作出判决,确认江宁区住建局的不作为行政违法,并要求其作出陈所属房屋的所有权转移登记行为。但是被告并不这样认为,在答辩中,被告坚持认为自己的行政行为符合司法部、建设部《关于房产登记管理中加强公证的联合通知》(以下简称《联合通知》)第 2 条的规定,即"遗嘱人为处分房产而设立的遗嘱,应当办理公证,遗嘱人死亡后,遗嘱受益人须持公证机关出具的'遗嘱公证书'和'遗嘱继承权公证书'或'接受遗赠公证书',以及房产所有权证、契证到房地产管理机关办理房产所有权转移登记手续。处分房产的遗嘱未经公证,在遗嘱生效后其法定继承人或遗嘱受益人可根据遗嘱内容协商签订遗产分割协议,经公证证明后到房地产管理机关办理房产所有权转移登记手续。对遗嘱内容有争议,经协商不能达成遗产分割协议的,可向人民法院提起诉讼。房地产管理机关根据判决办理房产所有权转移登记手续"。

---

〔1〕 参见《最高人民法院公报》2014 年第 8 期(总第 214 期)。案情简介:南京市江宁区双龙大道 833 号南方花园 A 组团××-×××室住房原为曹某某所有。2011 年 5 月 23 日,曹某某亲笔书写遗嘱,将该房产及一间储藏室(8 平方米)以及曹某某名下所有存款金、曹某某住房中的全部用品无条件赠给陈某某。后曹某某于 2011 年 6 月 22 日在医院去世。2011 年 7 月 22 日,原告陈某某经南京市公证处作出公证,声明接受曹某某的全部遗赠。2011 年 8 月 3 日,原告携带曹某某遗嘱、房产证、公证书等材料前往被告下设的房地产交易中心办理过户手续被拒绝。2011 年 10 月 10 日,原告向被告南京市江宁区住房和城乡建设局提出书面申请要求被告依法为其办理房屋所有权转移登记,被告于 2011 年 10 月 27 日书面回复,以"遗嘱未经公证,又无'遗嘱继承公证书'"为由不予办理遗产转移登记。在该案中,原告不服江宁区住建局行政不作为,认为被告强制其作出公证的做法是不符合目前施行的《继承法》《物权法》《公证法》等法律的相关规定。由此起诉至法院,请求法院判决被告不作为行为违法,要求住建局为原告办理房屋所有权的转移登记业务。

笔者认为，在这一起典型冲突案件中，争议的焦点即是司法部、建设部《联合通知》的效力认定问题。该《联合通知》的发布主体为司法部和建设部，因而其法律性质上应为政府规范性文件，其法律位阶远远低于法律、法规等上位法，因而它所规定的内容绝不可以与上位阶的《物权法》《继承法》《公证法》等法律相抵触。从前述上位法来看，其中并未有要求遗嘱受益人须持公证机关出具的遗嘱公证书才能办理房屋转移登记的规定。据此，南京市江宁区人民法院在判决中适用上位法的规定，责令被告区住建局履行对原告陈某某办理该涉案房屋所有权转移登记的法定职责。

又如在 2014 年的丁某某与遂宁市公安局安居区分局不履行户口登记变更姓名法定职责上诉案[1]中，一审法院认为：依据《户口登记条例》第 3 条中所规定的由各级公安部门负责户口登记工作，四川省公安厅作为省级户口登记主管部门制定发布了《四川省公安厅关于加强户政管理提高便民利民服务质量的意见》，在本行政区域内实施。依据该规范性文件第 2 条第 8 项的规定原告丁某某属于受过刑事处罚的人员，在公安部没有出台新的规定以前，不予变更姓名，被告安居公安局拒绝变更登记的行为不构成行政不作为。为此，判决驳回丁某某的起诉请求。

原告提出上诉，认为《遂宁市常住户口登记管理规定》第 49 条的规定与《中华人民共和国户籍管理条例》第 28 条和《公安部三局关于

---

〔1〕 (2014)遂中行终字第 21 号。案情简介：2009 年，原告丁某某因故意伤害罪被判处有期徒刑三年，现已刑满释放。因原告姓名中的“悼”字多有贬义，对原告的生活工作带来巨大影响和伤害，原告于 2014 年 3 月向被告遂宁市公安局安居区分局申请更名，被告明确告知原告不予办理并告知了相关的法律依据。被告作出不予办理更名登记决定的依据是《四川省公安厅关于加强户政管理提高便民利民服务质量的意见》中“受过刑事处罚的人员，在公安部没有出台新的规定以前，一律不予变更姓名、更改年龄”的规定。故原告起诉被告，请求法院判决被告履行姓名变更的法定职责。

执行户口登记条例的初步意见》第 9 条第 4 项的相关规定相抵触，不应适用。二审法院指出，依据《户口登记条例》第 3 条中所规定的由各级公安部门负责户口登记工作，被上诉人安居公安局负责本行政区域内的户口登记工作，有权依法对上诉人“丁某某”姓名变更登记的申请进行审核。原告“丁某某”是中国公民，根据《民法通则》第 99 条和《中华人民共和国户口登记条例》第 17 条之规定，具有自己的姓名权，亦有权申请姓名变更登记，上诉人“丁某某”申请姓名变更，亦不属于《公安部三局关于执行户口登记条例的初步意见》中第 9 条第 4 项“依法被剥夺政治权利的分子和正在受刑事处分的分子，一律不准变更姓名”的规定，且原告“丁某某”申请姓名变更并没有改变其原身份号码，不影响对其身份的确认。被上诉人安居公安局在接到上诉人“丁某某”申请姓名变更的申请后，应当对上诉人“丁某某”的申请履行职责，为其进行姓名变更。一审法院判决认定事实清楚，审判程序合法，但适用法律、法规和规章、规定不恰当，应当适用《民法通则》第 99 条和《中华人民共和国户口登记条例》第 17 条的规定，并参照《公安部三局关于执行户口登记条例的初步意见》第 9 条第 4 项的规定，二审中予以纠正。丁某某的上诉理由成立，二审法院支持，判决撤销安居区人民法院作出的(2014)安居行初字第 2 号行政判决书。被上诉人遂宁市公安局安居区分局履行为上诉人丁某某办理姓名变更登记的职责。

笔者认为，在本案中，《四川省公安厅关于加强户政管理提高便民利民服务质量的意见》是其他规范性文件，其“受过刑事处罚的人员，在公安部没有出台新的规定以前，一律不予变更姓名、更改年龄”的规定以及《遂宁市常住户口登记管理规定》第 49 条的规定与《公安部三局关于执行户口登记条例的初步意见》中第 9 条第 4 项“依法被剥夺政治权利的分子和正在受刑事处分的分子，一律不准变更姓名”

的规定相冲突。

三、司法解释与法律、法规、规章的冲突

（一）司法解释在行政诉讼法律适用中的地位

在我国，司法解释专指最高人民法院和最高人民检察院在工作中具体应用法律、法令问题进行的法律解释。司法解释对我国社会主义法律体系的完善起到了举足轻重的作用，是我国法律渊源中重要的组成部分之一。1981 年由全国人民代表大会常务委员会颁布的《关于加强法律解释工作的决议》中首次对司法解释作出了明确规定。为对司法解释进行全面规范，1997 年最高人民法院发布了《关于司法解释工作的若干规定》[1]。2000 年最高人民法院在《关于执行〈中华人民共和国行政诉讼法〉若干问题的解释》[2]第 62 条第 1 款中规定，人民法院审理行政案件，适用最高人民法院司法解释的，应当在裁判文书中援引。2017 年最高人民法院《行诉解释》中继续肯定了司法解释可以适用于行政审判案件中。根据这些规定，可以得出结论，即司法解释是具有法律效力的，它可以在裁判中被引用，并属于我国的"法律渊源"。

有学者将最高人民法院司法解释分为五种类型，即(1)对具体法律条文进行解释的司法解释，因有立法机关的授权而具有等同于法律的地位。(2)为法院内部"审判工作需要"而制定的司法解释，相当于最高人民法院颁发的"部门规章"，各级法院必须遵照执行。(3)对解释当事人的意思表示（比如合同各方当事人的真实意图）、认定事实进行指导的司法解释，因其解释的对象不是法律，可视为最高人民

---

〔1〕 法发[1997]15 号。

〔2〕 1999 年 11 月 24 日最高人民法院审判委员会第 1088 次会议通过，法释[2000]8 号。2000 年 3 月 8 日由最高人民法院公告，自 2000 年 3 月 10 日起实施。现已废止。

法院为各级法院提供的办案方法、规则，供各级法院在审判中参考，以提高司法能力。(4)根据司法实践的需要，没有法律、法令为依据的“立法性”司法解释，如符合习惯法的内部、外部条件的，则形成我国以司法解释为载体的习惯法，具有法律效力。(5)其他没有法律、法令为依据且不符合习惯法形成条件的司法解释，应视为司法政策，仅在一定时期内指导法院的司法活动。[1]

行政诉讼中涉及的多为以最高人民法院为制定主体的司法解释。随着审判的深入，实践中积累的问题也越来越多，因此2007年3月，最高人民法院另行发布了《关于司法解释工作的规定》[2]，该规定进一步明确了司法解释的性质、效力、分类和程序，对我国司法解释的形式、运作程序重新进行了更加具体、切合实际的规范。其第6条明确规定了司法解释的表现形式，将司法解释的形式分为“解释”“规定”“批复”和“决定”四种。该《规定》第27条第1款规定：“司法解释施行后，人民法院作为裁判依据的，应当在司法文书中援引。”

在行政诉讼中适用最高人民法院制定的司法解释，需要首先论证司法解释在行政诉讼中的地位，司法解释在行政诉讼中具有两个方面的特征。一方面，司法解释是法院在司法适用中对法律所作出的解释，相对于法律而言，司法解释具有较强的从属性。在适用效力上，有权机关作出的法律解释与被解释法律、法规有同等效力。[3]司法解释为了保证其法律附属性，因而需要保持相应的稳定性，非经法定程序不得随意变更其效力或者停止其适用效力。申言之，在行政审判中的司法解释亦当如此，在行政审判中，优先适用行政诉讼法

---

〔1〕 参见曹士兵：《最高人民法院裁判、司法解释的法律地位》，载《中国法学》2006年第3期。

〔2〕 法发[2007]12号。

〔3〕 周旺生：《中国现行法律解释制度研究》，载《现代法学》2003年第2期。

律，各类行政诉讼司法解释均应作为具体性适用或者补充性适用，以体现行政诉讼法司法解释在司法适用中的法律从属地位。另一方面，司法解释在适用时也具有其相对的一定独立性。根据 2017 年最高人民法院《行诉解释》第 100 条第 1 款的规定，人民法院审理行政案件，适用最高人民法院司法解释的，应当在裁判文书中加以援引。这就是说，最高人民法院司法解释可以独立适用于行政诉讼中，有其相对独立的法律地位。

从类型上看，司法解释包括广义和狭义的。广义的司法解释涵盖若干规定、若干解释、批复、答复、解答、意见、通知。狭义的司法解释是由审判委员会讨论、最高人民法院署名的规范性文件。但是由于多种原因，一些答复没有经过审判委员会的讨论通过，而是由主管副院长审核签发；还有一些以行政审判庭等有关庭室的名义答复，并没有通过媒体正式发布，通过向请示法院内部答复的方式，实现最高人民法院业务指导的功能，这些内部答复往往被称为准司法解释，它是司法解释必要的补充，在保障法律的正确实施和审判工作的顺利进行上起着不可或缺的作用。〔1〕

（二）司法解释与法律、法规、规章适用冲突的具体表现

从成文法意义上说，司法解释附属于法律渊源之中的法律，属于法律的组成部分。申言之，司法解释是最高司法机关对具体应用法律问题的解释，是对法律规定之内涵的进一步明确和澄清，自然应当成为法律本身的组成部分。既然如此，法律又是法院审理案件的直接依据，那司法解释无疑也应当是人民法院审理案件的直接依据。在实践中，最高人民法院除了制定专门性的、规范性的司法解释来解释法律，更多地是通过针对下级法院审理案件中发现的法律问题的

---

〔1〕 刘忠：《规模与内部治理——中国法院编制变迁三十年（1978—2008）》，载《法制与社会发展》2012 年第 5 期。

请示作出批复、答复的方式来解释法律、法令。由于行政审判的特殊性，人民法院有关行政审判的批复、答复等司法批复涉及范围甚广，已经延伸到整个行政管理领域，包括土地和房屋管理、工伤认定、矿产资源管理、药品监督管理、水资源管理、质量监督、税务管理、公路、农业、林业、建设、计量、盐业等各行各业的管理，覆盖了法律、法规和规章。有关行政审判的批复、答复不但指导着下级法院办案，也规范着行政机关行政执法，并保证了法律的与时俱进。

1989 年《行政诉讼法》颁布，基于当时的情况，立法机关不可能充分考虑行政诉讼发展中存在的问题，在行政审判实践中，受案范围、诉讼参加人、证据、起诉与受理、审理与判决、法律适用、执行等环节均存在诸多问题，而这些问题直接影响法院受理和公正审判案件。为解决立法中的不足，最高人民法院根据《宪法》的规定制定司法解释，以满足审判的需要。尽管司法解释发挥了其维护法制统一的巨大作用，但是实践中由于各种原因，司法解释的规定与被其所解释的法律、行政法规、地方性法规、规章、其他行政规范性文件之间都有可能产生冲突现象。

在权限方面，最高人民法院拥有的司法解释权仅是针对司法审判中法律的适用问题进行解释。对法律字面含义的解释权应属于全国人大常委会，最高人民法院并无权解释。此外，对于法律中没有规定的内容，最高人民法院亦无权进行解释，否则该种解释实质上属于行使立法权，这是全国人大及其常委会的权力。但是，从行政诉讼实践来看，最高人民法院所作的诸多司法解释中却存在违反上述限制性规定的现象。如最高人民法院[2009]行他字第 55 号回复：土地管理部门出让土地使用权之前的拍卖行为以及与之相关的拍卖公告等行为属于行政行为，当事人不服提起行政诉讼的，人民法院应当依法受理。该批复对于之前较为模糊的行政行为作出了认定，相比 1989

年《行政诉讼法》,拓宽了行政诉讼受案范围。

本章小结

本章通过梳理法律规范之间的冲突现象,以法律位阶为标准,分别阐述了行政诉讼法律适用冲突的各种表现形式。为探究行政诉讼法律适用冲突的本质,将冲突的各种表现类型化为:不同位阶的法律适用冲突、相同位阶的法律适用冲突以及其他类型的法律适用冲突。

在阐述不同位阶的法律适用冲突表现中,首先明确了法律位阶的若干划分标准,其次从权利主体、权利范围、行政主体、行政职权、义务主体、义务内容、适用条件、行政处罚、行政强制、行政许可等方面,对下位法与上位法适用冲突表现中的"相抵触"作出了探讨。其次,笔者思考了中央与地方关于立法权属的配置问题,将地方立法分为实施性立法、自主性立法、先行性立法以及变通性立法,具体分析了地方性法规、自治条例、单行条例、地方政府规章与中央立法的冲突。最后,回顾了我国授权立法的发展及其与中央立法的冲突表现。

在阐述相同位阶的法律适用冲突表现中,首先,分析了特别法与一般法的区分特性,对特别法与一般法适用冲突表现中的"不一致"作出了探讨。其次,以司法审判案例的形式阐述了新法与旧法的适用冲突。最后,对疑难问题"新一般法与旧特别法"的适用冲突,比较分析了我国的解决方式与世界其他国家的解决方式。

实践中还有一类冲突,其中的法律位阶高低的判定并没有明确的依据。如部门规章与地方政府规章、地方性法规之间的适用冲突,行政规范性文件与行政法规、规章、地方性法规之间的适用冲突,司法解释与法律、法规、规章之间的适用冲突,等等。本章对这一类的适用冲突也作了探讨。

第三章
行政诉讼法律适用冲突的根源探析

从上一章的研究中，我们可以看出行政诉讼法律适用冲突的类型丰富，种类各异，其外在表现以多元化形式呈现。由于行政诉讼法律适用关涉立法法、行政诉讼法等立法，也关涉行政权、司法权的配置问题，同时还关涉司法技术内容，因此产生上述诸种冲突的根源也是多元的，其中既有立法层面的原因，也有行政层面的原因，还有司法层面的原因。这种法律适用冲突现象是一个综合产物，由于行政诉讼中的特殊规定，这里的法律适用冲突与其他法律适用冲突现象有共性的方面，也有其特别的方面。下文依次对行政诉讼法律适用冲突现象之立法、行政、司法三个层面的根源进行探讨。

第一节　行政诉讼法律适用冲突之立法层面根源

一、立法权限界分不清造成法律适用冲突

（一）立法主体多元化导致立法权分散

行政诉讼法律规范冲突产生的首要原因是立法主体多元化，导致立法权力配置分散，不同立法权主体针对同一事项制定不同的规

定，引发规范相互之间的冲突。

1949年中华人民共和国成立至1978年《宪法》颁布，我国的立法体制一直为一元制，即由全国人民代表大会为唯一的立法主体。在这种高度集中的立法体制下，我国的法律形式单一，基本上不存在法律适用冲突的问题。在1979年第五届全国人民代表大会第二次会议通过的《地方各级人民代表大会和地方各级人民政府组织法》[1]第6条中规定，省、自治区、直辖市的人民代表大会根据本行政区域的具体情况和实际需要，在和国家宪法、法律、政策、法令、政令不抵触的前提下，可以制定和颁布地方性法规，并报全国人民代表大会常务委员会和国务院备案。该规定为省级人大配置了地方性法规的立法权，首次突破了一元化主体的立法体制。此后，我国的立法主体在不同阶段时期法律的修正下逐渐走向多元化。

1982年《宪法》[2]进一步对我国的立法体制作了较大的变革，其第67条规定，"全国人民代表大会常务委员会行使下列职权：……（二）制定和修改除应当由全国人民代表大会制定的法律以外的其他法律；……"其第89条规定，"国务院行使下列职权：（一）根据宪法和法律，规定行政措施，制定行政法规，发布决定和命令；……"其第90条规定，"国务院各部部长、各委员会……根据法律和国务院的行政法规、决定、命令，在本部门的权限内，发布命令、指示和规章"。其第100条规定，"省、直辖市的人民代表大会和它们的常务委员会，在不同宪法、法律、行政法规相抵触的前提下，可以制定地方性法规，报全国人民代表大会常务委员会备案"。由以上规定可知，1982年《宪法》对我国之前的立法体制作出了大幅度的修改，首次确立了全国人

---

〔1〕 1979年7月1日第五届全国人民代表大会第二次会议通过。

〔2〕 1982年12月4日第五届全国人民代表大会第五次会议通过，1982年12月4日全国人民代表大会公告公布施行。

大常委会的立法权；首次确立了省级人大及其常委会的地方性法规制定权；首次确立了国务院行政法规、国务院部委行政规章的制定权。

这些突破性规定基本确立了我国现行的立法体制。1986 年修正后的《地方各级人民代表大会和地方各级人民政府组织法》〔1〕第 7 条第 2 款规定，“省、自治区的人民政府所在地的市和经国务院批准的较大的市的人民代表大会根据本市的具体情况和实际需要，在不同宪法、法律、行政法规和本省、自治区的地方性法规相抵触的前提下，可以制定地方性法规……”其第 38 条第 2 款规定，“省、自治区的人民政府所在地的市和经国务院批准的较大的市的人民代表大会常务委员会，在本级人民代表大会闭会期间，根据本市的具体情况和实际需要，在不同宪法、法律、行政法规和本省、自治区的地方性法规相抵触的前提下，可以制定地方性法规……”其第 51 条规定，“县级以上的地方各级人民政府行使下列职权：（一）……省、自治区、直辖市以及省、自治区的人民政府所在地的市和经国务院批准的较大的市的人民政府，还可以根据法律和国务院的行政法规，制定规章；……”从前述规定中可以看出，我国的立法权主体又扩展了。地方性法规的立法主体扩展至省会市、国务院批准的较大市的人大及其常委会。首次确立了地方政府规章，并将其立法主体扩展至省级政府、省会城市和国务院批准的较大市政府。

此后，全国人大常委会和全国人大先后于 1992 年 7 月、1994 年 3 月、1996 年 3 月分别授权深圳、厦门、珠海、汕头市人大及其常委会制定经济特区法规，授权前述各市政府制定经济特区规章，从而进一步扩大了地方立法权。2015 年 3 月《立法法》大修，将“较大的市”改

〔1〕 中华人民共和国主席令第 49 号。

为“设区的市”，为适应地方的实际需要而赋予所有设区的市地方立法权，使得享有地方立法权的主体，从原有的 31 个省、自治区、直辖市和 49 个较大的市（包括 27 个省、自治区的人民政府所在地的市，4 个经济特区所在地的市和 18 个经国务院批准的较大的市）的基础上扩展至全国全部 282 个设区的市。这就使得地方立法主体一次性增加了 274 个，包括 240 个设区的市、30 个自治州和 4 个未设区的地级市（广东省东莞市和中山市、甘肃省嘉峪关市、海南省三沙市），又一次扩大并分散了地方立法权。在 2018 年 3 月新《宪法修正案》中再次肯定并确认了设区的市的地方立法权。

尽管地方立法权在我国法律配置进程中不断扩展，不过我国法律中并未对不同层级、不同类别的国家权力机关、国家行政机关以及上下级机关之间的立法权限作出较为清晰的界分规定，不仅在 2015 年新修订的《立法法》中仍未彻底厘清不同国家机关之间的立法权限，在 2018 年《宪法修正案》中亦未对该问题作出回应。立法主体的多元化与立法权限的分散式配置会导致行政诉讼法律适用中出现冲突现象。

（二）中央与地方立法权限划分不清

就我国目前的立法状况来说，立法权限的划分主要体现为从中央到地方的纵向划分，即以中央为立法权的中心，是一种由中央统一领导和一定程度上分权的、多级并存、多类结合的立法权限体制，地方也可以行使一定的权力，这是我国现行立法权限划分突出的特征。上文谈到我国的立法主体具有多元化和多层次性的特点使得我国的立法主体涵盖了全国人大及其常务委员会、国务院、国务院的各部各委员会、国务院的直属机构，省、自治区、直辖市的人大及其常委会和人民政府，设区的市的人大及其常委会和人民政府，经济特区所在地的市人大及其常委会和人民政府，自治州、自治县的人大及其人民政府，等等。众多的立法主体使得其所颁布的法律性文件之间具有冲突、矛盾似乎是无法避免的。

权力关系从本质上看仍是一种法律关系，主体是中央与地方，而客体则是特定权力所指向的社会关系。中央和地方政府行政权力所指向的社会关系，归根结底就是它们各自所调整的事项范围内的社会关系。[1]立法权限划分、权力关系明确的核心是划分“一个主权国家中现行全部有关需要通过立法方式加以调整、控制和规范的事项的权力范围”，即通常所说的事权范围。[2]

依照《立法法》的规定，属于中央的立法事项有：国家基本的政治、经济等制度，中央宏观经济调控的事项，如税种的设立、税率的确定和税收征收管理等税收基本制度等，须以法律形式加以规定。由中央统一规定，地方不得规定。对属于全国人大及其常委会专属立法权的事项，除国务院根据全国人大及其常委会的授权，可以对其中的部分事项先制定行政法规，地方和部门一律不得作出规定。应以影响范围以及重要事项双重标准来划分中央事权和地方事权。

二、 法律本身的规定造成法律适用冲突

（一）法律竞合造成法律适用冲突

每一个法条都包含数个不同的构成要件，有时法条所规定的内容虽然并不是完全重复的，但是其中的个别构成要件却会彼此部分重合，因此，同一案件事实有可能会被多个法条所指涉，这种现象被称为法条的竞合，又称法条的相会。如果适用两个法条产生的法律效果相同，则即便竞合，也不会产生如何适用的问题。只能说某一项结果于法律上有双重依据。但是，如果适用不同的法条会导致不同

〔1〕 董皞：《我国行政法律规范冲突缘起探究》，载《中国法学》2013 年第 2 期。

〔2〕 李林：《关于立法权限划分的理论与实践》，载《法学研究》1998 年第 5 期。

结果的出现，而且这两个结果彼此并不排斥，则必须探究这两种法律效果是否应当并行适用，或者一个效果排斥另一个效果的适用。如果两种法律效果之间相互排斥，则只能其中之一得以适用。〔1〕

（二）我国行政法律渊源分散且多层级，导致法源本身具有复杂性

我国行政法源众多，行政法律渊源复杂、多层级、法源本身的复杂性等原因造成了冲突的形成。行政法这一法律部门与民法、刑法等部门法不同，在民法和刑法中，它们的立法方式较为集中，通常情况下所包含的是一整套较为系统性的法律规范，并且是以法典形式颁布的，还包括了其他相关的法律规范，且这些相关的法律规范也是较为集中的。但是，行政法从外观上而言，其表现形式较为分散，并且所呈现出来的形态各有不同。这些形态各异的规范的制定主体，既包括立法机关，也包括行政机关；既有中央机关，也有地方机关；既有普通的国家机关，也有民族自治地方的机关。从法律规范的形式看，它们有些以法律形式出现，有些以行政法规的形式出现，有些以地方性法规的形式出现，还有一些则以规章的形式出现。

（三）为应对立法模糊而出现的司法解释存在严重缺陷

就当前我国法律规制社会生活行为的各种情况来看，我国的法律制度仍旧存在粗疏方面的缺陷，无法对社会各项事务均规定得面面俱到。当出现这种局面时，司法解释的作用就应当得到最大程度的发挥。从司法审判实践中，对于司法解释的操作过程来看，该制度主要还存在着以下一些问题，主要包括：第一个问题是，行政诉讼中的司法解释的主体呈现“多元化”“多级制”的趋势，造成司法解释效力缺乏规范的制度保障。举例来说，在一些联合解释的制定主体中，其中的非司法机关有时也成为司法解释的制作主体，这样就会导致

〔1〕叶良芳：《法条何以会“竞合”？——一个概念上的澄清》，载《法律科学》2014年第1期。

司法解释颁布制度无法得到有效的保障，导致司法解释的权威性难以真正建立。又如，在一方是国务院及其下属部门为主体的法律关系中，国务院及其下属部门作为法律关系的一方当事人，既是行政法律规范的有权制定者和有权解释者，同时又由处于不对等地位的行政相对人一方来遵从这种规定，当“裁判员同时亦是运动员”，这显然是不合理的。第二个问题是，某些情况下存在着司法机关越权管理的现象。行政诉讼中的部分司法解释带有较为强烈的立法属性，而立法机关对司法解释中存在的“越权”现象视而不见。〔1〕举例来看，我国20世纪90年代末期的《行政诉讼法》总共有75条，而最高人民法院的相关司法解释却共有98条；《行政诉讼法》中关于证据的规定只有6条，而最高人民法院《关于行政诉讼证据的若干规定》却有80条。解释部分的数量远远大于被解释的法律的数量，且其中存在不少抽象性解释，这种抽象的解释实际上同立法很难区别，许多内容已并非解释，而是创制规则。因而这些解释在事实上超越了司法机关的权限范围。第三个问题是，一些司法解释是名不副实的，也导致了司法解释规定的粗疏现象。按常理来说，能够称之为“司法解释”的，应当是指最高人民法院针对审判工作中发现有不明确、不具体的规定时作出的阐释法律的规范性文件，然而在相当多的司法解释中，真正可以称之为“司法解释”的条款数量恐怕不到条文总数的五分之一，绝大多数都只能属于办案规则或者实施细则的范畴。这样的解释数量一多，便造成了更多的法律冲突。

三、 大量行政立法规范缺失导致法律适用的冲突

根据我国相关的法律法规，在进行立法的过程之中，必须要遵循

〔1〕 魏胜强：《司法解释的错位与回归》，载《法律科学》2010年第3期。

的几个基本原则体现在以下几个方面。首先,立法最重要的理念就是要站在我国的国家整体利益上,始终维护的是我国社会主义制度,维护法制的统一。其次,立法的第二个理念是必须要以人为本,立法中充分体现人民的意志,站在人民利益的视角上进行相应的立法工作。保障人民群众的利益,积极为人民服务。发扬社会主义民主,保障人民通过多种途径参与立法活动,重在发挥人民的积极性与参与感。再次,立法的第三个理念是实事求是,即应当树立科学的立法观念。在立法过程中,应该要对各项社会关系进行妥善的处理,从实际出发,科学、合理地规范社会关系。最后,第四个理念便是遵守程序,即立法同时还应依照法定权限和程序。这几个原则的目的就是要使得立法过程规范化以及合理化,以期在一定程度上能够有效减少法律适用冲突。但是,改革开放四十余年以来,我国各方经济利益变得多元化,经济上的利益冲突加剧,不同的经济利益产生不同的立法需求。这些立法需求也会对立法者产生微妙的影响,使立法者产生不合适的倾向性,其本身控制着冲突又包含着冲突,在缺乏有效规范和监督的情况下,必然会产生一定程度的立法混乱,[1]行政立法规范缺失为法律冲突预设了条件,使法律冲突加剧,主要表现在以下三个方面。

(一)行政立法程序尚不完善

我国行政立法程序的发展长久以来具有滞后、粗疏的情况,《立法法》和国务院《行政法规制定程序条例》粗略地为我国行政立法规定了六道程序,即立项、起草、审查、决定、公布、解释,且规定得较为浅显,框架性意味较重。显然,这种规定过于粗疏、笼统,缺乏操作性,难以因应行政立法实践的具体需要。

---

〔1〕 褚松燕:《论政府冲突管理能力的强化》,载《中国行政管理》2010年第2期。

在立法过程中，首先应当听取民意、尊重民意。由于我国的社会主义性质以及保障人民当家作主的理念，人民有权对国家社会生活进行管理。因此在立法时进行民主性调查，对一些问题广泛地征求人民的意见以及建议，并对一些事项以及相关的问题进行及时的告知是立法过程中必须要进行的一个重要步骤，我国2015年《立法法》第67条中也对该制度作出了规定，即“行政法规在起草过程中，应当广泛听取有关机关、组织、人民代表大会代表和社会公众的意见。听取意见可以采取座谈会、论证会、听证会等多种形式”。该法虽然是以法律的形式将听证会引入行政立法程序的，但在规定采取听证会的形式时使用的是“可以”一词，而不是“应当”，且该法对如何组织听证会也未制定出一套公正、严谨的程序规则。

立法程序存在的第二个问题是制定行政法律规范缺乏计划，随意性大。在上报制定规章的计划时，大多考虑的是本部门的利益，同时也缺乏论证，不注意征求各方面的意见。有的行政机关在起草地方行政规章时不作细致的调查研究工作，不重视规章的合法性、科学性与可行性，起草未经论证，便“拿来主义”，把外地的规章照抄照搬。[1]其实立法的公众参与制度有利于建立科学的决策机制，有利于加强立法的科学性。由于立法程序上的这些种种不足，制定出来的法律规范互相冲突便不可避免。有的法规、规章制定公布时，没有及时宣布将旧的相冲突法规废除，出现双法并行的情况，有些比较隐晦的冲突内容就不易被人发现，到了行政机关适用处理具体情况时就暴露出来了。[2]

---

〔1〕 张桂芝：《论科学发展观下地方行政立法之完善》，载《甘肃政法学院学报》2009年第4期。

〔2〕 陈有西：《论行政诉讼中的法律规范冲突及其冲突规范》，载《行政法学研究》1994年第4期。

（二）行政立法监督体系不完善

就目前的法律规定而言，我国的宪法及其相关的法律法规对于不同级别的人民代表大会都赋予了其相应的监督权力。例如根据《宪法》的规定，全国人大常委会有权撤销国务院制定的同宪法、法律相抵触的行政法规、决定和命令。但是，由于缺乏具体的程序，权力机关对行政立法的监督无法运作。而且行政机关内部监督也并未有明确规则，尽管法律规定国务院各部、委作出的与法律、行政法规不一致的规章、决定、指示或命令可以被撤销；地方各级人民政府作出的同法律、行政法规不一致的决定和命令也可以被撤销；地方各级人民政府亦有权撤销下级人民政府与上级人民政府作出的不一致的命令、指示或决定，但在实践中除规章通过备案制度建立起了可以运作的监督制度以外，对规章以下的规范性文件如何监督，尚无规定，也无法操作。

可以说，我国行政立法存在的种种问题都与监督行政立法的程序不健全有关。在监督程序上，往往侧重内部监督，如审查、通过、批准、备案这些都属于行政系统内部的自我监督，而没有行政机关外部有关的第三者的审查和监督。[1]在我国目前的法律规定之中，对于那些撤销权力行使时的条件、要求、具体做法并没有给予一个较为完善的程序保障，因此在行政权力监督制度的落实过程中，仍然面临着很多的问题以及困难。在立法后的评估方面也尚未形成稳定的行政立法评估体系，评估行为具有相当大的随意性。

目前主要是由我国的政府法制机构担当行政立法监督的主体，但是政府法制机构是以立法为主要业务的，同时作为协助行政首长办理法制事项的内设机构，其不具有对外行事的基本独立性，难以担负监督行政立法的重任。如在规章备案方面，尽管国务院法规备案

---

〔1〕 马英娟：《浅谈我国行政立法存在的问题及对策》，载《河北法学》1998年第2期。

制度运行了多年，但实践中对于备案的规章基本是难以审理的，且对于越权、违反法定程序和内容冲突的规章也难以纠正。我国向来有重视行政权力和行政管理的传统，行政手段在社会治理中起主导作用，形成了“大政府、小社会”“全能政府”的格局，“官本位”思想、行政化趋势渗透到了社会各阶层、各社会团体和司法机关中。〔1〕与此同时我国的历史和国情决定了长期以来我们在民主行政过程中存在着人治观念根深蒂固，而法治观念难以树立；行政管制社会的观念相当发达并深入人心，而民主监督行政的观念仍非常之淡薄。民众的民主参与意识得不到发展、参政能力得不到增强，长期形成了公民参与意识淡薄，对政治缺乏热情。〔2〕而人民参与能加强民主监督的有效性，有效防止腐败的蔓延。从而解决我国的行政法律监督民主参与度不高，导致监督实践中出现的诸多问题。

目前我国的行政立法中，绝大多数是部门行政立法和地方行政立法。这些部门和地方行政机关在行政立法涉及本部门或地方的利益时，如不进行监督，可能出现“部门利益化”和“地方利益化”。

第二节　行政诉讼法律适用冲突之行政层面根源

一、行政机关部门利益法制化造成法律冲突

自20世纪80年代地方拥有立法权被确立在宪法与法律中之后，地方立法的颁布有力地推动了改革开放的步伐，为实现社会政治经济文化的良性发展提供了充分的法制保障，地方立法同时也是国家立法的一个重要补充和试点探索。不过鉴于地方立法是一个复杂

〔1〕许耀桐、刘祺：《当代中国国家治理体系分析》，载《理论探索》2014年第1期。

〔2〕邵东华：《论行政立法程序中公众参与的问题与对策》，载《河南师范大学学报》2007年第5期。

的系统工程，它会受到立法理念、立法原则及立法技术等多种因素的制约和影响，地方立法仍存在许多亟待解决的问题，其中的部门利益法制化倾向已然成为制约地方立法质量提高的突出障碍，也是形成行政诉讼法律适用冲突的一个重要因素。

在地方立法实践中，由地方政府提请制定地方性法规的议案或起草地方性法规草案所占的比例一直居高不下，其中一部分不同程度地都带有部门利益倾向。在这种情况下，“法”成了强化本位利益，推行“行政意图”的工具。主要表现在：扩大或缩小上位法规定的管理范围，增加或减少上位法规定的种类，提高或者降低上位法规定的幅度，在有关市场经济活动的法律法规中，违反上位法规定或者自行设定实行地区封锁的内容，等等。

在社会上存在着很多利益主体，这些利益主体在相互作用、相互制约的过程中会产生不同的利益关联感，这些具有利益关联感的利益主体之间便会形成一定的利益阶层或利益群体。通常认为，政府部门也是社会中诸多利益群体的一分子，它也有自己的独立利益。〔1〕由于部门利益的存在，这些政府部门在制定部门规章时常常会自觉或不自觉地维护其所属企业的利益。如在关于涉及水资源的行政管理实践中一直存在着水资源行政主管部门与矿产管理部门之间的管理权限之争。尤以自 1988 年《中华人民共和国水法》颁布以来，关于地热水、矿泉水的行政管理、水资源费的征收问题以及关于航道、河道内的矿砂石的开采缴费管理等问题就一直争论不休。由于地热水和矿泉水以及航道、河道内的矿砂石均涉及水资源和矿产资源的管理问题，当时的国家水利部和国土资源部均基于自身的利益在相关法律中对于地热水和矿泉水的管理分别作出了不同的规

〔1〕 孔凡立、张淑芳：《部门立法中行政垄断的对策研究》，载《河南省政法管理干部学院学报》2007 年第 2 期。

定，此后中编办、国务院办公厅、国务院法制办等机关也前后多次发布该领域的规范性法律文件进行调整，但是这些问题仍然未能得到很好地解决。由于受部门利益影响，导致《水法》和《矿产资源法》之间的冲突。国土资源部坚持认为，在航道、河道内开采矿砂石，由于地热、矿泉水是矿产资源，因而其勘探和开采须受《矿产资源法》及其配套法规的调整。从理论上而言，《矿产资源法》对于地矿行政主管部门对开采矿产资源审批范围及发证权限作出了规定，此外，还对开办采矿企业的审批程序作出了规定，这些规定的目的是为了保护和合理开发利用矿产资源；《水法》中亦对于在行洪、排涝河道和航道范围内开采矿石等行为的审批程序作出了规定，这些规定的目的是为了保证航行安全等。由此，若采矿企业是在行洪、排涝河道和航道范围内开采砂石，该行为须同时遵循《矿产资源法》和《水法》的相关规定，即不仅要办理采矿许可证，而且还要经过河道主管部门的审批同意。该行为须由水利部和国土资源部共同管理。但从实践来看，水利部门对于航道、河道内矿砂石的开采对水资源产生负面影响的管理力度并不够，甚至在不少地方放弃了管理权，仅由国土资源部来进行管理。

我国行政部门众多，管理职能时有交叉，存在对同一事项由多个行政部门加以管理的现象。如针对医院违法使用工业氧，工商行政管理部门、产品质量监督部门、卫生行政部门、药品监督管理部门分别依据《产品质量法》《药品管理法》等主张行政处罚的执法主体资格的确定。

行政机关部门利益法制化也大量体现在部门规章之间有关部门职权规定的相互冲突中。权力对每个部门都有诱惑力，各部门都希望扩张自身的权力，如在涉及房屋建筑工地和市政工程工地塔式起重机械安装、使用的监督管理职权由何种部门行使。为解决该问题，1997

年5月8日，建设部发布部门规章《塔式起重机拆装管理暂行规定》，认为塔式起重机的质量监督管理职能由建设部行使。而2000年6月29日，国家质量技术监督局发布《特种设备质量监督与安全监察规定》，认为在建设工地上使用的塔式起重机的质量监督管理职权，由质量监督管理部门行使。总之，这种“行政权力部门化，部门权力利益化，部门利益法制化”，促成了我国行政立法中的“立法割据”现象，无论直接地还是间接地都对行政诉讼法律的适用冲突起着推波助澜的作用。〔1〕

二、 行政权强力干预司法以致造成法律适用冲突

漫长的封建社会历史对我国的司法制度产生了深远影响，最主要的表现就是行政权力往往对司法判决起着重要作用甚至可以决定判决结果。在传统的地方治理模式中，地方官员的权力通常涵盖行政与司法等多方面，其在管理地方政务的同时还进行了一些司法裁判活动。这种集中型的国家权力分工一直以来是我国地方政府治理社会的主要模式，其形成的深远影响直至现在还没有完全被消除。

改革开放前，我国处于传统的计划经济体制模式中。在这种以行政权为主导的经济发展模式下，行政权几乎进入人们所有的日常生产与生活领域，经济社会的调控与规制均体现着政府行政权的独家垄断。不论是党的组织和管理，还是企业的组织和管理，以及社会事务的组织和管理，均与行政权的行使交织混淆在一起，进而强化并凸显了行政权在国家整个权力体系中的最高地位。而本应与其制衡的国家立法权和国家司法权被架空放置，未能有效起到对行政权的监督和制约作用。司法权在实际运行中往往受到行政权的极大干扰，甚至权大于法的现象屡见不鲜。

---

〔1〕 舒小庆：《部门利益膨胀与我国的行政立法制度》，载《江西社会科学》2007年第12期。

改革开放尤其是20世纪80年代后，国家经济体制调整，社会领域中出现了诸多新的行政管理事务，社会行政事务日渐复杂，范围日渐广泛，立法机关往往应顾不暇，规制手段受限，于是便经常概括式授权给行政机关，使得行政机关不仅拥有执法权，还拥有了立法权，行政机关的权限职能极大膨胀，国家行政机关在经济社会发展中居于主导地位。而“行政职能的增加和行政权的扩大，一方面意味着社会经济发展所必须的秩序的确立和保障，另一方面则意味着人民的自由和权利可能受到侵害的威胁增大”。〔1〕

与行政权强大对应的是司法权的弱小，这又进一步反衬出行政权在行政诉讼过程中的强势地位。有学者指出，近几年来，随着社会和经济快速发展，各类纠纷不断增多，很多政府与民众之间的矛盾开始不断涌现，在解决这些矛盾时一般需要利用行政法来处理，不过在目前的体制制约下，行政争议中政府处于较强势状态，因而行政约束和监督往往很难实现。民众为了解决这些矛盾一般需要通过信访等途径来维护自己的权利，而作为公平公正化身的人民法院在面对这种与政府权力相关的案例时，一般会受到较大限制。经常表现出的特点就是受案难、审理难，因而一些行政权力监督问题就变为空谈，从而造成权力违法行为难以监督等现象。〔2〕

第三节　行政诉讼法律适用冲突之司法层面根源

一、 法院的司法审查权受限导致法律适用冲突

根据我国现行的政治体制和司法体制，行政审判活动处于一种

---

〔1〕 韩春晖：《从“行政国家”到“法治政府”？——我国行政法治中的国家形象研究》，载《中国法学》2010年第6期。

〔2〕 马怀德：《行政审判体制改革的目标：设立行政法院》，载《法律适用》2013年第7期。

较为尴尬的状态。因为我国的各级审判机关包括行政审判机关均是由同级人民代表大会产生，对同级人民代表大会负责，受其监督。司法机关产生于立法机关的事实表明，司法机关与立法机关之间仅存在被立法机关监督与制约的关系，而非相反，只有立法权可以审查司法权，司法权无法审查立法。由我国《立法法》相关规定可以推出，违宪审查权与判断权只能专属于全国人大常委会。司法机关对于法律是否违宪并无权作出判定。对于行政法规、地方性法规、自治条例和单行条例是否违宪，法院必须层层上报最高人民法院，由其提请全国人大常委会解决，法院的这一权限也被称为违宪审查的发现权。〔1〕审判机关无权审查立法存在两个方面的原因：其一，《行政诉讼法》中规定了法律与行政法规是行政审判的依据，即法院对于全国人民代表大会及其常委会和国务院制定的法律、行政法规只能适用，不享有审查其是否合宪的权力；其二，如前所述，法院从其产生之时便受立法机关的制约，法院须对人大负责，因而法院根本无权审查监督机关颁布的立法。这两方面原因事实上限制了法院的法律规范审查权。

在我国，法官的职责就是适用法律，如果在判决中确认法律冲突或确认某一法律法规无效就是超越法官职权的行为。典型的例子有洛阳市中级人民法院判决的一起种子纠纷案。2003 年，河南省洛阳市中级人民法院的法官李慧娟在判决书上宣布河南省人大常委会制定的地方性法规《河南省农作物种子管理条例》与《种子法》冲突而“自然无效”，从而直接适用《种子法》。该案在发生后便遭到了河南省人大的质疑。

法院不仅无违宪审查权，而且其违法判断权也受到极大的限制。根据《行政诉讼法》的规定，法院在审理行政案件时须依据法律、法

---

〔1〕 吴鹏：《中国行政诉讼法律适用中的法律规范审查》，载《法学杂志》2007 年第 2 期。

规，参照规章。所谓依据，即指法院在审理行政案件时只能以法律、法规为适用的标准，而无权对法律、法规加以审查，更无权拒绝对法律、法规的适用。对于一个规章与上位法相冲突，法院可以拒绝适用，但是对于两个以上的规章之间的冲突，就要层报最高人民法院送请国务院解释或裁决。对于其他规范性文件，与上位法冲突的可以拒绝适用，但是同样受到限制。只要存在不同等级的规范冲突，法院就难以作出有说服力的判决。在法律冲突时，法院往往只能求助于最高人民法院。所以，行政审判中对法律规范的审查，只能是法院在适用法律时主动的、有限的审查。〔1〕法院在行政诉讼法律适用中的尴尬地位，既与法治原则大相违背，也间接地造成行政诉讼法律适用冲突。

现在很多研究者认为法院有限规范审查权的设立，认为这是解决法律位阶冲突的要求，是正常、公正的审判活动的需要，是修复健全法律冲突审查机制的需要。这从另一个角度论证了对法院规范审查权的限制是造成行政诉讼法律适用冲突的一个重要原因。

二、 法官的自由裁量权扩张导致法律适用冲突

司法审判中的裁量是各国普遍存在的现象。约束和规范审判裁量权也是现代法治与司法中的一个世界性大课题。两大法系国家，由于司法与审判同义，这种现象被称为司法裁量(judicial discretion)。因司法裁量表现为审判者的权利，因此有了司法自由裁量权的概念。我国因采大司法概念，司法包括审判而不限于审判，与国外司法自由裁量相对应的是审判自由裁量。对于审判自由裁量，我国理论界与实务界也将之称为法官审判裁量权，主要是指在一些特殊条件下如

〔1〕 吴鹏:《中国行政诉讼法律适用中的法律规范审查》，载《法学杂志》2007年第2期。

法律条文没有明确规定或者用词含糊无法操作时，法官可以根据法律基本精神以及公平、正义等原则并根据自身的经验和阅历进行一些酌情裁判，并保证最终判决结果公平、正义、合理，这是法官拥有的一项特别权利。根据这一定义可以看出，这种判决中的自由裁量权赋予了法官一定的自由度使其可以根据具体情况依据相应原则进行实际判决。在这种判决过程中法官具有较高程度酌情裁判的权利。弗里德曼对此进行了深入研究后认为，“裁量通常是指受某规则管辖的某人有权在几种可采取的行为中作选择”。[1]沃克在《牛津法律大辞典》对此给出了另一个定义，即“酌情作出决定的权力，并且这种决定在当时情况下应是正义、公正、正确、公平和合理的。法律常常授予法官权力或责任，使其在某种情况下可以行使自由裁量权。有时是根据情势所需，有时则仅仅是在规定的限度内行使这种权力”。[2]

仅从概念上显然不足以把握审判裁量权，还需了解其内涵。当代西方法理学权威德沃金将审判裁量权的内涵分为三个层面。其一主要是说明了使用这种权利的理由及其适用标准。其二则是在审判过程中其起到的作用主要是补充性的而不是主要的，因而在使用时应注意到一些权利主体应具有作出这种决定的权力，其他任何官员对之不得干预，如英美法系对此也有相应的规定。第三层面是其受到的影响问题，其可以不受强制力或公权力的影响，如撇开法律的规定，以合理、公平、效益、正当等为标准，根据自己的想法和理念进行“法官造法”的活动。

自由裁量权的行使既有助于对粗疏的法律规定进行有益的补充，也有助于个别正义、实质正义的实现，基于此，赋予法官自由裁量

---

〔1〕［美］劳伦斯·M.弗里德曼：《法律制度——从社会科学角度观察》，李琼英、林欣译，中国政法大学出版社 1994 年版，第 36 页。

〔2〕［英］戴维·沃克：《牛津法律大辞典》，李双元等译，法律出版社 2003 年版，第 261 页。

权是必须的，不过同时还需对其进行合理的限制。长期以来，我国的立法思路就是“宜粗不宜细”“成熟一个制定一个”，在中华人民共和国成立初期法律体系不够健全的情况下，这样的思路是有利于尽快地建立完整的法律体系的，但是这种思路也具有一定的负面作用，在其影响下，容易导致法律条文过于简练、宽疏，用语模糊，不重视法律条文的实际可操作性，由此导致法律的模糊性、不周延性很突出。同时，我国法律修改程序启动不易，程序也较漫长，又致使法律的滞后性颇为明显。特别是，在我国社会主义市场经济体制逐步建立和社会全面转型的过程中，围绕新旧机制之间的衔接，对于新机制的建立、摸索与发展而在社会中产生了大量的新型、疑难、复杂的法律问题，同时又缺乏相应的法律、法规，往往是行政规章和政策代替法律在进行调整，其中不乏矛盾和相互冲突之处，由此既增加了审判裁量的难度，也扩大了审判裁量权。审判裁量权的大小是与立法规范的严格性成反比的。与民事诉讼、刑事诉讼相比，行政审判裁量权更为宽泛，突出表现在规范更加模糊，法律漏洞更多，在具体适用规则时也需要考虑更多具体的因素。特别是长期以来我国缺乏一套证据规则，导致事实认定方面的审判裁量权尤其大。立法上对审判裁量权的约束与规范一向不足。总体而言，我国立法就规范审判裁量权的针对性与专门性的措施较少。在这方面，实体法的主要措施是规定了基本原则。如民法总则中的公平、诚实信用原则。一般而言，基本原则扮演着双重功能，一方面是确认审判裁量权的存在，另一方面则是对审判裁量权的约束。应当看到，基本原则本身具有很大的模糊性。就程序法而言，其本身应有规范实体法适用上审判裁量权的功能与规范自身程序运用上审判裁量权的功能。这是由程序本身限制权力运作恣意的特点决定的。

近年来，随着我国法官职业共同体逐渐形成，法官的职业化程度也迅速得以提高。尤其是《法官法》[1]以及《法官职业道德基本准则》[2]的颁布为法官能够依法合理行使自由裁量权作出了重要规定。在我国,法官在审判过程中基本上能够合法合理地行使自由裁量权。但是如何把法官自由裁量权的行使控制在合理的限度内仍然是一个需要解决的问题。这是因为我国法制仍不够完备,有力限制法官主观任意性方面的必要措施仍然缺乏,没有明确的约束导致法官在审判中有时会扩张自身的自由裁量权。

尽管改革开放四十余年来我国的法治建设已经得到了持续的完善,法官的整体素质及各种综合业务能力等方面都有了不同程度的提高,对自由裁量尺度的把握与应用也较为娴熟,但仍应当看到,司法实践中自由裁量权的行使还是有许多问题,尤其表现在法官自由裁量权的扩张问题方面。首先,我国各类法律规范庞杂,立法宜粗不宜细的指导思想导致法律规范中给予法官自由裁量的空间较大,其效果是一方面克服了法律规则的原则性、滞后性之弊病,此为其有利一面;但另一方面亦为少数司法者扩张权力枉法裁判提供了制度性平台,此为其不利一面。更由于行政诉讼具有一定的特殊性,即法官在处理行政案件时有时很难做到真正的有法可依,而且法院面对的审理对象是作为政府机构的行政主体,政府和行政相对人在地位上原本就不平等,和法院在事实上也不是平等关系。因而在行政诉讼中法官扩张自由裁量权主要表现为法官对于自由裁量权运行时的量度问题,也就是说,法官可以在多大限制范围内运用这种权利以及其对法律含义作出解释的程度有多大。最好的方式是不仅要做到既使

〔1〕 主席令第53号。1995年2月28日第八届全国人民代表大会常务委员会第十二次会议通过,根据2001年6月30日第九届全国人民代表大会常务委员会第二十二次会议《关于修改〈中华人民共和国法官法〉的决定》第一次修正,2017年9月1日第二次修正。

〔2〕 最高人民法院2001年10月18日发布,2010年12月6日经修订后重新发布。

得此种自由权控制在一定权限内，又使得法官不会怠于行使自由裁量权。其次，就目前而言，现代司法技术性已经较高，对法官各方面的审判要求亦在不断提高，不仅对法官应当具备充足的法律专业知识提出了更高的要求，同时还要求法官具有丰富的实践判决经验以及娴熟的司法技术。不过目前我国法院的法官还很难完全达到前述方面的要求。主要原因在于专业性与技术性固然在表面上是很重要的，但实际上处理与政府之间的关系等方面的能力更加重要。因而如何正确理解与运用这项权利应当是法院亟须关注的问题。

通过以上分析可以看出，法官对自由裁量权的扩张除了破坏法律的公正、公平外，还会造成司法的腐败，会加剧行政诉讼法律适用冲突。

本章小结

本章从立法层面、行政层面、司法层面这三个层次上探讨了行政诉讼法律适用冲突形成的主要原因，并对此法律适用冲突之立法层面根源归结为：立法权限界分不清造成法律适用冲突，法律本身规定有误造成法律适用冲突，大量行政立法规范缺失导致法律适用冲突。行政诉讼法律适用冲突之行政层面根源为：行政机关部门利益法制化造成法律适用冲突，行政权干预司法造成法律适用冲突。行政诉讼法律适用冲突之司法层面根源为：法院的司法审查权受限导致法律适用冲突，法官的自由裁量权扩张导致法律适用冲突。

第四章 行政诉讼法律适用冲突的解决原则

行政诉讼法律适用冲突的原因除了上述第三章阐述的以外也许还能找出其他原因，但是要解决法律适用冲突问题，我们还需要探索解决该问题的原则，并在这些原则的指导下更清楚地认识到表象背后深层次的本质，进而找到解决问题的根本办法。

所谓原则，一般是指“观察问题、处理问题的准则”[1]。原则是从自然界和人类历史中抽象出来的，是一种评价人们行为的标准，其具有客观性、标准性，但它与事物的客观规律是不同的。原则同时也是人类对生活经验的归纳和提炼，有主观性的特点，但又不全是主观意识的累积。还要注意的是，原则区别于规则。“原则是规则产生的基点，由原则可以派生出若干规则，并通过这些规则来实现其所蕴含的内容；规则是原则的具体化或外在化的结果，是保证原则得以贯彻和实现的必要的法律手段。由于规则在其执行过程中具有较强的可操作性和客观强制性，这就要求它必须以明确的法律条款形式展示出来。相对而言，原则的理念色彩浓重一些，它不必以法律条款的形

〔1〕 夏征农、陈至立主编：《辞海》(第六版)，上海辞书出版社 2010 年版，第 2345 页。

式来展示，故它的操作性和强制性要弱一些。”[1]规则是有效性非此即彼的问题，而原则不存在这种绝对的有效性问题，它是比规则更内在、更深层次的东西。在确立了原则之后，才会提出一系列的冲突解决规则，以保证冲突解决的原则得以正确实施。

行政诉讼法律适用冲突的解决原则是指，法院在解决行政诉讼法律适用冲突时必须遵循的基本行为准则。行政诉讼法律适用冲突的解决原则一旦确立，即具有稳定性特点，即法律规范会随着司法实践不断作出调整，但是行政诉讼法律适用冲突解决原则的内容却比较稳固，原则是产生具体规范的源泉，是培养具体规范的沃土，行政诉讼法律适用冲突的解决原则能够对法律冲突的解决起指导作用，尽管原则的强制力并不显著，但是离开这些原则，法律适用冲突问题便无法得到有效、正确的解决。它对于解决行政诉讼过程中出现的法律适用冲突问题具有明显的引导性。

行政诉讼法律适用冲突的解决原则还起着填补法律漏洞的作用。任何法律皆有漏洞，系今日判例学说公认之事实。[2]虽然从司法实践看，法院填补法律漏洞多采司法解释形式，由于司法解释比成文法要灵活得多，能解决成文法的一部分漏洞，但它仍然存在着一种无法克服的滞后性，当法官面对一个法律适用冲突的案件，其不可能一一上报至最高人民法院等待回复、批复等司法解释的落实再作出判决结果。在此背景下，法官需要依据法律适用冲突的解决原则审理案件并作出判决。此外，对行政诉讼法律适用冲突的解决原则的明晰还可以起到限制法官自由裁量权的作用。

研究并探索行政诉讼法律适用冲突之解决原则，是法官在案件

---

〔1〕 李文健：《刑事诉讼原则论》，载《法学研究》1996 年第 1 期。

〔2〕 王泽鉴：《民法学说与判例研究（第 1 册）》，北京大学出版社 2009 年版，第 293 页。

审理过程中得以顺利解决法律适用冲突问题的必备钥匙，只有遵循这些原则，才有可能确立解决冲突的法律机制、法律规则，找到解决问题的法律方法、对策等，诉讼中遇到的法律适用冲突问题也才有可能迎刃而解。只有研究并掌握了这些原则，才能有助于行政诉讼法统一正确地适用于各个具体案件；进一步而言，在行政诉讼法的具体法条中对法律冲突问题规定乏力时，在法官根据法律适用冲突解决规则、解决机制均无法达致行政争议的解决时，这些原则可以为解决审判实践中出现的新的冲突问题提供方向和指导。由于法律适用冲突解决原则主要是对审判行为起指导作用，因此，我们在归纳冲突解决的具体原则时，需要准确地领悟行政诉讼法的立法目的。根据2017年新修订的《行政诉讼法》，其行政诉讼的目的主要体现为三点：其一，弥息行政争议；其二，保护公民、法人和其他组织的合法权益；其三，监督行政机关依法行使职权。[1]由于解决争议是所有诉讼制度的共同目的，因而从中可以看出，行政诉讼法律适用冲突解决原则之中非常重要的原则便是有利于行政相对人权益保护原则，以及行政公权力适法性控制原则，另外，在法院平衡私权利与公权力时，还需要考虑到冲突问题实质上是人们不同价值取向的体现，行政诉讼法律适用冲突的解决原则之三便是法的整体秩序价值取向优先原则。以下分别详述之。

第一节　有利于行政相对人权益保护原则

由于立法目的是立法者赋予法律的根本价值目标，所以我们剖析行政诉讼法律适用冲突的解决原则，首先要研究《行政诉讼法》的

〔1〕 参见2017年《行政诉讼法》第1条。

立法目的。新《行政诉讼法》第1条规定，“为保证人民法院公正、及时审理行政案件，解决行政争议，保护公民、法人和其他组织的合法权益，监督行政机关依法行使职权，根据宪法，制定本法”。该条规定清晰表达了《行政诉讼法》的立法目的，是对《行政诉讼法》的价值定位。

对于《行政诉讼法》第1条中所阐明的“保证”“解决”“保护”以及“监督”，何者才是真正的立法目的，各界解读不一。其实自《行政诉讼法》颁行以来，关于其立法目的之争从未结束过。概而言之，学界形成了“保权说”“维护监督说”“解决争议说”“平衡说”等不同的观点。如“保权说”认为，“行政诉讼的唯一目的是保护公民的合法权益，至于说维护行政机关依法行使行政职权这一目的是不存在的”。〔1〕“行政诉讼的根本目的不在于通过行政诉讼制度解决纠纷，也不在于通过审查行政行为以维护和监督行政公权力在法定轨道上运行，而在于充分保障行政相对人的合法权益”。〔2〕又如，“维护监督说”认为，“这种监督是国家行政管理所不可缺少的，是促进行政机关依法行政，预防和纠正行政机关行使职权中的违法行为，把行政机关的行为切实纳入法制轨道的、极为重要的途径，这也正是制定行政诉讼法的目的所在”。〔3〕“解决争议说”认为行政诉讼的目的在于解决行政纠纷，认为“解决行政纠纷、维护社会秩序才是行政诉讼程序的真正唯一目的”。〔4〕“平衡说”则认为上述几种目的均是《行政诉讼法》的立法目的，无需分出主次。

---

〔1〕 张树义：《冲突与选择——行政诉讼的理论与实践》，时事出版社1992年版，第14页。

〔2〕 谭宗泽：《行政诉讼目的新论——以行政诉讼结构转换为维度》，载《现代法学》2010年第4期。

〔3〕 罗豪才、应松年：《行政诉讼法学》，中国政法大学出版社1990年版，第11页。

〔4〕 宋炉安：《行政诉讼程序目的论》，载刘莘等主编：《中国行政法学新理念》，中国方正出版社1997年版，第366页。

笔者认为,《行政诉讼法》的立法目的应当区分位阶,承认目的的多层次性。在此基础上,目前较为一致的观点是,行政诉讼的全部功能在于保护权利,应当将保障公民权益放在第一位。[1]因此,可以推出行政诉讼法律适用冲突之解决原则中最重要的原则为有利于行政相对人权益保护原则,它不仅体现在《行政诉讼法》的第1条中,也体现在行政诉讼的全过程中。在解决行政诉讼法律适用冲突时,对行政相对人权利的保护就是根本的、原则性的问题。

一、 有利于行政相对人权益保护原则的基础理论

行政相对人是指在行政法律关系中与行政主体相对应一方的公民、法人和其他组织。在我国,行政相对人与行政主体是行政法学理论中两个相对应的概念。行政相对人与行政主体的相对性之一,就是两者的法律身份及其权利义务内容在法律性质上的差别。行政相对人的法律地位表明其是人身权、财产权等权利义务主体而非行政职权主体,并接受行政主体的行政职能管理。因此,行政相对人是行政管理中被管理一方的当事人。由于行政管理的领域广泛,行政管理的对象也很复杂,既包括公民个人,也包括各种组织,因而可以成为行政相对一方当事人的有公民、法人及其他组织。

行政法核心要处理的就是行政权力与行政相对人权利之间的关系问题。正是以这一关系为主线建构起来的逻辑体系及其价值导向才产生了行政法理念的分野。关于行政法的理念,长期以来存在各

---

〔1〕 如应松年教授认为,行政诉讼的根本目的或主要目的仍应定位于通过解决行政争议保护公民的合法权益,这已为我国行政复议和诉讼制度的长期实践所充分证明。参见应松年:《完善行政诉讼制度——行政诉讼法修改核心问题探讨》,载《广东社会科学》2013年第1期。姜明安教授认为,权利救济应该确定为行诉法最根本的性质、目的和功能。参见姜明安:《行政诉讼法修改的六大难题》,载《法制日报》2011年11月30日,第7版。

种不同的观点，如“管理论”“控权论”“平衡论”等。尽管这几种理论之间可能会存在一定的差异，但它们均是以对行政相对人权益的保护为理论出发点的。

有利于行政相对人权益保护原则在解决行政诉讼法律适用冲突中具有以下几点意义：

其一，对于行政相对人权益的保护有其正当性和必要性。古典自然法学说认为，“人们……生来就享有自然的一切同样的有利条件，能够运用相同的身心能力，就应该人人平等，不存在从属或受制的关系”；“人们既然都是平等和独立的，任何人就不得侵害他人的生命、健康、自由或财产”。[1]无论是从权利、权力的形成先后来看，还是从目前民主政治体制的运转来看，公民权利都是居于首位，而行政权力是为了保护公民权利衍生出来的，其生成是在公民权利之后。公民权利具体是指人的生存平等权、生命权、自由权、幸福权以及财产所有权，是人之为人其应当具备的最基本的权利。换言之，公民权利是行政权力的根源所在，行政权力受限于公民权利，它只是公民权利的一种转化形式。所以任何通过行政权力来侵害公民权利的行为，都是混淆颠倒了两者的顺序。

其二，对于行政相对人权益的保护是行政相对人义务存在的先置性条件。站在行政相对人的立场而言，其权利是优先于义务的，权利本位是现代社会公民地位的重要表现。权利本位思想意味着一切法律制度的拟定与运行都必须以保障公民权利为宗旨，各种义务的设定与分配均不得违背这一根本性原则。在这一意义上，行政相对人的义务以行政相对人的权利为依归，行政相对人权利是行政相对人义务存在的根据和意义。

---

〔1〕［英］洛克：《政府论（下）》，瞿菊农、叶启芳译，商务印书馆1997年版，第5—6页。

现代法治社会的根本特征就是强调对人的关怀，在行政法领域中，基本理念就体现在行政相对人权利的首位性，行政机关的行政行为在任何情形下均不可以超越行政相对人的权利而作出，这是行政法公认的价值取向，是行政法现代性和进步性的体现，也是行政法的生命和核心。缺少这种人文精神，任何法律都将失去法理上的支撑，也会失去司法实践的保障。

二、 有利于行政相对人权益保护原则的运用

在依法治国的总方略中，依法行政是其核心内容。而保护行政相对人权利则又是依法行政中的一个重点。纵观从 20 世纪 90 年代至 2017 年新《行政诉讼法》及其司法解释颁布的整个行政法制定过程，在司法救济方面，《最高人民法院关于执行〈中华人民共和国行政诉讼法〉若干问题的解释》[1]、最高人民法院发布的《关于适用〈中华人民共和国行政诉讼法〉若干问题的解释》[2]以及 2018 年施行的最高人民法院《行诉解释》在保护行政相对人的诉权方面作出了详细的规定。在行政程序方面，2003 年颁布、2004 年 7 月 1 日正式实施的《行政许可法》是一部全面规范、约束行政执法行为，保护行政相对人的“权利宣言”。从每一次的国家立法中都可以深切地感触到我国对行政权力的制约体系正在从“权力制约权力”的模式向“通过权利和社会来制约权力”的模式转化。在这种情况下消极行政不见了，取而代之的是积极行政，以优质的行政服务取代了以往的直接干预，行政行为的目的也发生了根本的变化，其不再仅仅是为了维护行政管理、干预社会秩序而存在，而是为了给人民提供服务。行政权的落实也从以往的直接执行调整为保障行政相对人的程序性权利。行政相对

---

〔1〕 1999 年 11 月 24 日最高人民法院审判委员会第 1088 次会议通过，法释[2000]8 号。

〔2〕 2015 年 4 月 20 日最高人民法院审判委员会第 1648 次会议通过，法释[2015]9 号。

人可以享受的权利多了一丝人性化的色彩，权利的内涵愈加丰富，一些原本不在权利之列的内容也开始被执法者所关注。比如原本不受关注的陈述权、申辩权等都逐步得到了落实。另外，行政相对人权利的覆盖面亦大为增加。这代表着此项权利有着非常大的扩张性。同时，该项权利还在逐渐升级其要求，不但要提升行政相对人权利的高度，还要让其具有足够的尊严，并不断被赋予新的权利内容。

尽管当前依法行政取得了长足的进步，各地仍然存在一些不容忽视的问题，行政相对人作为弱势一方的地位并未根本改变，从整体来看行政主体对行政相对人的权利保护仍是失衡的，主要表现在：

行政诉讼社会干扰大，案件审理难、判决难、执行难。行政审判受到各种外界因素的干扰和影响，从而给行政诉讼案件在审理的判决和执行上带来了较大的难度。目前，在我国司法体系内可以行使监管权的有：检察机关、审判机关的上下监督。但是在实践中，检察监督的权威性和有效性并没有真正确立和实现。

立法方面，行政立法过程中的利益表达主体包括了直接立法决策者、利益集团、专家、公共传媒和公民个人及其结社组织。在行政权的行使过程中，行政主体一直是引领者，有着天生超然的地位。而行政相对人与之相对，则多处于行政立法过程中的从属位置。同时，鉴于他们是行政行为的指向对象，是行政行为的直接承受者，因而对于行政行为是否合法、合理他们最具有发言权，应该确立他们的监管职能，推动依法行政。

由于法律冲突发生的直接原因就是立法权的宽泛，以及立法中的本位主义倾向，[1]其根源在于立法过程中为行政相对人着想过少、考虑行政相对人利益过少。法律法规、政策不能代表社会公正，

---

〔1〕 管金伦：《法官的法解释》，载《法律方法》2003年第1期。

不能保护行政相对人的利益，其根源在于法律法规、政策的制定缺少利害关系人的利益代表和表达，决策机制缺乏科学性，部门权力缺少制约等因素。如果法律法规、政策的制定是建立在相关利益各方代表协商以及科学决策的基础上，就不可能出现明显损害一方的不公正的法律法规和政策，更不会出现"国家政策部门化"、部门利益膨胀化导致法规、规章之间相互产生冲突的负面现象。保障行政相对人权益是行政活动的出发点和归宿，而保障行政相对人权益的同时因行政相对人权益得到保障而激发出来的参政、议政的积极性，能将我们的行政活动引入良性循环，成为避免行政诉讼法律适用冲突的一支最有生气的力量，也是避免行政诉讼法律适用冲突的有力保证。

第二节　行政公权力适法性控制原则

行政诉讼与民事诉讼最主要的区别之处除了对行政相对人权益的保障之外，还有一个重要的职能就是监督行政机关依法行使职权，法院有权审查行政机关的行政行为是否符合法律的规定，审查行政机关是否合法地使用了行政公权力，通过这种方式从而控制着行政公权力的行使。对于行政诉讼中的法律适用冲突问题而言，运用行政公权力适法性控制原则，也能够在一定程度上协调、弥合冲突现象，通过司法权对于行政权的合法性审查，对行政行为作出的合法性裁判，尤其是在目前法律规定下对于其他规范性文件的合法性审查，可以看出司法对于法律规范之间是否存在冲突情况的明确态度，有利于在诉讼中对于法律规范冲突的解决。

一、行政公权力适法性控制原则的基础理论

与民事诉讼、刑事诉讼的自发性形成有所不同，行政诉讼是人们

基于行政法治原则主动构建起来的制度，该制度的产生和发展依赖于控权论，该制度的生命力即在于行政法治。行政法治理念来源于资产阶级国家的宪政运动。它的基本概念源于康德的国家学说。他认为，“文明社会组织是唯一的法治社会”，不论是普通公民或行政官员，必须受立法者最高的控制。在德国18世纪末期开始的宪政运动中，这一理论发展成为“法治国”，其意思是国家权力，特别是行政权力必须依法行使，国家依法实行统治，也称为“法治行政”。[1]在法国、英国、美国等西方社会国家，也都相继确定了行政法治原则。尤其是在法国还设立了专门的行政法院来控制行政权力。法治的实质是对国家权力与公民权利之间关系的合理界定，是对国家权力的分立与控制。

行政法包括行政诉讼制度的构建需要三个前提条件，其一，民主政体；其二，分权与相互制约；其三，法律控制行政权。法律对行政公权力的制约与控制，即控权论起源于现代民主国家政治，是现代民主政治的产物，它的直接表现就是行政法治原则。行政诉讼制度也是在控权论的基础上构建起来的。因而在行政诉讼中，行政公权力适法性控制原则是一个不可回避的原则。

行政公权力适法性控制原则是指，在行政诉讼中，法院通过审查行政机关作出的行政行为的合法性以对行政公权力进行控制，以使其在法律的范围内运行。该原则是行政诉讼中的独有原则，是刑事诉讼与民事诉讼中都涉及不到的，是司法权对行政权进行监督的一种独特方式。

前文提到行政法的理念在学界主要包括“管理论”“控权论”“平衡论”“服务论”等。“管理论”以行政权力为本位，视行政法为管理工

---

〔1〕 参见孙笑侠：《论法律对行政的综合化控制》，载《比较法研究》1999年第3、4期。

具，重视关注行政管理秩序。这一理念违背了民主政治、人权保障的基本精神，因而在现代国家中已经逐步遭到淘汰。“控权论”的基本观点是“行政法的基本功能是控制行政权力，行政法就是对行政权力进行控制的法”。它注重通过行政程序、司法审查的手段，限制行政权力的范围和防止滥用职权来控制行政权力。“控权论”并不表明它不注重行政相对人的权利。事实上恰恰相反，它是因为对行政权力持有很大的不信任感，从而着重从制约行政公权力的角度去解决问题。“平衡论”综合了“管理论”和“控权论”的观点，从保障行政管理有效实施和保护行政相对人合法权益的双重目标出发，提出行政机关与行政相对人一方权利义务的总体平衡的思想，从而兼顾个人利益、公共利益和国家利益的统一。但“平衡论”也承认它虽是“兼顾论”，却并非“折衷论”和“调和论”。

行政诉讼作为现代民主政治制度的产物，其产生的初衷旨在对行政公权力进行监督和制约。纵观各国司法实践，英美法系国家和大陆法系国家一贯坚持的行政诉讼基本精神就是控权，虽然看起来行政权随着国家管理职能的拓展而形成了行政公权力的扩张现象，如授权立法的出现以及行政司法权的形成均是这种扩张的表现，〔1〕但同时行政诉讼实践也在丰富着控权的内涵，使得控权的广度、深度、力度均有大幅提升。事实说明，对行政公权力适法性的控制不仅没有在现代社会被削弱，反而变得更加充满活力了。

学界普遍认为，控制行政公权力的内涵包括以下几个方面。第一，控权的对象是行政公权力。第二，控权的方式主要是限制，不过只要是对控制对象进行规范、引导，也可以称为控制的方式之一，即对行政公权力的保障和引导也是控制的应有之义。从对于法律适用

〔1〕 章剑生：《现代行政法基本理论》，法律出版社 2008 年版，第 18—19 页。

冲突的解决方面而言，行政诉讼主要是通过限制行政公权力来实现的，因而限制权力仍然是其主要的内涵。解决行政诉讼法律适用冲突的目的就是要保证政府权力在法律的范围内行使。行政权天然地具有自我扩张性，体现在行政立法方面，就是各部委之间作出的法律规定常常会由于部门利益之争而显现出法律适用上的冲突，行政诉讼所能起到的作用就是将行政立法权这种行政行为限制在法律规范的范畴之内。

英美法系国家与大陆法系国家的行政诉讼虽然都是控权理论的产物，不过由于历史的原因它们之间还是存在差别的。大陆法系国家单独设置了行政法院系统，以期在限制行政权的同时也保障着行政权的行使，并给予行政公权力一定程度的尊重。而英美法系国家的行政诉讼法则更加注重限权，即认为政府的一切活动都必须遵守法律，法院有权对政府行为是否合法进行司法审查。

对行政公权力的适法性进行控制是由行政诉讼的性质所决定的。所谓性质，是指行政诉讼这种社会制度区别于其他各种社会制度的根本属性，是事物的内在规定性。各国行政诉讼制度在细节上各有差异，但是都有一个共同的特点，即都是以审判的方式解决行政争议，监督行政活动。行政行为作出的背后是行政机关对于行政公权力的一种行使与运用，因而对于行政活动的监督实质上就是对于行政公权力的合法性控制。行政诉讼是一种行政法律监督制度，而不是对公民、法人或其他组织的监督。体现的是司法权对行政权的制约关系。〔1〕

对行政公权力的适法性进行控制也是民主法治精神与法治文明进步的体现，西方发达国家的行政诉讼法治中发展出来的成熟且独

〔1〕 孔繁华：《行政诉讼性质研究》，《武汉大学学报（哲学社会科学版）》2009 年第 1 期。

具特色的控权原则与模式可为我国行政诉讼制度所借鉴。关于行政公权力的控制方式，既可以来自立法权的控制，也可以来自司法权的控制和行政权自身的内在控制，但是司法权控制相对而言控权的效果更为强大。以司法权制约行政权，制约程度的背后反映了国家权力的分工，反映了不同的法律体制。

二、 行政公权力适法性控制原则的运用

在行政诉讼中，法院通过对个案的审理与裁判来对行政行为的合法性进行监督，发挥司法权对于行政权的监督作用，虽然它直接的监督对象是被起诉的行政行为，但是司法裁判结果能够对行政机关在今后行使公权力起指引和示范功能。“行政诉讼作为一种控制行政权的制度，由法院通过对行政行为进行审查使国家行政权力与其责任相符并保证其在法律范围内运行。”〔1〕

对行政公权力的适法性进行控制是解决行政诉讼法律适用冲突的基本要求。行政诉讼中，法院是通过审查行政机关作出的行政行为是否合法以体现对行政公权力的适法性控制的，在审查行政行为是否合法时主要是看行政行为的依据是否合法，在这一过程中，会发现作为行政行为依据的各类规范性法律文件之间存在冲突现象，对这种冲突现象的解决依赖于对各类规范性法律文件的审查与评判，因而解决行政诉讼法律适用冲突的同时就是法院在对行政公权力是否合法进行评判，两者殊途同归。

综上，笔者认为，行政诉讼的本质就是司法对于行政公权力的控制，因为在任何国家，行政机关都有国家作为其执法后盾，一直处于“强者”的地位，当行政相对人是公民个体时，力量小且弱，无法以个

〔1〕 马怀德主编：《行政诉讼原理》，法律出版社2009年版，第5页。

体的力量与国家公权力抗衡，其一般扮演“弱者”的角色。对此种情况进行比较后得知，在行政法理论中，应该把如何增加行政相对人的权利救济措施提到更加显眼的位置。行政诉讼本质上是一种控权行为，是对行政公权力适法性的控制，因此我们在解决行政诉讼的法律适用冲突时需要遵循行政公权力适法性控制原则。

另外还需注意的是，行政公权力适法性控制原则与有利于行政相对人权益保护原则之间是手段与目的的关系，即法院对前一个原则的运用是为了保证后一个原则的实现。这两个原则在大多数情况下是统一的、相辅相成的，一旦这两个原则发生冲突，法官需要将法律的整体秩序价值考虑进来。

第三节　法的整体秩序价值取向优先原则

人们对问题的看法和处理，往往会受到立场、观点、方法的影响。在解决法律适用冲突问题时亦不例外。在判断行政行为是否合法时，法官需要比较、衡量诸多事实，换言之，必须依法律规定的观点来判断事实的重要性。而假使将案件事实涵摄于法律规范的构成要件之前，必须先依据“须填补的”标准来判断该案件事实的话，判断者于此就必须作价值判断了。[1]法的价值取向有多种，在进行价值判断时，其中最重要的一个取向就是法的整体秩序。我们在解决行政诉讼法律适用冲突时，不能仅仅将思考方向局限于对某单一法条的选择适用，除此以外，还应综合考量该法条背后所欲体现出的整体法律秩序，即还应遵循法的整体秩序价值取向优先这一原则。

〔1〕［德］卡尔·拉伦茨：《法学方法论》，陈爱娥译，商务印书馆2003年版，第170页。

一、法律的整体秩序价值

（一）法律的秩序价值

在中国古代，秩序分别是作为两个词语来使用的。“秩，常也。”[1]“序，第次其先后大小”，[2]而此两个字组合在一起后，构成一个偏正词语，“轻秩重序”，其意思还是次序，表示事物之间，先后按一定次序组合的有序性。随着“秩”和“序”结合为一词，在现代汉语中，“秩序”通常有以下几个方面的含义：第一，指某种行为规范或规则。第二，指某种比较稳定的状态。第三，在描述复杂的现象时，它也可以指某种结构或模型。第四，古汉语中的次序含义亦被沿用。[3]

秩序包含自然秩序和社会秩序两种。正是这两种秩序维系着人类生活的正常运转。在社会秩序这个庞大系统中，一个最主要的子系统便是法律秩序，作为法律规范或制度总体的体现，它是制度化的社会秩序。比之其他社会秩序，法律秩序具备一系列明显的特点或优点。这些特点或优点，使法律秩序成为给予人类惠泽更多、影响更大因而对人类更显重要的一种社会秩序。[4]法律价值涵盖了正义、公平、秩序等诸多方面，其中，就这些基本价值的地位而言，可以说法律的秩序价值显得尤为突出，历来圣哲先贤中不乏阐明法律的秩序价值重要地位的论说。亚里士多德指出，“法律（和礼俗）是某种秩序，普遍良好的秩序基于普遍遵守法律（和礼俗）的习惯”。[5]凯尔森在其《法与国家的一般理论》开篇便明确强调：“法是人的行为的一种秩序。”[6]法律的秩序价值对人们的行为有最直接的影响，因此，法

[1] 《汉语大词典》，汉语大词典出版社 1992 年版，第 2304 页。
[2] 邢建国等：《秩序论》，人民出版社 1992 年版，第 2 页。
[3] 参见肖北庚：《法律秩序的概念分析》，载《华东政法学院学报》2002 年第 2 期。
[4] 周旺生：《论法律的秩序价值》，载《法学家》2003 年第 5 期。
[5] [古希腊]亚里士多德：《政治学》，吴寿彭译，商务印书馆 1983 年版，第 353 页。
[6] [奥]凯尔森：《法与国家的一般理论》，沈宗灵译，商务印书馆 2013 年版，第 3 页。

律的秩序价值在法律的价值体系中占据重要位置。

（二）法律的整体价值秩序

拉伦茨认为，只有从个别法条与其所属规整的关系，经常还必须由其与其他规整及各规整之间的关系，才能真正理解各法条的作用范围。[1]法的整体秩序如同一张针织缜密的渔网，每个法条就是上面的一个个结节，看似独立存在，实则紧密地交织在一起。纵然每一个法条制定的背后都是立法者意志的反映，但是这些单个的孤立意志之上总是存在一个整体的意志，它反映的是法的整体秩序。司法过程作为法律规则的适用过程，是一个充满了司法者的价值判断的过程。[2]尽管不同的流派关于法律秩序价值尺度存在不同的学说。但是，仍然存在一种法律的整体秩序价值，这种整体秩序价值具体是指，立法者在制定整个法律体系时所持有的一种整体价值观。它是立法者根据本国国情以及政治、立法、司法体制的情况制定出来的，反映了社会生活的客观规律，是对人们权利义务的合理分配，体现着社会进步的方向。法律的整体秩序价值体现在整个法律体系中，指导着各个方面的社会生活朝着有序的方向发展。

二、 法的整体秩序价值取向优先原则的运用

（一）解决行政诉讼法律适用冲突时应当遵循法的整体秩序价值取向优先

因为解决法律适用冲突的目的就是为了协调法律适用，理顺法律的运行，从而达到法律体系的真正统　。要想达到　种真正的协调统一的法律体系必然要经过法律的运行和发展，即只有在法律的运行和发展中，和谐统一的法律体系才可能存在。德沃金认为，在法

〔1〕［德］卡尔·拉伦茨：《法学方法论》，陈爱娥译，商务印书馆2003年版，第146页。
〔2〕王利明：《司法改革研究（修订本）》，法律出版社2001年版，第234页。

律适用中,为了保障人民权利,必须坚持一种“整体性的法律观”。他区分了三种法律观:因袭主义法律观、实用主义法律观和整体性法律观。因袭主义法律观把法律理解为一套规则体系,认为法官应当按照过去制定的规则审判案件,在没有规则的地方行使自由裁量权。实用主义法律观把法律看作是满足当前和未来需要的政策,法官判决不必严格地遵循过去的法律。整体性的法律观不仅是一种立法原则,它要求立法者设法使所有法律在道德上连贯;整体性的法律观还是一种司法原则,它引导人们尽可能地将法律理解为道德上一致的。它把社会的理想与个人的职业态度连接起来,要求法官以特定的方式分析和解释法律权利。[1]整体性的法律观可以用来把握法律发展的节奏性,在坚持与发展之间、在继承与创造之间维持适当的平衡。即使是在遇到法律适用冲突等情况下的疑难案件时,如果我们从整体性的法律观出发,就会发现存在着一种最佳的解释或者唯一正确的答案。这种最佳的解释就是把法律理解为一个整体,视法律为一张无缝的网。在疑难案件中,总能找到一个正确的法律答案。不管在法律上这种寻找多么困难,运用整体性的法律观进行分析评估一定可以发现正确答案。

(二)法的整体秩序价值取向优先原则是利益衡量法在实践中的运用

行政诉讼法律适用冲突的解决最终必须服务并服从于行政诉讼的立法目的,法条冲突的背后实质上是各种利益的冲突,因此,这就要求法院在面临各种不同利益的冲突时必须依据一定的原则与方法加以选择,这种司法方法便被称为利益衡量法。

利益衡量属于法解释方法论的一支,该理论的提出起源于大陆

---

〔1〕 张恒山:《论正义和法律正义》,载《法制与社会发展》2002 年第 1 期。

法系尤其是德国的自由法学和英美法系的现实主义法学。其矛头指向是以法典汇纂体系为基础的概念法学。概念法学主要是分析法律概念与法律结构体系，强调的是逻辑分析。不过在审判实践的发展中，概念法学受到了猛烈批判。由于新的社会问题不断出现，有时不但在法典中找不到答案，甚至法律概念与法典的规定是矛盾的。为了应对这些矛盾，找到合理的解决方法，学界提出了一种利益衡量法。"自由法学家并不想解除法官忠实于成文法的一般义务。然而，当实在法不清楚或不明确的时候，或者当当代立法者不可能按法律的要求审判案件的时候，那么法官就应当根据占支配地位的正义观念来审判该案件。如果连这些正义观念也无法确定，法官就应当根据其个人主观的法律意识来判决。"[1]

利益衡量法的特征在于它撇开了概念法学中一贯秉持的逻辑自足的要求，不去过多追求法律规范与案件事实的完全契合，相反，它较为强调各种法律规范在司法适用后的社会实际效果，突出以社会效果检验法律真伪的那一面，正如有学者所说："利益衡量方法将法官上升为社会公共利益和个人利益冲突的协调者和仲裁者。法官通过利益衡量，判断何者利益更为重要，最大可能地增进社会的整体利益。"[2]利益衡量在本质上是法官处理具体案件的一种方法。

如利益衡量法的代表人物赫克认为，利益法学须从两个着眼点出发。第一个着眼点是，在法律制度存在的背景下，法官必然要受现行法律的约束。法官必然要调整各种利益，应该循着立法者的路子来调整各种利益冲突。法官对人们利益冲突所作的判决，要受立法者在既定法律中所体现出来的对人们利益冲突所作出的评价的限

---

〔1〕[美]博登海默：《法理学——法哲学及其方法》，邓正来译，中国政法大学出版社1997年版，第138页。

〔2〕甘文：《行政与法律的一般原理》，中国法制出版社2002年版，第135页。

制。利益法学的第二个着眼点在于,法律是不健全的,甚至在处理人们日常生活所产生的冲突时还表现出相当的矛盾性。现代立法者对法律的这种不健全性可谓耳熟能详,因此,他们并不希望法官仅仅在字面上遵循法律的规定,更重要的是法官应该熟悉法律中所包含的利益,并且在处理案件时,尽量使自己所作的利益判断能够与立法者在法律中所表现出来的利益保持一致。法官不仅仅在法律规则的框架内对案件的事实进行判断,而且还应该在法律规则出现空白的地方构建新的法律规则,以弥补法律规则的不足。换言之,法官不仅应当运用一些法律命令,而且他还必须保护那些立法者认为值得保护的一般利益。〔1〕司法者在面对某一个具体司法案件时,可能会同时存在各种不同方面利益冲突,这时会产生较为难的问题,即案件相关的多种利益都应当受到法治保护,但是最终的案件处理结果却只是选择某一个方面的利益加以保障。针对这样的状态,可供法官选择的法律条文基本上给不出灵丹妙药,或者可能给出模糊不定的规则。这种制定法与社会现实不一致的情况,要求人们对于法律的关注不应当限于法律的表面,更应当关注法律内部的逻辑力量。在此过程中,利益衡量是一种极为有用的武器。〔2〕

此时若能运用利益衡量方法,充分照顾社会实际效果,采取一种迂回方式使司法纠纷能够得以合适解决,使各种不同利益能够得以平衡释放,不失为可行之法。

法律冲突的解决需要人们从根本上解决利益冲突和职责权限不清的问题。要处理中央与地方的关系、地区与地区间的关系、部门与部门间的关系以及行业与行业间的关系,广泛听取各方面的意见,充

〔1〕 吕世伦、孙文凯:《赫克的利益法学》,载《求是学刊》2000 年第 6 期。

〔2〕 章剑生:《论利益衡量方法在行政诉讼确认违法判决中的适用》,载《法学》2004 年第 6 期。

分考虑各种利害关系，尽力平衡各种利益。利益是可以平衡的，卢梭也曾说过，“如果所有这些利益彼此并不具有某些共同点的话，那么就没有任何社会可以存在了”。[1]

（三）适用法的整体秩序价值取向优先原则是法治整体论的要求

整体是构成事物的各个要素及其发展全过程的有机统一，是部分的有机集合。法治也是一个整体，有其自身存在的内在逻辑。我国现行全部的法律规范构成了法律体系，它是一个按照不同法律部门分类组合而形成的内在一致的统一体。法律是由法律规范构成的，法律规范是法律最基本的构成细胞，但法律不是法律规范的简单堆砌。我们把一个国家的法律看成是“法律体系”，就是把它看成是一个有机统一体。首先，法律是统一的国家意志的体现。其次，虽然法律所调整的社会关系可以划分为不同领域，但它们之间是相互联系的，调整这些社会关系领域的法律规范是彼此联系的。再次，一国现行法律规范调整着不同的领域，但都是在共同的法律原则指导下制定出来的，反映了相同的价值观念。最后，法律是社会成员行为的标准，它所包含的行为规范必须内在一致，才能达致法律功能的实现。

法治具有内在结构性、与外界相互联系性以及向前发展性这三重整体性特征。其一，它们构成法治的各个部分，是一个整体，它们相对独立又相互作用。其二，法治与相关的各个方面相连接，与政治、经济、文化、道德、习惯、宗教等相互作用，构成一个相关性意义的统一整体。其三，法治更是一个发展的过程。法治具有时序性质、渐进性质、阶段性质以及量变与质变相统一的性质。其中，至为典型者乃法治是一个由过去、现在和未来的时序状态所构成的一个时序性

---

〔1〕［法］卢梭：《社会契约论》，何兆武译，商务印书馆2003年版，第31页。

质的统一整体。[1]法治整体中贯穿着一条法的整体秩序价值取向的红线。尽管法作为一个整体，里面包含了万千条不同的法条，数量不等的法条构成了每一部规范性法律文件，不同的规范性文件又形成了数个不同的部门法，但是总体而言，在法律编织的看似复杂的这个大网中始终存在着一种指引性的价值观，即法的整体秩序价值。这种整体秩序价值不仅体现在法治的内在结构里，而且体现在法治与外界因素的相互联系中，体现在法治的不断发展与前进过程中。

本章小结

本章探讨了行政诉讼法律适用冲突的解决原则，在这些原则的指导下更清楚地认识到表象背后深层次的本质，进而找到解决问题的根本办法。行政诉讼法律适用冲突的解决原则是指，法院在解决行政诉讼法律适用冲突时必须遵循的基本行为准则。它具有稳定性、非强制性和普遍指导性，具体包括有利于行政相对人权益保护原则、行政公权力适法性控制原则以及法的整体秩序价值取向优先原则。

本章分析了上述三个原则的历史发展、理论基础，对三个原则在解决行政诉讼法律适用冲突时的具体运用及价值意义等分别进行了阐述。从《行政诉讼法》制定的目的以及维护人权保障的角度指出，在解决行政诉讼法律适用冲突时须综合考虑对于行政相对人权益的保护；进而得出应当由司法权对行政公权力是否符合法律规定进行判断审查，即行政公权力适法性控制原则；从整体法治观的角度得出法的整体秩序价值取向优先原则，即在面临法律适用冲突时，法官需要对被规制的法律关系进行整体法律秩序价值方面的衡量。

〔1〕 卓泽渊：《论法治的整体性》，载《现代法学》2003 年第 2 期。

第五章
行政诉讼法律适用冲突的解决路径

依法治国的前提基础是完善社会主义法律体系，在此过程中，妥善解决司法过程中遇到的不同类型的法律规范的冲突问题，是重中之重。在遵循一定的价值判断、归纳出行政诉讼法律适用冲突之解决原则后，我们在下文中将谈到行政诉讼法律适用冲突的解决路径，其中具体包括冲突解决的机制、规则以及方法和对策，等等。

此处需注意一个问题，即冲突的解决与冲突的消灭是两个不同的概念。冲突的解决是指，在存在冲突现象的前提下，法院如何解决法律适用冲突问题。而冲突的消灭是指，修改与完善立法，从立法源头上对存在相互冲突的法条进行修改，从而消灭该冲突问题。本章所讨论的冲突解决路径的前提为存在冲突现象，而不是讨论如何从立法上消除法条的相互冲突问题，那是立法应当解决的问题。

探寻解决行政诉讼法律适用冲突的路径，我们需要了解在司法实践中，法院在适用相互冲突的法律文件时，目前的现状通常有两条解决路径：第一，根据《立法法》等有关法律规定无法进行选择适用的，报请最高人民法院送请其他有权机关解释或裁判。第二，法院内部可以自行作出判断选择的，对于规章以下规范性文件，可以对其法律效力以及是否能够作为判决依据作出判断；对于规章以上规范性文件，则不能对其法律效力作出判断，只能回避其效力问题，通过对冲突三大规则的适用从而直接选择上位法、特别法、新法进行裁判。因此，解决行政诉讼法律适用冲突的路径表现为以下几点：

首先，对于规范性法律文件之间的违法冲突现象，要确立我国法院的违法审查机制，扩大法院的违法审查权限。其次，对于规范性法律文件之间的合法性冲突，需要对行政诉讼法律适用冲突的三大具体规则——上位法优于下位法(Lex Superior derogat legi inferiori)、特别法优于一般法(Lex Specialis derogat legi generali)、新法优于旧法(Lex Posterior derogat legi priori)规则的适用加以完善。再次，还需要法官在行政审判时合理运用司法自由裁量权。最后，有必要在行政诉讼中适当引入社会共同参与机制，融合一定比例的社会力量共同解决法律适用冲突问题。

第一节　确立法院的违法审查机制

一、西方违法审查机制的立法沿革考察

由于各国的政体、历史文化以及法律传统不同，目前世界各国的违法审查机制并不完全一致，拥有并行使违法审查权的机关、违法审查的范围、违法审查的依据以及具体的救济方式也不完全相同。在美国，其司法审查制度是指由普通法院等司法机关在审理案件的过程中对国会立法以及行政行为是否违宪进行审查。19世纪初，美国联邦最高法院在著名的马伯里诉麦迪逊一案[1]中明确了最高法院对于各州法律具有司法审查权。[2]1816年马丁诉亨特的承租人案

[1] Marbury v. Madison, 5 U.S.137(1803).

[2] Mark Tushnet, "Marbury v. Madison Around the World", 71 Tenn. Law. Review. 251(2003—2004).

(Martin v. Hanter's Lessee)和 1821 年科恩斯诉弗吉尼亚案(Cohens v. Virginia)又把司法审查权的赋予范围扩大到州法院，确定了州法院对州立法的司法审查权。法国于 1958 年成立了宪法委员会，由它负责对议会立法的合宪性进行监督和审查。德国于 1949 年建立了宪法法院，该宪法法院针对联邦法律、州法律与德国《基本法》在形式上以及实体上是否一致、或州法和其他联邦法律之间是否一致等方面存在意见分歧或怀疑时，可经联邦政府、州政府、联邦议院三分之一以上议员的要求进行裁决。由此可以看出，依据违法审查主体的不同，违法审查制度大致可划分为三种类型：以英国议会审查为代表的立法机关审查模式、以法国宪法委员会和德国宪法法院审查为代表的专门机关审查模式，以及以美国法院审查为代表的司法机关审查模式。这三种模式各有其自身的特点，其中尤以司法机关审查模式最为普遍。

在现代民主国家，司法审查是被普遍设立的一项重要的审查监督机制，是国家通过司法机关对其他国家机关(主要是行政机关)行使国家权力的活动进行审查监督，纠正违法活动，并对其给公民、法人、其他组织合法权益造成的损害给予相应补救的法律制度。[1]在西方国家，司法审查系指法院审查国会制定的法律是否符合宪法，以及行政机关的行为是否符合宪法及法律。[2]司法审查制度起源于 19 世纪的美国，马伯里诉麦迪逊案在世界范围内最先确立了司法审查制度，即美国联邦最高法院有权审查国会立法的制度，因此对于后来世界范围内司法审查制度的普及起到了重大的示范作用。[3]在此

---

〔1〕 罗豪才、湛中乐主编:《行政法学(第三版)》，北京大学出版社 2012 年版，第 517 页。

〔2〕 王名扬:《美国行政法》，中国法制出版社 2005 年版，第 561 页。

〔3〕 Louis Favoreu, "Constitutional Review in Europe", in Louis Henkin Albert Rosenthal eds., Constitutionalism and Rights: The Influence of the United States Constitution Abroad, Columbia University Press, 1990, p.38.

案中，马歇尔法官“将全国政府的行政和执行官员纳入法院的控制之下，关于其大部分职责的履行”。[1]在日本战后进行的司法制度改革中，由于新的宪法确立，特别裁判所被废止，诉讼案件的最终管辖都集中到了司法机关。同时违宪立法的司法审查权被明确规定下来并作为裁判所的专属权限。因为有这些改革，行政机关的决定和国会的立法都有可能再一次通过审判接受审查。[2]

司法审查制度设立的根本目的是保障公民的权利诉求。天赋人权学说是西方国家中关于公民权利所奉行的通说，西方社会各项法律制度设定的终极目标始终是围绕着对公民个人权利的追求。例如，英国思想家洛克通过对早期人类社会自然状态的假设与阐述，指出个人权利来源于人的本性，来源于自然与理性，个人权利是一种天赋的、不可剥夺的自然权利。在此基础之上，个人权利也是政治社会公共权力的泉源，公共权力、国家制度均是起始于公民个人权利的让渡，具体而言，处于自然状态下的个人为了抵御来自外界的干扰或者侵犯，一致同意让渡出自己的一部分权利给人们共同建立起来的政府，其目的在于使自己处于政府的庇护之下，从而更好地保障自己的个人权利。西方国家由该种理论假设推导出，个人权利先在于国家权力，是国家权力的源泉，建构政府的目的即是为了保障公民个人权利，同时为了防止政府权力无限滥用与扩张，为了防止政府在建立后成为侵犯个人权利的工具，需要对国家权力的行使予以限制与分权制衡，政府权力应是有限的，司法权及立法权均可以起到限制行政权的作用。

---

〔1〕 Samuel F.Miller, Lectures on the Constitution of the United States, J. C.Bancroft Davis ed., 1891, p.385.

〔2〕 [日]棚濑孝雄:《纠纷的解决与审判制度》，王亚新译，中国政法大学出版社 1994 年版，第 165 页。

司法审查制度设立的学理基础来自立法权、行政权和司法权必须分离的正当性。司法审查制度建立的主要目的在于由司法机关对立法行为和行政行为进行司法监督，平衡立法权、司法权与行政权之间的关系，以保障法律的权威性和统一性，维护人民的合法权益。“司法机关的职责范围是确定法律到底是什么：那些将规则适用于具体案件的人，必须详细说明并阐释该规则。如果两个法律之间存在冲突，法院必须决定适用其中哪一个来作出判决。”“所有和宪法相抵触的法律都是无效的，法院与其他机构一样，都必须受到宪法的限制。”〔1〕在司法审查制度下，法院可以对立法进行合乎情理的解释，通过这些解释来平衡社会各个阶层不同的利益，使社会稳定地朝着均衡化的方向发展。

二、 我国的违法审查机制

由于各国的国情不尽相同，其司法实践也会受到政治、法律、传统文化、地理等众多因素的影响而有所不同，我国不可能套用西方的司法审查机制。在我国的行政审判中，法院只能对行政行为是否违法进行审查，而不能审查其是否违宪。理由在于，我国宪法明确规定，监督宪法的实施是全国人大及其常委会的职权，宪法的解释权属于全国人大常委会，《法院组织法》和 1981 年全国人大常委会《关于加强法律解释工作的决议》中只赋予最高人民法院可以对法律具体运用过程中的问题进行解释，而没有赋予最高人民法院可以对宪法具体运用过程中的问题进行解释。这些规定均表明，在我国有关宪法争议的解决是属于全国人大及其常委会的职权，而不是属于法院的职权。也就是说，我国法院只能对行政法规、地方性法规、规章是

〔1〕 北京大学法学院司法研究中心编：《宪法的精神——美国联邦最高法院 200 年经典判例选读》，中国方正出版社 2003 年版，第 21、22 页。

否违反法律,地方性法规、规章是否违反行政法规,地方政府规章是否违反地方性法规进行审查,但无权对法律、法规、规章是否违反宪法进行审查。[1]因此在我国,法院只能对行政行为是否违法进行审查,而不能审查其是否违宪。由此看来,西方的司法审查机制无法照搬至我国,我国需要建立契合自身国情的违法审查机制,将司法权对行政权的监督放入法治的环境内。

在我国的司法实践中,司法审查主要表现为人民法院对行政机关的行政行为的合法性进行审查。从广义上来看,有关司法审查制度的法律规定集中表现于《行政诉讼法》中。追根溯源而言,我国违法审查制度最早是规定于1982年颁行的《民事诉讼法(试行)》中,其间确立了我国的行政诉讼可以按照《民事诉讼法》的相关规定实行。此后的1989年,我国有了自己的第一部独立的《行政诉讼法》,首次正式建立起了我国的司法审查制度。其中的具体规定有,首先,该法第12条第2项规定,法院对于公民、法人或者其他组织就"行政法规、规章或者行政机关制定、发布的具有普遍约束力的决定、命令"提起的诉讼不予受理;即以否定列举的形式确立了司法审查的范围。[2]其次,该法第52条规定,法院审理行政案件以法律和行政法规、地方性法规为依据。说明我国司法机关不享有对法律、行政法规和地方性法规的违法审查权。最后,该法第53条第1款规定法院审

---

〔1〕 刘莘主编:《国内法律冲突与立法对策》,中国政法大学出版社2003年版,第181页。

〔2〕 1989年《行政诉讼法》第12条第2项规定,人民法院不受理公民、法人或者其他组织对下列事项提起的诉讼:行政法规、规章或者行政机关制定、发布的具有普遍约束力的决定、命令。根据这一规定,行政诉讼原告不得针对所有的抽象行为向法院提起诉讼:既不得在没有发生具体案件的情况下,向法院提出对抽象行为的审查请求,也不得在已经发生具体案件的情况下,附带地向法院提出对抽象行为的审查请求;既不得在起诉过程中向法院提出对抽象行为的审查请求,也不得在诉讼过程中向法院提出对抽象行为的审查请求。参见胡锦光:《论我国抽象行政行为的司法审查》,载《中国人民大学学报》2005年第5期。

查行政案件参照规章；由于参照需要以审查为前提，即认为规章是合法的，法官会加以适用；若认为规章是不合法的，则法官不会予以适用，该条意味着法院拥有对规章的违法审查权。该法第53条第2款还规定了法院在遇到政府规章与部门规章、部门规章之间的适用冲突时的解决途径，即由最高人民法院送请国务院作出解释或者裁决。[1]该条款也进一步印证了法院对规章的适用冲突拥有审查权[2]。

虽然《行政诉讼法》的颁行意味着我国司法审查机制的确立，标志着我国的行政法治建设向前推进了一大步，不过该机制的设置较为粗疏，也存在一些明显的滞后情况。特别是长期以来，我国行政法学界中对于是否应将行政规范性文件的审查纳入行政诉讼受案范围这一话题争议颇多，并且由于其对保障公民权益所起到的直接作用而在社会上形成了焦点问题。在近几年我国《行政诉讼法》修改之际，各种不同的观点层出不穷，如直接审查、附带审查（间接审查），又如全面审查、部分审查，等等。

《行政诉讼法》颁布实施以后，行政诉讼作为一种单独的诉讼类型开始在全国范围内展开，司法机关也开始在行政诉讼过程中对行政规范性法律文件进行审查。司法机关对规范性法律文件的审查与行政诉讼密不可分。行政诉讼与刑事诉讼、民事诉讼在法律适用上存在根本性的区别，在刑事诉讼和民事诉讼中，司法机关只需要依据法律审理案件，而无需对所依据的法律进行审查；而行政诉讼则不

---

〔1〕 1989年《行政诉讼法》第53条第2款规定，人民法院认为地方人民政府制定、发布的规章与国务院部、委制定、发布的规章不一致的，以及国务院部、委制定、发布的规章之间不一致的，由最高人民法院送请国务院作出解释或者裁决。

〔2〕 此处的审查权实质是指法院发现冲突后对冲突作出处理的权力。从审查这一行为的逻辑上来说，在处理冲突之前应该还有一个发现冲突的行为，有学者将这种发现冲突的行为称为“审查发现权”，参见潘爱国：《论我国司法机关法规审查标准之重构》，载《北方法学》2011年第2期。不过笔者认为，发现冲突只能算是审查行为的前过程，是否谓之以“权力”，还有待商榷。

同，在运用规范性法律文件解决行政纠纷之前，法院需要对该规范性法律文件进行审查，只有通过审查要求的法律规范才能作为定案的依据。由于这种审查是通过具体案件进行的，因此我国司法机关的法规审查方式又称为事后审查、具体审查或称附带审查。

根据2014年《行政诉讼法》，关于法院在审理行政案件时能否审查行政立法行为的合法性，《行政诉讼法》中的规定可以区分为以下几种情况：其一，以法律、法规作为审理案件的依据。《行政诉讼法》第63条第1款规定，人民法院审理行政案件，以法律和行政法规、地方性法规为依据。据此，作为抽象行政行为的行政法规是法院审理行政案件的依据。所谓“依据”，是指法院对行政法规的合法性有提出疑问的权力，但无直接审查的权力。法院仅面临一种解决方式，即向立法机关全国人大及其常委会提出审查意见或建议。其二，以规章作为审理案件的参照。《行政诉讼法》第63条第2款规定，人民法院审理行政案件，参照规章。所谓“参照”，是指法院在审理行政案件时，对规章的合法性不仅有权提出疑问，还有权进行审查判断。法院对于不合法的规章，有权拒绝适用。〔1〕其三，对于其他规范性文件，法院具有选择适用权，即法院在审理案件时，对其他规范性文件有权进行审查，区分情况分别对待，即如果合法，法院予以适用；如果违法，则法院不予以适用。这样就确定了法院对于行政规范性文件的选择适用权。同时，《行政诉讼法》赋予了公民、法人与其他组织的附带性审查提出权，即法院在审查行政行为时可以应公民、法人或者其他组织的申请对国务院部门和地方人民政府及其部门制定的规范性文件进行附带审查，认为不合法的，不作为认定行政行为合法的依据。因此《全国人大常委会关于修改〈中华人民共和国行政诉讼法〉

---

〔1〕 王汉斌：《关于〈中华人民共和国行政诉讼法（草案）〉的说明》，载《中华人民共和国最高人民法院公报》1989年第2期。

的决定》[1]第32条规定，“增加一条，作为第53条：公民、法人或者其他组织认为行政行为所依据的国务院部门和地方人民政府及其部门制定的规范性文件不合法，在对行政行为提起诉讼时，可以一并请求对该规范性文件进行审查。前款规定的规范性文件不含规章”。该条规定赋予了公民对于其他规范性文件的主动请求审查权。第44条规定，增加两条，作为《中华人民共和国行政诉讼法》第64条、第65条，“第64条　人民法院在审理行政案件中，经审查认为本法第53条规定的规范性文件不合法的，不作为认定行政行为合法的依据，并向制定机关提出处理建议”。该条规定赋予了人民法院对其他规范性文件的主动审查权。至此，公民个人与法院对其他规范性文件都有明确的审查提出权或者主动审查权，我国在行政诉讼法中正式确立了法院对于行政规范性文件的违法审查制度。现行《行政诉讼法》是我国违法审查制度的基本规范依据。

通过上述分解和分析可以看出，我国行政诉讼违法审查制度应遵从的原则为：第一，法院在审理被诉行政行为时可以依职权，也可以依申请审查规范性法律文件的合法性。第二，法院区分了不同层级和不同情况下的行政立法行为，分别规定了不同性质的违法审查权。

三、逐步扩大法院的违法审查权限

由于法律规范冲突的解决带有很强的专业性，是否构成冲突，如何选择适用法律规范，是一件非常复杂、专业的事情，不是任何人、任何组织都能胜任的。美国等普通法系国家解决法律规范冲突主要依靠普通法院，欧盟各国主要通过设立专门的宪法法院负责解决法律

[1] 2014年11月1日第十二届全国人民代表大会常务委员会第十一次会议通过，主席令第15号。

规范冲突，除了“三权分立”原因的考虑外，专业性也是其中重要原因之一。我国在坚持人民代表大会制度的前提下，适当扩大违法审查范围，逐步扩大法院的违法审查权限，是必要的，也是可能的。因为只有在诉讼活动中，诉讼各方当事人之间的利益竞争最为直接，且更为激烈，利益冲突的对抗性最强，当事各方解决冲突的意愿最强烈，因此在诉讼阶段最有利于解决冲突。

目前我国的《立法法》已经明确了法律、法规、规章的适用规则，这为扩大法院的违法审查范围提供了法律基础，接下来还需要明确的是，赋予法院在遇到法律规范之间的冲突时，可以选择直接适用应当优先适用的法律规范，这样实际上就赋予了法院广义上的司法审查权，使那些相互冲突的法律规范能够在具体案件中得到协调和统一。另外，还要明确指导性案例对本级法院和下级法院审判的指导和约束作用。凡是法院不予适用的法律规范，本级法院和下级法院在今后的案件审理中，也应当不再予以适用，以保证法律规范的统一实施，不能因人因事因时而异。

纵观我国的司法审查机制建设史，可谓是波澜曲折。尽管从《行政诉讼法》实施以来，作为一项司法权对行政权监督的制度，司法审查机制也是在司法实践中曲折前行，一方面保障了公民个人的合法权益，另一方面也推动了我国行政法治的不断进步。但是我们同时也要清醒地认识到，仅仅依靠《行政诉讼法》的修订是无法解决司法审查机制现存的全部问题的，这里其实存在两个方面的困难：一方面，司法审查机制仅仅是司法体制的一个组成部分，受制于司法体制运行是否顺畅。司法审查机制能否跟进与完善，取决于司法体制改革的进度，司法审查机制的完善也须因应司法体制改革的具体要求。另一方面，司法审查机制与司法救济制度，尤其是行政复议制度联系紧密，两者不仅都起着行政监督救济的作用，而且在具体运作机制上也有较多的共同性，因而只有将司法审查机制与其他相关制度结合起来加以完善才能发挥其最大的效用，否则制度之间衔接不上，改革的效果也会不尽如人意。此外，司法审查机制的完善还须配套改革其他相关法律制度的规定，做到法制在规范层面上的统一。因此，我们还需要在理论上进一步拓宽思路。

司法审查是现代法治国家司法机关承担的一项重要司法职能，我国司法机关对规范性法律文件的审查主要是通过审理行政诉讼案件的方式来实现的。目前，我国法院的违法审查方式是以附带审查为主。司法审查的范围指的是司法审查的程度或强度。司法审查的范围与审查标准是相互对应的，审查范围越宽，表示审查标准高，则审查程度深；审查范围越窄，表示审查标准稍低，则审查程度浅。人民法院在审理行政案件过程中，其司法审查权的对象是行政机关所作出的行政行为是否合法，法院的司法审查权是存在一定限制的，称为有限的司法审查权。它并无权对行政行为的依据即法律、法规进行审查，因而仅是名义上的司法审查，而非实质意义上的司法审查，无法对行政立法行为起到有效的制约作用。

因此，完善司法审查制度涉及诸多方面，其中一个非常重要的方面就是扩大司法审查的范围，也就是将行政机关的行政立法行为也作为司法审查的对象。关于行政立法可否成为司法审查的对象，在1989年《行政诉讼法》制定之时和之后一直存在争议，司法审查的目的性决定了其必须把行政立法行为纳入司法审查的范围。我国的行政诉讼制度建立迄今，对于行政立法行为是不是应该成为司法审查对象的探讨一直在升温，但迄今为止始终没有得出统一的结论。

一种较为理想的应对做法就是逐步扩大法院的违法审查权限，具体为凡是法律以下位阶的行政立法规范均纳入法院的司法审查范围，即行政法规、规章和其他规范性文件均应列入受案范围。毕竟

《立法法》的相关规定预设了上述行政立法规范违反宪法和法律的可能性，作为适法裁判的法院自然有至少是形式上的审查权。至于如何在法律上进行表达，第一步宜先从其他规范性文件开始审查，同时在程序上与《立法法》相呼应。[1]这一点我国在2014年修订《行政诉讼法》时在其第64条中已有进展性的规定。第二步是将行政规章纳入违法审查的范围。对行政行为进行全方位的司法审查几乎是所有法治发达国家的通例。2001年我国加入了WTO，我国在加入WTO协定中作了诸多承诺，其中一个承诺就是逐步地将不同形态的抽象行政行为纳入司法审查的范围之内。其中行政规章作为抽象行政行为的主要形态当然应当接受司法权的监督。[2]第三步是将部分行政法规纳入违法审查的范围。国务院制定的行政法规可分为根据法律制定的具有实施性的行政法规和根据国务院职权或授权制定的行政法规，后者更多地带有法律的性质。对于前者即实施性的行政法规，按照《宪法》第126条关于"人民法院依照法律规定独立行使审判权，不受行政机关、社会团体和个人的干涉"的规定，司法机关可以依照该宪法规定对实施性的行政法规其合法性进行司法审查。借助上述三大步骤将法院违法审查的范围尽可能扩展。

第二节　完善法律适用冲突解决规则的运用

解决冲突通常有两种方式，一种方式是消弭冲突，另一种方式是协调冲突。我国《立法法》[3]第五章"适用与备案审查"中也分不同

---

〔1〕 应松年：《关于〈行政诉讼法〉修改的十大建议》，载《中国党政干部论坛》2014年第5期。

〔2〕 张淑芳：《行政规章越权研究》，载《河南财经政法大学学报》2012年第2期。

〔3〕 主席令第20号。2000年3月15日第九届全国人民代表大会第三次会议通过，根据2015年3月15日第十二届全国人民代表大会第三次会议《关于修改〈中华人民共和国立法法〉的决定》修正。

情况作出了相应的对策性规定。

消弭冲突是指对法律规范进行违法性确认，即由有权机关直接对某法律规范予以改变或者撤销，从法律规定的源头上消除冲突现象。根据《立法法》第 96、97 条，有权消弭冲突的主体包括全国人大、全国人大常委会，国务院，省、自治区、直辖市的人民代表大会，地方人民代表大会常务委员会，省、自治区的人民政府，授权机关等。

协调冲突，根据主体的不同又分为两种情况，一种是由有权机关对如何适用法律进行裁决，根据《立法法》第 94、95 条，裁决的主体是指有权机关，包括全国人民代表大会常务委员会、国务院、制定机关。另一种就是指法官在面对我国审判实践中的法律适用冲突时，对法律规范进行选择性适用，即在司法审判过程中避免冲突的发生。根据《立法法》第 87 至 92 条，学理上归纳出法律适用冲突的三大解决规则，这三大规则也同样适用于行政诉讼中。

法律适用冲突解决规则是指，在法律适用过程中，当同一事项上存在两个或两个以上的法律规范且规定有所不同时，依照一定的规则方式选择其中一个规范而舍弃其他规范进行适用。它不同于法律规范的涵摄过程，并不是指法律规范如何代入案件事实中进行认定，而是指发生冲突时如何选择合适的法律规范进行适用，其本质上是一种选择规则。

一般认为，我国行政诉讼法律适用冲突的解决规则包含三个具体规则，即上位法优于下位法、特别法优于一般法、新法优于旧法。这三个具体规则对于司法实践中解决法律适用冲突问题起着最主要、最直接有力的支撑和指导性作用。不过社会生活是鲜活的，法定规则总是滞后的，在瞬息万变的经济社会发展中，总是会出现许多意想不到的事情，既定的规则再可靠也终究无法涵盖法律适用实践中所有发生的问题，更何况任何规则皆有例外。由于我国目前的行政诉讼法律适用规则不尽完善，一些法院出现了适用法律的随意性等问题，因此本节的研究着重论述了这些规则在实践中运用的现状，并扩展性地探讨了那些可能会发生的、而现有规则涵盖不了的问题，分析了规则的适用前提、适用条件、适用例外等问题，并有针对性地提供了一些解决对策，尽可能地对既存的三大法律适用规则加以完善，以使其更好地得以适用，从而确保法律的准确实施，维护法制统一。

一、 上位法优于下位法规则适用之完善

《立法法》第 87 条至第 89 条确立了“上位法优于下位法”的法律适用规则。“上位法优于下位法”法律适用规则是确立不同位阶法律规范之间的法律适用规则。具体内涵是指，司法适用时，若同一事项由位阶不同的法律加以规定，上位阶的法律优于下位阶的法律而得以适用。该项规则的确立对我国的立法与司法实践都有着实际性的、重要的意义。但在具体理解与操作该项适用规则时，司法实践中仍存在一些误区，使得我们有进一步探讨的必要。

一般而言，上位法优于下位法规则得以适用的前提条件有以下几个：其一，不同法律规范之间存在明确的上、下位法律位阶关系。其二，下位法与上位法对同一事项的规定存在相抵触的内容。其三，该规则存在一些特殊的例外情况。上述三个适用的前提条件同时也是该规则在进行法律适用时需要进一步加以完善和补充之所在。

（一）几种特殊情况下的法律位阶认定问题

法律规范看似千千万万，但它们之间的关系并不是杂乱无章的，原因在于它们都是统合于一个完整有序的法律体系当中，而这个法律体系是由不同的法律规范按照位阶的高低之分排列组成的。司法实践中若要处理行政诉讼法律适用冲突问题，人们首先需要明确各类法律规范之间的位阶关系，这种关系的清晰界定同时也有助于了

解我国的法律体系。

上位法优于下位法规则的适用前提中的第一个条件即为不同的法律规范处于不同的法律位阶。“上位法”“下位法”是《立法法》中确立的区分法律效力等级以及法律位阶的两个基本范畴。如何认定“上位法”“下位法”，实际上就是如何确定法律位阶的问题。该问题看似过于简单，比如虽然我国现行《立法法》第 87 条至第 91 条对各种不同类型的法律文件位阶均作了清楚明确的规定，大体如下：宪法＞法律＞行政法规＞地方性法规＞地方政府规章，地方政府规章＝部门规章。但是我们从中也会看出有以下几种法律位阶层级的情况是在目前的《立法法》中找不到确切依据的：(1)全国人大颁布的基本法律和全国人大常委会颁布的其他法律之间的法律位阶关系不明确。(2)部门规章和地方性法规之间的法律位阶关系不明确。(3)由于地方政府规章分为两类，即省、自治区的人民政府制定的规章，和(本行政区域内的)设区的市、自治州的人民政府制定的规章，法律位阶是不同的，因此无法明确部门规章的法律位阶到底是等同于地方政府规章中的哪一类。(4)未明确规定设区的市人大及其常委会制定的地方性法规与省级政府规章之间的法律位阶。另外，还有本书第二章中所讨论的其他规范性文件以及司法解释的法律位阶不明确等问题。以下我们就司法实践中有可能会出现的几种疑难情况分别进行分析。

第一，其他法律与基本法律适用冲突的解决。

全国人大与全国人大常委会，两者所制定的法律是否存在位阶上的层级冲突，这一问题在宪法上并未有明确界定，在《立法法》中亦没有具体规定。《立法法》第 7 条第 2 款和第 3 款仅规定，全国人民代表大会制定和修改刑事、民事、国家机构的和其他的基本法律。全国人民代表大会常务委员会制定和修改除应当由全国人民代表大会制定的法律以外的其他法律。但是，全国人民代表大会制定的基本法律和全国人大常委会制定的其他法律之间究竟是什么关系呢？两者之间究竟是否存在上位法与下位法之间的关系呢？解决此两类法律间的冲突是不是可以适用上位法优于下位法规则？对此，学理上有不同的理解，归纳其各自代表性的观点可以发现存在两种不同的学说：其一，有专家认为基本法律与其他法律的位阶应是等同的。这种观点认为，我国《宪法》和《立法法》中均对全国人大与全国人大常委会作为立法机关的地位作出了规定，尽管两者所制定颁布的法律在名称上有所不同，即一种称基本法律，一种称其他法律，但是《宪法》和《立法法》中并没有规定这两者之间在效力关系上存在高低之分，因此，全国人大制定的基本法律与全国人大常委会制定的其他法律在效力上应该是等同的。〔1〕其二，也有专家认为基本法律的法律位阶应当高于其他法律。这种观点的核心是，全国人大是我国的最高权力机关和最高立法机关，而全国人大常委会仅仅是全国人大的常设机关，既然它在主体地位上是从属于全国人大的，那么全国人大常委会颁布的其他法律就应当处于全国人大颁布的基本法律的下位。〔2〕

司法实践中，通常是将两者看作处于同一位阶上，认为它们之间不存在层级冲突。比如，在朱某某诉昆明市公安局交通警察支队一大队公安交通行政处罚案〔3〕中，该案的一审法院为云南省昆明市官

〔1〕 参见董和平、韩大元、李树忠：《宪法学》，法律出版社2000年版，第466页。

〔2〕 参见薛佐文：《论基本法律和法律的性质和地位》，《西南政法大学学报》2003年第2期。

〔3〕 参见新华网，http://www.yn.xinhuanet.com/topic/2007/2006jpal/。具体案情是：2005年1月5日原告驾驶汽车违章驶入公交专用车道被被告交警一大队值勤民警当场查获，依据《道路交通安全法》第90条之规定，拟作出对其处罚100元罚款的行政处罚，原告朱某某无申辩意见，被告交警一大队值勤民警当场制作《昆明市公安局交通警察支队公安交通管理简易程序处罚决定书》交原告签名，并告之原告朱某某权利义务及交纳罚款的相关规定后，当场将处罚决定书送达原告朱某某。原告朱某某起诉认为被告适用简易程序当场对其作出行政处罚程序违法，适用法律错误，请求人民法院撤销被告作出的《公安交通管理简易程序处罚决定书》。

渡区人民法院，其将《道路交通安全法》视为相对于《行政处罚法》的特别法，尽管二者均有关于道路交通安全违法行为的处罚规定，但是依据特别法与一般法适用冲突规则，一审法院认为，应当适用特别法，即适用《道路交通安全法》，应维持原行政处罚行为，因而作出了维持判决。而该案的原告朱某某持不同观点，他认为《道路交通安全法》与《行政处罚法》二者之间不应当被视为特别法与一般法的关系，而应当视为下位法与上位法的关系，因而他认为一审法院判决在适用法律方面是有误的。二审法院即昆明市中级法院经审理后并未认可上诉人的观点，一方面，其仍然将全国人大与全国人大常委会视为同一个法律制定主体，认为二者分别制定的法律之间亦并不存在法律位阶的高低之分，不存在所谓的"位阶冲突"，故上诉人朱某某在该案中认为全国人大制定的《行政处罚法》系"上位法"、全国人大常委会制定的《道路交通安全法》系"下位法"的诉讼理由是不成立的。另一方面，全国人大制定的《行政处罚法》是对所有行政处罚所作的较原则的规范性规定，属于一般法规范；而由全国人大常委会制定的《道路交通安全法》则是对道路交通安全管理的有关事项作具体规定，属于特别法规范，按照我国《立法法》的规定，"特别规定与一般规定不一致的，适用特别规定"。故本案应当适用特别规定。一审法院对该行政处罚决定予以维持无误，遂判决维持原判。

不过学理上仍认为，法院的这一判决是有欠妥当的。全国人大与全国人大常委会是否"均为行使最高立法权的国家立法机构"、两者所制定的法律是否存在"位阶上的层级冲突"，这些问题在宪法上并未有明确规定。对此，即便是全国人大常委会也无判断权力，昆明市中级人民法院更加没有这样的权力，法院对此作出判断，显然是司法权跨越了立法权。

第二，部门规章与地方性法规、政府规章之间适用冲突的解决。

1. 部门规章与地方性法规之间适用冲突的解决

前文指出，虽然我国《立法法》清楚界定了部门规章的法律位阶等同于地方政府规章，也明确了地方性法规的法律位阶高于地方政府规章的位阶关系，但是却并没有对部门规章与地方性法规的位阶高低作出明确规定，这就导致在实际的法律适用中出现了一些困惑。例如虽然根据《立法法》第 89 条第 1 款规定，“地方性法规的效力高于本级和下级地方政府规章”;《立法法》第 91 条规定，“……部门规章与地方政府规章之间具有同等效力，在各自的权限范围内施行”。依据上述规定，如果从逻辑推理的角度来分析的话，地方性法规的效力应该高于部门规章的效力，但是《立法法》中对此并没有作出直接的规定。因而，地方性法规与部门规章之间是否能够产生上下位法的关系无法得出明确结论。“地方性法规是由地方权力机关制定的，在其所辖行政区内有效，部门规章是由国务院部门制定的，在全国范围内有效，从适用的地域范围上，部门规章大于地方性法规。但地方性法规和部门规章不是一个效力层次，地方性法规可以作为人民法院的审判依据，规章在法院审判时只作为参照。因此，不好明确地方性法规与部门规章谁高谁低，发生冲突时，谁优先适用。”[1]地方性法规与部门规章之间既不属于上下位阶法关系，也不属于同位阶法关系。需要法院根据案件具体情况来进行判断与选择适用。

在司法实践中，也曾出现过地方性法规与部门规章适用冲突的行政诉讼案例，如在一起不服道路运输管理行政处罚案件中，原告行政相对人在无道路运输经营许可证的情况下擅自从事道路运输经营活动，不仅违反了交通部的部门规章《道路运输行政处罚规定》，而且还违反了江苏省人大常委会制定的地方性法规《江苏省道路运输市

---

〔1〕 张春生主编:《中华人民共和国立法法释义》，法律出版社 2000 年版，第 242 页。

场管理条例》。对于这种违法行为的处罚，交通部《道路运输行政处罚规定》第 8 条规定的罚款幅度是 5 000 元至 10 000 元，而《江苏省道路运输市场管理条例》第 32 条规定的罚款幅度是5 000元至20 000元。法官在审判过程中对于两者在行政处罚幅度方面规定的差异如何适用感到没有把握，第一种意见认为，地方性法规与部门规章的效力未有明确规定，至于如何确定它们的位阶，具体应区分它们相应管理的内容和范围，即对于一些必须由中央统一管理的事项，如涉及财政、金融、外贸等事项方面，应以部门规章的规定为准。若不涉及上述中央管理的事项，则应充分体现对地方立法权的尊重，适用地方性法规。具体到上述案例，其中的道路运输并不涉及中央统一管理事项，各省级立法机关有权制定地方性法规，因此上述案例中应当首先考虑适用江苏省人大常委会的《江苏省道路运输市场管理条例》。第二种意见认为，本案中地方性法规与部门规章对同一事项的规定存在着明显差别。部门规章应当是由全国统一执行的，所以也不能简单地排除适用交通部的《道路运输行政处罚规定》，遂向最高人民法院提出请示。随后，最高人民法院作出了答复，[1]其中认为，“在国家尚未制定道路运输市场管理的法律或者行政法规之前，人民法院在审理有关道路运输市场管理的行政案件时，可以优先选择适用本省根据本地具体情况和实际需要制定的有关道路运输市场管理的地方性法规”。该司法解释为解决法律适用冲突问题创设了一个“优先适用”的规则，但对于什么是“本地具体情况和实际需要”，仍然具有相当大的解释空间。又如在本书第二章中提到的 2001 年五常市气象局不服哈尔滨市五常质量技术监督局行政处罚一案中，法院最后适用的是中国气象局颁布的部门规章《防雷减灾管理办法》，却没有

〔1〕《关于道路运输市场管理的地方性法规与部门规章规定不一致的法律适用问题的答复》，[2003]行他字第 4 号。

适用黑龙江省人大制定的地方性法规《黑龙江省计量条例》。

由此看出，当两者相冲突时，在地方性法规和部门规章之间谁优先适用，司法实践中既有适用地方性法规的情况，也有适用部门规章的情况。针对该问题，2004 年发布的《最高人民法院关于审理行政案件适用法律规范问题的座谈会纪要》中对上述两者之间的冲突提供了系统性的解决办法。《纪要》指出，地方性法规与部门规章之间对同一事项的规定不一致的，人民法院一般可以按照下列情形适用：(1)法律或者行政法规授权部门规章作出实施性规定的，其规定优先适用；(2)尚未制定法律、行政法规的，部门规章对于国务院决定、命令授权的事项，或者对于中央宏观调控的事项、需要全国统一的市场活动规则及对外贸易和外商投资等需要全国统一规定的事项作出的规定，应当优先适用；(3)地方性法规根据法律或者行政法规的授权，根据本行政区域的实际情况作出的具体规定，应当优先适用；(4)地方性法规对属于地方性事务的事项作出的规定，应当优先适用；(5)尚未制定法律、行政法规的，地方性法规根据本行政区域的具体情况，对需要全国统一规定以外的事项作出的规定，应当优先适用；(6)能够直接适用的其他情形。不能确定如何适用的，应当中止行政案件的审理，逐级上报最高人民法院按照《立法法》的规定送请有权机关处理。

2. 部门规章之间适用冲突的解决

部门规章的制定主体既包括国务院的不同部委，也包括国务院内具有行政管理职能的直属机构，这些不同的国务院部委和直属机构发布的部门规章在法律位阶上处于相同位置，但由于部门职权划分不清等各种原因，不同部门制定的不同规章在具体内容上有时也会产生法律适用冲突。如本书第二章第三节中提到的 1997 年 5 月 8 日建设部发布实施的《塔式起重机拆装管理暂行规定》，其中规定了由建设部监管塔式起重机的拆装等活动。而1998年9月4日建设部、国家工商总局、国家质量技术监督局又联合发布了《施工现场安全防护用具及机械设备使用监督管理规定》,该规章第4条规定,“各级建设行政主管部门负责对施工现场安全防护用具及施工机械设备的使用实施监督管理。施工现场安全防护用具及机械设备使用的具体监督管理工作,可以委托所属的建筑安全监督管理机构负责实施。工商行政管理机关负责查处市场管理和商标管理中发现的经销掺假或假冒的安全防护用具及机械设备;质量技术监督机关负责查处生产和流通领域中安全防护用具及机械设备的质量违法行为”。该规章对起重机等施工现场的机械设备的管理部门作出了更细致、分情况的规定。可是2000年6月29日国家质量技术监督局又通过了部门规章《特种设备质量监督与安全监察规定》,该规章将起重机归类为特种设备,且其管理权限归属于质量技术监督局。

由此,三个不同的部门规章之间就形成了明显冲突。如何解决这一矛盾呢?笔者认为,应当以1998年三部门联合制定的规章中的内容为优先适用。理由在于,尽管三部门联合规章的出台并不意味着前述另两个规章中相关内容的无效,但是其适用效力相较于它们是优先的,因为根据2004年发布的《最高人民法院关于审理行政案件适用法律规范问题的座谈会纪要》指出,国务院部门之间制定的规章对同一事项的规定不一致的,人民法院一般可以按照下列情形选择适用:(1)适用与上位法不相抵触的部门规章规定;(2)与上位法均不抵触的,优先适用根据专属职权制定的规章规定;(3)两个以上的国务院部门就涉及其职权范围的事项联合制定的规章规定,优先于其中一个部门单独作出的规定;(4)能够选择适用的其他情形。不能确定如何适用的,应当中止行政案件的审理,逐级上报最高人民法院送请国务院裁决。

3. 部门规章与地方政府规章之间适用冲突的解决

虽然表面上看来,《立法法》第 91 条对部门规章与地方政府规章的法律位阶高低作了明确规定,即“部门规章与地方政府规章具有同等效力,在各自的权限范围内施行”。可是在司法实践中,譬如在本书第二章第三节中提到的陕西省政府规章《陕西省医疗机构药品和医疗器械管理办法》与国家食品药品监管局制定的部门规章《药品流通监督管理办法》之间的适用冲突,若进入行政诉讼中,则该种冲突应如何解决呢? 对此,《最高人民法院关于审理行政案件适用法律规范问题的座谈会纪要》中对两者之间的冲突提供了解决办法。该《纪要》指出,部门规章与地方政府规章之间对相同事项的规定不一致的,人民法院一般可以按照下列情形适用:(1)法律或者行政法规授权部门规章作出实施性规定的,其规定优先适用;(2)尚未制定法律、行政法规的,部门规章对于国务院决定、命令授权的事项,或者对属于中央宏观调控的事项、需要全国统一的市场活动规则及对外贸易和外商投资等事项作出的规定,应当优先适用;(3)地方政府规章根据法律或者行政法规的授权,根据本行政区域的实际情况作出的具体规定,应当优先适用;(4)地方政府规章对属于本行政区域的具体行政管理事项作出的规定,应当优先适用;(5)能够直接适用的其他情形。不能确定如何适用的,应当中止行政案件的审理,逐级上报最高人民法院送请国务院裁决。

对于前述《药品流通监督管理办法》和《陕西省医疗机构药品和医疗器械管理办法》之间的冲突而言,由于《药品管理法》和《药品管理法实施条例》并未授权国家食品药品监督管理局制定规章对医疗机构药品管理工作作出实施性规定,因此上述第一种情形和第二种情形是不适用的。同样,由于《药品管理法》和《药品管理法实施条例》也没有授权陕西省政府对于医疗机构药品管理工作作出具体规定，因此第三种情形也是不适用的。相比之下，第四种情形更符合本案，因为陕西省境内的医疗机构药品管理工作属于陕西省行政区域内的具体行政管理事项，所以陕西省境内的食品药品监督管理机构应该依据前述第四种情形所规定的精神，适用《陕西省医疗机构药品和医疗器械管理办法》，也即对于违反该办法的医疗机构，依据该《办法》第 28 条的规定，“责令改正，并处 500 元以上 3 000 元以下罚款”。

第三，行政规范性文件的法律位阶问题。

1. 关于国务院制定的规范性文件的法律位阶的认定

国务院制定的规范性文件通常是以决定、命令等形式体现出来的，在法律位阶上，首先它一定是低于法律、行政法规的，但是与部门规章、地方政府规章相比，笔者认为，国务院制定的规范性文件的位阶应当是高于部门规章、地方政府规章的，原因在于：(1)国务院制定的规范性文件是部门规章制定时的依据。现行《宪法》第 90 条第 2 款规定，“各部、各委员会根据法律和国务院的行政法规、决定、命令，在本部门的权限内，发布命令、指示和规章”。2015 年《立法法》第 80 条规定，“国务院各部、委员会、中国人民银行、审计署和具有行政管理职能的直属机构，可以根据法律和国务院的行政法规、决定、命令，在本部门的权限范围内，制定规章。部门规章规定的事项应当属于执行法律或者国务院的行政法规、决定、命令的事项。没有法律或者国务院的行政法规、决定、命令的依据，部门规章不得设定减损公民、法人和其他组织权利或者增加其义务的规范，不得增加本部门的权力或者减少本部门的法定职责”。根据这一规定，部门规章经常是依据国务院发布的决定、命令制定出来的，因此国务院制定的规范性文件相较于部门规章而言，是处于上位法的地位。(2)国务院制定的规范性文件是行使对部门规章、地方政府规章监督的重要形式。《立法》第 97 条第 3 项规定，“国务院有权改变或者撤销不适当的部门规章和地方政府规章”。实践中,国务院主要就是以发布决定、命令的形式来改变或者撤销不适当的部门规章和地方政府规章的。因此,从法律效力上来说,国务院制定的规范性文件要高于部门规章及地方政府规章。

通常司法实践中的一个易产生争议的地方是如何确认国务院规范性文件与地方性法规的法律适用冲突,即国务院制定的规范性文件与省级地方性法规之间的法律位阶关系问题。关于这一点,我们在宪法和法律中均找不到相应的明确规定,法理上学者们的看法也是各不相同,一种观点认为国务院发布的决定、命令在与省级地方性法规不一致的时候,应当优先适用省级地方性法规。〔1〕还有一种观点认为国务院发布的决定、命令在不与宪法、法律、行政法规发生抵触的情况下,其效力应当高于地方性法规。〔2〕笔者认为,两者的法律位阶孰高孰低可以根据以下几个方面来进行判断:(1)国务院是否获得了上位法律的授权。如果国务院获得了上位法律的授权,那么它所制定的规范性文件在法律位阶上就应当高于省级地方性法规。(2)地方省级人大及其常委会是否获得了上位法律的授权。如果地方省级人大及其常委会获得了上位法律的授权,那么它所制定的地方性法规在法律位阶上就高于国务院制定的规范性文件。但是,如果国务院和省级人大及其常委会均获得了上位法律的授权,那么国务院制定的规范性文件在法律位阶上仍高于省级人大及其常委会制定的地方性法规。例如,1986 年 6 月 25 日六届全国人大常委会通过的《土地管理法》第 56 条规定,“国务院土地管理部门根据本法制定实施条例,报国务院批准施行。省、自治区、直辖市人民代表大会常

〔1〕 参见王曦:《论我国水资源的若干法律问题》,载《法学》2005 年第 7 期。

〔2〕 肖南等:《从一起行政复议案件的结果看国务院规范性文件的法律效力及地位》,载《中国行政管理》2005 年第 1 期。

务委员会根据本法制定实施办法”。依据该规定,国务院和省级人大常委会均获得了《土地管理法》的法律授权,那么国务院制定的规范性文件虽然在性质上并不必然是行政法规,但是其在法律位阶上依然高于省级人大常委会制定的地方性法规。

2. 关于规章以下规范性文件的法律适用问题

我国 2017 年《行政诉讼法》第 53 条规定:“公民、法人或者其他组织认为行政行为所依据的国务院部门和地方人民政府及其部门制定的规范性文件不合法,在对行政行为提起诉讼时,可以一并请求对该规范性文件进行审查。前款规定的规范性文件不含规章。”因此,规章以下规范性文件规定的内容若与法规、规章相抵触,由于其法律位阶较低,因此应当适用上位阶的法律、法规、规章。

第四,司法解释的法律位阶问题。

从学理上而言,司法解释是法律赋予最高人民法院的一项审判职权,可以对其审理案件中的法律适用问题作出解释。司法解释具备特别的程序和形式要求,最高人民法院制定了相应的司法解释工作规范文件,对司法解释的形式、效力都有明确规定。最高人民法院的司法解释包括规定、解释、批复和决定四类,涉及司法协助的还有安排一类。1997 年以后,最高人民法院的司法解释文号统一为“法释字”,在形式上已经明确,可以与相关的司法性文件相区别。

按照 2007 年《最高人民法院关于司法解释工作的规定》,司法解释也是审判中的重要法源之一。那么,一旦司法解释与被解释的法律在具体内容规定方面发生冲突情况,审判实践中法院应当如何对该司法解释进行适用呢?这就需要我们对司法解释的法律位阶问题作一个分析。首先,从司法解释的内涵来看,人们普遍认为,司法解释是人民法院就审判工作中如何具体应用法律的问题作出的解释,它本身并不是一种独立的法律规范,而是对法律的一种解释性规定,但由于司法解释与法律规范之间存在结构性关联，它是对既有法律规范的内涵及外延的阐释和说明，自然成为法律规范的组成部分，因此，司法解释应该具有与被其解释的法律规范同等的法律效力。顾名思义，司法解释是对法律的诠释，得出的是法律的本意，所以其适用范围和被解释的对象相同，适用司法解释就是适用法律本身。其次，在审判实践中，当适用的法规和司法解释相冲突时，法院应当尊重立法权，优先适用法律、行政法规、地方性法规、自治条例和单行条例。但认为行政法规、地方性法规与法律有冲突或者矛盾时，人民法院应当依照《立法法》规定的途径解决，而不能对规范性法律文件的效力作出审查。当自治条例和单行条例、经济特区法规等规定和司法解释不一致时，按照自治条例和单行条例、经济特区法规的变通规定处理。

（二）"相抵触"的认定问题

上位法优于下位法规则的适用条件的第二种情况是下位法与上位法对同一事项的规定存在相抵触的内容。"相抵触"是指下位法不符合上位法规定的情形。从法学意义上讲，相抵触是指调整同一对象的法律规范之间的"有你无我、有我无你"式的不相容性。[1]根据《立法法》第 72 条、第 73 条第 2 款、第 87 条、第 97 条第 2 款的规定，上位法优于下位法规则的一个适用前提是两者对于同一事项的规定在内容上存在"相抵触"的情形。《立法法》中出现"抵触"一词共计十余处，所谓不同宪法、法律、行政法规"相抵触"，一是指不得与宪法、法律、行政法规的具体条文的内容相冲突、相违背（即直接抵触）；二是不得与宪法、法律、行政法规的精神实质、基本原则相冲突、相违背

〔1〕 孔祥俊：《法律规范冲突的选择适用与漏洞填补》，人民法院出版社 2004 年版，第 218 页。

(即间接抵触)。[1]不过《立法法》中对于究竟如何识别与判断不同位阶的法律规范之间是否存在"相抵触"未作明确规定。虽然2004年《最高人民法院关于审理行政案件适用法律规范问题的座谈会纪要》(以下简称《纪要》)中对于相抵触的情形作过较为具体的罗列,本书在第二章第一节中对于下位法与上位法相抵触的具体表现也进行过列举性的分类分析,不过该《纪要》对于上位法未作规定而下位法却作出了突破性规定的情形的法律适用并未进行明确,针对这种情形,有学者指出,一般情况下,法规、规章和其他规范性文件若没有授权,应遵循上位法的明确依据,不可突破上位法的范围。比如,根据《行政处罚法》第9条至第13条的规定,上位法对违法行为已经作出行政处罚规定,则它们各自的下位法需要作出具体规定的,必须在上位法规定的给予行政处罚的行为、种类和幅度的范围内规定。而对例外情况作出了授权规定,即尚未制定法律、行政法规的,部委规章对违反行政管理秩序的行为,可以设定警告或者一定数量罚款的行政处罚;尚未制定法律、法规的,地方政府规章对违反行政管理秩序的行为,可以设定警告或者一定数量罚款的行政处罚。[2]

实践中出现较多的情况是,作为下位法的规章的具体条文与作为上位法的法律、行政法规的具体条文内容相抵触,下位法甚至作出了突破性规定。笔者认为,我国《立法法》中对规章采取的是半承认的态度,如《立法法》第2条规定,"法律、行政法规、地方性法规、自治条例和单行条例的制定、修改和废止,适用本法。国务院部门规章和地方政府规章的制定、修改和废止,依照本法的有关规定执行"。由此可以看出,规章的地位较低,尤其是对于缺乏法律和法规依据的规

〔1〕 周旺生:《立法学》,法律出版社2004年版,第222页。
〔2〕 顾建亚:《行政法律规范冲突的适用规则研究》,浙江大学出版社2010年版,第37页。

章的规定而言，直接突破了其上位法——法律、法规的规定，那么对于这样的规章，是不应予以参照适用的。如最高人民法院《关于人民法院审理行政案件对缺乏法律和法规依据的规章应如何参照问题的答复》[1]中指出：国务院《公路管理条例》[2]没有规定公路行政管理部门对拖缴、逃缴公路规费的单位和个人可以采取扣留驾驶证、行驶证、车辆等强制措施，辽宁省人民政府《关于加强公路养路费征收稽查工作的通告》第6条关于养路费征收稽查机构可以采取扣留驾驶证、行车证、车辆等强制措施的规定，缺乏法律和法规依据，法院在审理时应适用国务院《公路管理条例》。最高人民法院在《关于对人民法院审理公路交通行政案件如何适用法律问题的答复》[3]中指出，法院审理公路交通行政案件涉及地方性法规对交通部门暂扣运输车辆的规定与《公路法》的规定不一致的，应当适用《公路法》的规定。

司法实践中也出现过不少涉及下位法对上位法存在突破性规定的情况，如在安徽省太和县汽运公司诉六安市交通局、公路管理局交通行政征收和交通行政强制措施纠纷抗诉一案[4]中，案件经过了一

---

〔1〕 法行复字(1993)第5号。

〔2〕 国务院于1987年10月13日发布，1988年1月1日实施。现已失效。

〔3〕 [1999]行他字第29号。

〔4〕 具体案情为：2001年11月14日，一审被告六安市公路管理局舒城分局执法人员在舒城县三沟稽查站境内，对一审原告太和县中原汽车运输公司的过路车辆皖K91677大型货车进行检查，公路执法人员据此认为该车装载质量应为15吨，与行驶证所标8吨不符，遂要求太和汽运公司补交养路费。由于养路费不能及时结清，六安市公路局执法人员将该车和行驶证扣留，2001年11月21日，太和汽运公司补交2 400元养路费，其车辆被放行。2002年4月1日，太和汽运公司向六安市金安区人民法院提起行政诉讼，要求撤销六安市交通局、公路局对其征收养路费及扣留车辆、行驶证的行政行为，并要求行政损害赔偿。六安市金安区人民法院作出(2002)六金行初字第1号行政判决认为，六安市公路局在法律授权的范围内，在舒城县三沟交通征费稽检站依法执行职务，判决维持两被告收取原告养路费及扣其车辆、行驶证的具体行政行为。太和汽运公司不服，提出上诉。六安市中级人民法院支持了一审判决，判决驳回上诉，维持原判。太和汽运公司不服，提出申诉。2003年12月25日，安徽省人民检察院以皖检民行抗字(2003)第97号行政抗诉书提出抗诉，安徽省高级人民法院函示六安市中级人民法院进行再审。(2004)六行再终字第1号。

审、二审和再审。安徽省六安市中级人民法院于2004年9月作出判决认为，原审法院存在法律适用错误的问题。从该案中可以延伸看出的一个问题是，1997年7月3日全国人大常委会通过的《公路法》未规定交通公路管理机关享有扣留车辆的职权。而1995年3月发布的、实施效力延续至1997年12月的地方政府规章《安徽省公路养路费征收管理办法》，其中有关于公路管理机关可以扣车的规定。从1997年7月之后，《安徽省公路养路费征收管理办法》中有关行政强制的扣车规定显然突破了其上位法《公路法》的规定，形成了“相抵触”。

在下位法与上位法的内容出现相抵触的情况下，法院固然可以根据法律适用冲突解决规则优先适用上位法，那么，与上位法相抵触的下位法是否因之而变得无效了呢？对于这一问题，《立法法》中并无明确规定，学理上的观点也是各不统一。笔者认为，这种情况下的下位法并不能说是无效的。原因在于，其一，《立法法》中并没有明确规定下位法若与上位法相抵触即无效的原则。因为上位法优于下位法适用规则仅仅是行政机关在执法时、法院在审判时的一个操作法律的规则，该规则并不必然导致与上位法相冲突的下位法的无效。其二，与之相抵触的下位法的效力问题，需要由有权机关依照其法定权限经过撤销或者改变程序之后，下位法才能被确认为无效。如我国《立法法》第96条规定：“法律、行政法规、地方性法规、自治条例和单行条例、规章有下列情形之一的，由有关机关依照本法第九十七条规定的权限予以改变或者撤销：……（二）下位法违反上位法规定的……”依据上述规定，下位法与上位法相抵触的，应由有权机关依照其法定权限对下位法进行监督，经过撤销或者改变程序之后，下位法才能被确认为无效，而在此之前，与上位法相抵触的下位法实际上依然是有效的。

（三）法院面对法律适用冲突的三种处理方式

这里需注意的是，前述上位法优于下位法的适用规则只是法院在审理案件时所运用的一种法律适用规则。从我国行政诉讼的司法实践来看，当面临相抵触的上位法与下位法时，法院的做法并不完全一致，在实践中曾经出现过三种不同的处理方法。

第一种处理方法是在裁决中宣布下位法无效，从而明确适用上位法。

如在1998年的惠宝公司诉酒泉市质量技术监督局行政处罚一案[1]中，1998年12月15日，酒泉市中级人民法院作出行政判决，认定《中华人民共和国产品质量法》并未赋予产品质量监督管理部门对维修者的行政处罚权，上诉人（酒泉市质量技术监督局）对被上诉人（惠宝公司）实施行政处罚所依据的《甘肃省产品质量监督管理条例》第13条、第30条有关产品质量监督管理部门对维修者实施行政处罚的规定，有悖于《中华人民共和国行政处罚法》第11条第2款的规定，不能作为实施处罚的依据。遂判决撤销酒泉质监局的行政处罚决定。1999年7月1日，甘肃省质监局向甘肃省人大常委会提出请示报告。同年8月17日，甘肃省人大致函甘肃省高级人民法院，认为酒泉地区中院判决书"严重侵犯了宪法中地方组织法赋予地方人大及其常委会的立法权，超越审判权限，直接损害了地方性法规的严肃性"，并认定"这是一起全国罕见的审判机关在审判中的严重违

〔1〕 案情简介为：1993年甘肃省酒泉市北关的马某某买了一台冰柜靠摆冷饮摊维持生计。1996年9月，她突然发现冰柜不制冷，便于同月17日送酒泉地区惠宝制冷设备有限公司修理，该公司更换了压缩机并收费830元，但没有归还冰柜原装意大利进口压缩机。马将冰柜拉回后第一次使用就不制冷，返修时，该公司要再收830元，且不退还原装压缩机。马不服，于1998年"3·15"活动中现场投诉，被酒泉地区质量技术监督局受理。经调查，质监局认定该公司违反了《甘肃省产品质量监督管理条例》，要求立即免费维修好冰柜并赔偿经济损失3 000元。惠宝制冷设备有限公司不服，于是起诉质监局。

法司法事件”，要求甘肃省高级人民法院提审此案并撤销酒泉市中级人民法院的二审判决书，同时要求在全省法院系统公开批评该中级人民法院，并提出追究有关负责人的意见。在甘肃省人大的督促下，甘肃省高级人民法院于 9 月 1 日作出行政判决，认为酒泉市中级人民法院认定事实清楚，但“直接对地方性法规的效力加以评判是错误的”，遂撤销了原终审判决。〔1〕

对于上述案例中引出的一个关键问题——法院在审判中能否径行宣布与上位法相抵触的下位法无效呢？笔者认为是绝对不可以的，否则就是司法权对立法权的挑战，破坏了我国人大主导的根本政治制度。2009 年 10 月，最高人民法院发布《关于裁判文书引用法律、法规等规范性法律文件的规定》，其第 7 条规定，人民法院制作裁判文书确需引用的规范性法律文件之间存在冲突，根据《立法法》等有关法律规定无法选择适用的，应当依法提请有决定权的机关作出裁决，不得自行在裁判文书中认定相关规范性法律文件的效力。该规定进一步强调了人大立法权的至高地位。可见，目前而言，我国法院无权自行判定法律规范是否有效或者无效。

第二种处理方法是在裁判中直接适用上位法，而回避下位法的效力问题。

如在 2000 年的刘某诉虞城县盐业管理局不服盐业行政处罚一案中，河南省虞城县人民法院就《河南省盐业管理条例》第 30 条与《食盐专营办法》第 25 条的有关规定是否一致问题逐级向河南省高级人民法院提出请示。具体内容是：河南省人大常委会 1999 年 5 月 30 日通过并实施的《河南省盐业管理条例》第 21 条第 1 款规定：“运输食盐，应当按照规定办理准运证，严禁无证运输。任何单位和个人

〔1〕 甘肃省高级人民法院行政判决书，(1999)甘行监字第 29 号。

发现无准运证运输食盐的，应及时向盐业行政主管部门举报。”第 30 条第 1 款规定：“违反本条例第 21 条第 1 款规定的，由盐业行政主管部门没收违法运输的盐产品，对货主和承运人分别处以违法运输的盐产品价值一倍以上三倍以下的罚款。”而国务院于 1996 年 5 月 27 日发布实施的《食盐专营办法》第 18 条第 1 款规定：“托运或者自运食盐的单位和个人，应当持有国务院盐业主管机构或者其授权的省、自治区、直辖市人民政府盐业主管机构核发的食盐准运证。”第 25 条规定：“违反本办法第 18 条的规定，无食盐准运托运证或者自运食盐的，由盐业主管机构没收违法运输的食盐，对货主处以违法运输的食盐价值三倍以下的罚款，对承运人处以违法所得三倍以下的罚款。”河南省高级人民法院认为《食盐专营办法》第 25 条与《河南省盐业管理条例》第 30 条第 1 款的规定不尽一致，于是向最高人民法院作出《关于〈河南省盐业管理条例〉第 30 条第 1 款与国务院〈食盐专营办法〉第 25 条规定是否一致问题的请示》〔1〕，请求解决。

2003 年 4 月 29 日，最高人民法院作出《对人民法院在审理盐业行政案件中如何适用国务院〈食盐专营办法〉第 25 条规定与〈河南省盐业管理条例〉第 30 条第 1 款规定问题的答复》〔2〕，认为根据《中华人民共和国行政处罚法》第 11 条第 2 款关于“法律、行政法规对违法行为已经作出行政处罚规定，地方性法规需要作出具体规定的，必须在法律、行政法规规定的给予行政处罚的行为、种类和幅度的范围内规定”的规定，《河南省盐业管理条例》第 30 条第 1 款关于对承运人罚款基准为“盐产品价值”及对货主及承运人罚款幅度为“一倍以上三倍以下”的规定，与国务院《食盐专营办法》第 25 条规定不一致。人民法院在审理有关行政案件时，应根据《中华人民共和国立法法》

〔1〕 豫高法行请[2000]4 号。
〔2〕 最高人民法院法行[2003]36 号。

第 64 条第 2 款、第 79 条第 2 款规定的精神进行选择适用。

从上述最高人民法院的答复中，我们可以明显看出：审判法院（虞城县法院）是按照《立法法》中确立的处理下位法与上位法冲突的精神进行处理的，但是，最高人民法院却指导虞城县法院直接选择适用上位法，对最高人民法院的这一解释，我们该如何理解呢？笔者认为，这里应当从诉讼效率方面来进行考虑，最高人民法院没有按照《立法法》中确立的处理下位法与上位法冲突的精神来处理，是因为它认为对于上位法与下位法之间的内容冲突，受诉法院完全有能力识别和判断出来，它完全可以直接选择适用上位法，而不必在报请最高人民法院作出答复之后，再行依据上位法审结案件，更无需报请全国人大常委会或者其他有权机关作出裁决，之后再行依据上位法审理案件。只有在法院无法识别法律冲突、无法处理法律冲突的情况下，才能层报至最高人民法院由其解决。这样的处理方式可以尽量做到司法效率最大化。

第三种做法是裁定中止审理，逐级上报至最高人民法院，请求最高人民法院解决。

《立法法》第 99 条是对该项制度的法条规定，其具体内容是："国务院、中央军事委员会、最高人民法院、最高人民检察院和各省、自治区、直辖市的人民代表大会常务委员会认为行政法规、地方性法规、自治条例和单行条例同宪法或者法律相抵触的，可以向全国人民代表大会常务委员会书面提出进行审查的要求，由常务委员会工作机构分送有关的专门委员会进行审查、提出意见。前款规定以外的其他国家机关和社会团体、企业事业组织以及公民认为行政法规、地方性法规、自治条例和单行条例同宪法或者法律相抵触的，可以向全国人民代表大会常务委员会书面提出进行审查的建议，由常务委员会工作机构进行研究，必要时，送有关的专门委员会进行审查、提出意见。有关的专门委员会和常务委员会工作机构可以对报送备案的规范性文件进行主动审查。”依据这一规定，人民法院在发现行政法规、地方性法规、自治条例和单行条例同宪法或者法律相抵触的情况下，可以将该问题逐级上报至最高人民法院，由它以有权国家机关的名义报请全国人大常委会进行审查，也可以直接以其他国家机关的名义向全国人大常委会书面提出审查的建议，但是不可以直接选择适用上位法。

分析上述法院的三种处理方式，笔者认为，选择第二种方式是较为合适的。我国是人大主导制，人大与法院的关系是人大监督法院，而法院对人大并无监督权，法院只有法律适用权，而无法律效力判定权，另外，还出于对诉讼效率的考虑，司法实践中最有效的方式应当是由法官对不同法律规范进行选择适用，这样既避免了超越人大权限的质疑，又能够及时解决争议，提高诉讼效率，达致社会和谐。

（四）上位法优于下位法规则适用的几种例外情况

任何规则皆有例外，如果不列举所有的例外，而只是简单地说明这条规则，则这条规则就是不准确和不完全的。通说认为，例外是能够全部列举出来的，列举出来的例外越多，规则的表述就越完备。准确的规则会把种种例外考虑在内，而任何一条规则如果不如此，就是不完全的。从理论上说，必须将所有例外都加以补充说明，补充得越多，这条规则的表述就越准确。[1]因此笔者在此将探讨几种不适用上位法优于下位法规则的情况。

1. 经济特区授权法规优先适用

我国《立法法》对于经济特区授权法规优先适用的情况作了具体规定，例如其第74条规定，经济特区所在地的省、市的人民代表大会

---

〔1〕［美］罗纳德·德沃金：《认真对待权利》，信春鹰、吴玉章译，上海三联书店2008年版，第45页。

及其常务委员会根据全国人民代表大会的授权决定，制定法规，在经济特区范围内实施。第 90 条第 2 款规定，经济特区法规根据授权对法律、行政法规、地方性法规作变通规定的，在本经济特区适用经济特区法规的规定。单从《立法法》的规定来看，似乎可以得出结论，即经济特区拥有特区法规制定权。但实际上并不是这样的，经济特区的立法权是由全国人大及其常委会的专门授权决定所给予的，必须将《立法法》的规定与全国人大及其常委会的专门授权决定结合起来，才能更加准确地理解经济特区授权法规。

当经济特区法规与法律、行政法规在适用中遇有冲突时如何解决，该问题实质上等同于如何确定经济特区授权法规的法律位阶高低问题。学理上有一种观点认为，授权立法的位阶等同于授权机关自身制定的法律规范位阶，因此经济特区法规与法律属于同一位阶，两者之间的冲突适用“特别法优于一般法”规则。经济特区法规与行政法规之间却属于上位法与下位法的关系，两者之间的冲突适用“上位法优于下位法”的解决规则。〔1〕“特区法规可以被视为在经济特区施行的特别法，当与其他法律渊源发生冲突时，只要符合宪法的规定和法律、行政法规的基本原则，就应当优先适用特区法规。经济特区授权立法的效力上位性是其在我国现行立法体制中所处重要地位的最直观体现。”〔2〕

对此，笔者秉持不同的立场，认为经济特区授权法规与法律、行政法规之间的关系均应属于上位法与下位法的关系。尽管《立法法》中并未对此作出明确规定，但是在前述全国人大及其常委会对经济特区的五次授权决定中均明确指出，经济特区制定授权法规应当“遵

〔1〕 全国人大常委会法制工作委员会：《中华人民共和国立法法释义》，法律出版社 2000 年版，第 245 页。

〔2〕 谭世贵：《经济特区授权立法若干问题探讨》，载《海南人大》2003 年第 9 期。

循宪法的规定以及法律和行政法规的基本原则”，这足以表明它们之间不同的法律位阶关系。

对于经济特区立法与法律、行政法规之间适用冲突的解决规则而言，首先，由于它们不是同一主体制定的，因而不能适用特别法优于一般法规则。其次，它们之间属于下位法与上位法之间的关系，但是由于特区立法优先适用，因而也不能适用上位法优于下位法规则。最后，有学者主张在确立其相较于法律、行政法规之下位法地位的基础上的“效力优先、适用优先”规则[1]，但由于“效力优先、适用优先”的规则是由最高人民法院在1993年5月6日发布的《全国经济审判工作座谈会纪要》[2]中确定的，该《纪要》目前已失效，因而不能适用“效力优先、适用优先”的规则。综上所述，笔者认为，“经济特区法规优先于法律、行政法规”的适用规则只能看作是《立法法》中所确立的“上位法优于下位法”规则的一种例外。

2. 变通性规定的“下位法”优先适用

我国《立法法》第90条第1款规定，自治条例和单行条例依法对法律、行政法规、地方性法规作变通规定的，在本自治地方适用自治条例和单行条例的规定。该条规定意在说明，当自治条例、单行条例中的规定与其上位法如法律、行政法规等规定发生法律冲突时，并不适用上位法优于下位法的冲突解决规则，而是适用对上位法作出了变通规定的下位法。

如何理解自治条例和单行条例的法律位阶问题，我们先从其产生的来源进行考虑。根据我国《宪法》《民族区域自治法》以及《立法法》的相关规定，民族自治地方的人大有权自行制定自治条例和单行

---

〔1〕 吴恩玉：《上下位法间的效力优先与适用优先——兼论自治法规、经济特区法规和较大市法规的位阶与适用》，载《法律科学》2010年第6期。

〔2〕 法发[1993]8号。

条例。其法律位阶相较于法律、行政法规，笔者认为，两者之间的关系应属于下位法与上位法的关系，具体理由是：(1)自治条例、单行条例对法律、行政法规的变通不得违背法律、行政法规的基本原则。《立法法》第75条第2款规定，"自治条例和单行条例可以依照当地民族的特点，对法律和行政法规的规定作出变通规定，但不得违背法律或者行政法规的基本原则，不得对宪法和民族区域自治法的规定以及其他有关法律、行政法规专门就民族自治地方所作的规定作出变通规定"。(2)自治条例、单行条例应报经批准后方才能够生效。《立法法》第75条第1款规定，"民族自治地方的人民代表大会有权依照当地民族的政治、经济和文化的特点，制定自治条例和单行条例。自治区的自治条例和单行条例，报全国人民代表大会常务委员会批准后生效。自治州、自治县的自治条例和单行条例，报省、自治区、直辖市的人民代表大会常务委员会批准后生效"。上述权力机关决定是否予以批准的标准就是前述《立法法》第75条第2款所规定的内容。

虽然由上文得出自治条例、单行条例与法律、行政法规之间的关系属于下位法与上位法之间的关系，但这里需要注意的是，两者之间的冲突并不是按照《立法法》中所确立的"上位法优于下位法"的冲突解决规则，即适用作为上位法的法律、行政法规来解决的。因为《立法法》对此作出了单独的规定。《立法法》第90条第1款规定，"自治条例和单行条例依法对法律、行政法规、地方性法规作变通规定的，在本自治地方适用自治条例和单行条例的规定"。依照该规则，解决两者之间冲突的规则并不是"上位法优于下位法"规则，而是"变通权优先"规则。因此，自治条例、单行条例相较于法律、行政法规的优先适用性也是"上位法优于下位法"规则的一种例外。

3. 实施性规定的"下位法"优先适用

实施性规定是在我国法律体系中十分常见的一种法律规范形

式，一般而言，法律的条文规定较为抽象笼统，现实操作性不够，而且全国各地各部门的情况也不尽相同，执行法律的标准也不尽一致，这使得国家有权机关有必要根据行政管理的现实需要和本部门、本行政区域的实际情况，为执行上位法的规定而对某些事项作出具体规定，这样的具体规定通常也被称为实施性规定。它具有以下几个方面的特点：第一，实施性规定的外在表现形式具有多样性，它可以表现为行政法规、地方性法规，也可以表现为规章等形式；第二，实施性规定对于其上位法有较大程度的依附性，即它须以相关上位法的先期存在为前提，不存在没有上位法的实施性规定；第三，实施性规定与相关上位法之间具有较为紧密的关联性，其自身的独立性比较差；第四，实施性规定以上位法的授权为前提，它是我国授权立法制度的产物。实施性规定的出台对于其上位法的顺利贯彻实施具有非常重要的意义：根据我国的立法经验，对于那些原则性较强、专业化程度较高的规定，把制定的权力上交国务院。这样一是可以避免法律、法规过于冗长烦琐；二是可以保持法律、法规的稳定性，减少过多的修改和调整。〔1〕由于法律、行政法规的适用对象是面对全国的，但事实上，我国各地情况不一，实施性规定是妥善处理下位法与上位法的关系、增强上位法可操作性的一种重要立法形式。只有这种做法才能使法律、行政法规等得到更好的落实。

在我国立法实践中，下位法对上位法作出实施性规定的现象非常普遍。例如，《行政复议法》第 15 条第 2 款规定，“对政府工作部门依法设立的派出机构依照法律、法规或者规章规定，以自己的名义作出的具体行政行为不服的，向设立该派出机构的部门或者该部门的本级地方人民政府申请行政复议”。依据该规定，派出机构按照自己

〔1〕 张春生主编：《中华人民共和国立法法释义》，法律出版社 2000 年版，第 194 页。

的名义作出的行为，不管其行为是权限范围内，还是在幅度甚至是种类上超越自己的职权范围，相关人员在申请行政复议时，均以设立该派出机构的部门为行政复议机关，且相应地以该派出机构为行政复议被申请人。而《行政复议法实施条例》第 14 条规定，“行政机关设立的派出机构、内设机构或者其他组织，未经法律、法规授权，对外以自己名义作出具体行政行为的，该行政机关为被申请人”。比较前述两者的内容，可以明显看出，《行政复议法实施条例》第 14 条与作为其上位法的《行政复议法》第 15 条所规定的内容之间存在差异。但这些不同的规定只是对上位法的细化性规定，而并不与上位法相抵触。面对贯彻细化上位法的实施性规定，它与上位法在内容上存在差异，法院在发现这种冲突后究竟应当如何适用呢？假如仍然适用“上位法优于下位法”规则的话，则实施性规定中已存在条款的正当性将不复存在；反之，如果适用实施性规定的话，则“上位法优于下位法”的适用规则又将受到实质性的损害。因此，这也只能看作是对“上位法优于下位法”适用规则的一种例外情况。

二、 特别法优于一般法规则适用之完善

（一）特别法优于一般法规则适用的条件

特别法优于一般法规则来源于《立法法》第 92 条的规定，即同一机关制定的法律、行政法规、地方性法规、自治条例和单行条例、规章，特别规定与一般规定不一致的，适用特别规定。依据该规定，结合《立法法》中的其他相关内容，特别法优于一般法规则的适用需要符合以下三个方面的条件，该规则适用之完善也需要从以下三个方面来进行。

首先，特别法优于一般法规则的前提是两法必须都是由同一机关制定的，“同一机关”是指“同一制定机关”。

适用特别法优于一般法规则的一个前提条件是，特别法与一般法的制定主体必须是同一机关。《立法法》第 92 条中虽然对此作出了相关规定，但却并没有对什么是“同一机关”作出具体的界定。在这里，“同一机关”所指的应当是“同一个制定机关”，而不是处于“同一等级”的机关。举例来说，国务院不同的部委、国务院各部委与国务院具有行政管理职能的直属机构、国务院各部委与地方人民政府、国务院具有行政管理职能的直属机构与地方人民政府等尽管都有规章制定权，而且它们所制定出的规章在法律位阶上也是相同的，但它们却并不属于《立法法》第 92 条中所说的“同一机关”；又如，国务院各部委、国务院具有行政管理职能的直属机构所制定的部门规章尽管处于与地方省级及设区的市人大及常委会所制定的地方性法规相同的法律位阶，但它们也不属于《立法法》第 92 条所说的“同一机关”。

其次，特别法优于一般法规则适用的第二个条件是两法的具体规定不一致。

适用特别法优于一般法规则的另一个前提条件是“特别规定与一般规定不一致”，但是《立法法》及其相关法律中并没有对“不一致”的概念作出清晰、明确的界定。从根本上说，笔者发现不一致的本质是法律规范对一个对象作出不同的规定。从客观角度来看，它其实是一种不能兼容的性质。而且与抵触相比，不一致往往用在同位阶法之间。[1]综观《立法法》的文本内容，它在表述不同法律规范之间冲突的时候分别使用了两个词。其一，抵触。它主要用于描述不同法律位阶的两法之间的冲突。其二，不一致。例如，《立法法》第 94 条规定，法律之间对同一事项的新的一般规定与旧的特别规定不一致，不能确定如何适用时，由全国人民代表大会常务委员会裁决。从

〔1〕 孔祥俊：《法律规范冲突的选择适用与漏洞填补》，人民法院出版社 2004 年版，第 157—158 页。

《立法法》的上述规定来看,抵触主要适用于不同位阶的法律规范之间,该种冲突往往是不可调和的,与上位法相抵触的下位法的命运就是被撤销;与之相比,不一致主要适用于相同位阶的法律规范之间,该种冲突往往是可以调和的,并不以撤销其中某一个法律规范为最终的解决结果,而是依据一定的冲突解决规则,从中选择适用某一法律规范。

最后,特别法优于一般法规则适用的第三个条件是一般法中存在对该冲突解决规则的明确规定。依据《立法法》第 92 条所确立的冲突解决规则,特别法与一般法之间的冲突有望得到解决。然而,由于特别法和一般法之间同时有可能存在新法和旧法的关系,而《立法法》第 92 条又确立了新法优于旧法的冲突解决规则,在特别法与新法、一般法与旧法规定不一致的情形下,特别法优于一般法、新法优于旧法所推导出来的结果可能是不一致的,由此决定了特别法优于一般法冲突解决规则的适用在实际上处于一种不确定状态。因此若要适用特别法,前提之一是一般法中须对冲突解决有明确的规定。

(二) 新的一般法与旧的特别法适用冲突的解决

通常情况下,特别法往往是在一般法制定之后才颁布生效的,这是针对一般法之一般情况中的特殊规定。特别法也往往就是新法。在这种情形之下,特别法与新法、一般法与旧法是一一对应的,特别法优于一般法的适用显得较为清晰,并不涉及和其他法律冲突适用规则的混杂问题。进入 21 世纪后,随着社会法律关系发展的复杂化,现今特别法与一般法的适用情形也发生了相应的变化。一个突出的表现就是:特别法既有可能是在一般法之后颁布生效的,也有可能早于一般法颁布之前就已经先期存在。如此一来,特别法与一般法的适用、新法与旧法的适用就掺杂在一起,特别法究竟能否优先于一般法适用就处于一种无法确定的状态之中。为了解决这一问题,

《立法法》在第 94 条和第 95 条中确立了法律适用冲突裁决机制。根据这两条规定，该冲突裁决机制适用的前提条件是“不能确定如何适用”，然而究竟怎样才算是“不能确定如何适用”呢？2004 年的《最高人民法院关于审理行政案件适用法律规范问题的座谈会纪要》中确立了以下几个解决规则：

首先，新的一般规定允许旧的特别规定继续适用的，适用旧的特别规定。

例如，1986 年《治安管理处罚条例》[1]第 18 条第 1 款规定，“违反治安管理行为在六个月内公安机关没有发现的，不再处罚”。1996 年《行政处罚法》第 29 条第 1 款规定：“违法行为在二年内未被发现的，不再给予行政处罚。”从时间上来看，前者是 1986 年制定的，后者是 1996 年制定的，两者相比，前者在时间上属于旧法，后者在时间上属于新法。依据“新法优于旧法”的冲突解决规则，在处罚追诉时效方面，应该优先适用《行政处罚法》的规定。但是从内容上来看，前者所针对的是治安管理领域的行政处罚，后者却可以适用于包括治安管理在内的所有行政处罚领域，因此，前者属于特别法，后者属于一般法，依据“特别法优于一般法”的冲突解决规则，应当优先适用《治安管理处罚条例》的规定。如此一来，依据新法优于旧法所推导出来的结果和依据，特别法优于一般法所推导出来的结果就完全相反。在这种情形下，究竟应该适用新法优于旧法，还是应该适用特别法优于一般法？从《立法法》第 92 条的直观规定来看，它所确立的两个冲突解决规则并没有适用上的优先性。因此，要适用特别法优于一般法规则，需要作为一般法的《行政处罚法》中存在明确规定，否则就不能想当然地认为应该适用特别法优于一般法规则。也正是因为如

[1] 目前，该法律已经失效，由《治安管理处罚法》代替。此处提出的目的在于作解释性说明。

此,《行政处罚法》第 29 条第 1 款才进而规定,“法律另有规定的除外”。有了这一规定,我们才可以明确地适用旧的特别法。

其次,新的一般规定废止旧的特别规定的,适用新的一般规定。

在行政复议申请期限方面,我国各法的规定不尽一致,例如,《治安管理处罚条例》第 39 条规定的行政复议申请期限是 5 天,《集会游行示威法》[1]第 13 条规定的复议申请期限是 3 天,《公民出境入境管理法》[2]第 15 条、《外国人入境出境管理法》[3]第 29 条第 2 款规定的复议申请期限是 15 天。而《行政复议法》第 9 条规定的行政复议期限要长一些。该条规定,“公民、法人或者其他组织认为具体行政行为侵犯其合法权益的,可以自知道该具体行政行为之日起 60 日内提出行政复议申请;但是法律规定的申请期限超过 60 日的除外”。依据该规定,在其之前颁布实施的法律中所规定的申请复议期限如果少于 60 天的,一律无效。尽管上述《治安管理处罚条例》《集会游行示威法》《公民出境入境管理法》《外国人入境出境管理法》在行政复议问题上相较于《行政复议法》均属特别法,但是,由于作为新的一般规定的《行政复议法》废止了作为旧的特别规定的上述各法中的相关内容,因而应当适用新的一般规定,即《行政复议法》第 9 条的相关规定。

最后,不能确定新的一般规定是否允许旧的特别规定继续适用的,人民法院应当中止行政案件的审理,属于法律的,逐级上报最高人民法院送请全国人民代表大会常务委员会裁决;属于行政法规的,逐级上报最高人民法院送请国务院裁决;属于地方性法规的,由高级

---

〔1〕 1989 年 10 月 31 日中华人民共和国主席令第 20 号公布,自公布之日起施行。

〔2〕 1985 年 1 月 22 日中华人民共和国主席令第 32 号公布,1986 年 2 月 1 日起施行。

〔3〕 第六届全国人民代表大会常务委员会第 13 次会议通过,自 1986 年 2 月 1 日起施行。

人民法院送请制定机关裁决。

综上所述,《立法法》第 94、95 条以及《最高人民法院关于审理行政案件适用法律规范问题的座谈会纪要》中所确立的裁决机制是比较清晰的,足以解决两种法律冲突解决规则发生混杂时的情况。

针对“新一般法与旧特别法”的裁决机制实际上是我国所特有的,其他国家和地区并不存在这种裁决机制,它们所适用的是固定化了的“旧特别法优于新一般法”的冲突解决规则,在英国、美国等西方国家,该规则被视为普通法最基本的规则。笔者认为,“旧特别法优于新一般法”规则有其存在的合理性。如果新的一般法中已经明确废止了此前的旧特别法,说明立法者对其继续存在的必要性已经有了足够的确认;反之,如果新的一般法中并未明确废止此前的旧特别法,说明立法者已经首肯了旧特别法继续存在下去的价值。以“旧特别法优于新一般法”作为冲突解决规则,也是国际惯例做法。

三、新法优于旧法规则适用之完善

(一) 新法优于旧法规则适用的条件

新法优于旧法规则也是来源于我国《立法法》第 92 条的规定,即“同一机关制定的法律、行政法规、地方性法规、自治条例和单行条例、规章……新的规定和旧的规定不一致的,适用新的规定”。依据该规定,“新法优于旧法”规则的适用条件包括以下三个方面,该规则适用之完善也是从以下三个方面进行阐述。

首先,新法优于旧法规则适用的前提之一为两法是由同一机关制定的。

新法与旧法是由同一机关制定的,具体是指两法都必须是由“同一机关制定的法律、行政法规、地方性法规、自治条例和单行条例、规章”。如果新法和旧法仅仅是法律位阶相同,但并不是由同一机关制定的，则不能适用该冲突解决规则。围绕这一问题，实践中人们产生了比较大的争议，争议的焦点集中在：全国人大常委会制定的新法能否优于全国人大制定的旧法？关于全国人大与全国人大常委会制定颁布的法律的位阶高低问题，前文已有讨论，此处不再赘述。

其次，需要注意的是该规则适用的前提之一为两法都是有效的法。

新法与旧法之间的关系大致存在以下两种情况：其一，新法颁布生效之后，旧法则被明确或者实质性废止。如《治安管理处罚法》[1]第119条规定，“本法自2006年3月1日起施行。1986年9月5日公布、1994年5月12日修订公布的《中华人民共和国治安管理处罚条例》同时废止”。在这种情况下，旧法已被废止，自然失效。其二，新法颁布生效之后，旧法并未被明确宣布废止，而是继续有效，但是其相关规范已经与新法之间出现了明显的不一致。例如，2005年《治安管理处罚法》第22条规定，“违反治安管理行为在六个月内没有被公安机关发现的，不再处罚”。而1996年通过的《行政处罚法》[2]第29条规定，“违法行为在二年内没有被发现的，不再给予行政处罚。法律另有规定的除外”。上述两处规定对行政处罚时效的界定显然是不一样的，其中，2005年通过的《治安管理处罚法》属于新法，1996年通过的《行政处罚法》属于旧法，但是后者所作的规定并未因为前者的通过而被废止，其仍然是有效的。

再次，新法与旧法对同一法律关系存在规定不一致的情况。

两法规定“不一致”是新法优于旧法规则适用的第三个条件。但

---

〔1〕 2005年8月28日第十届全国人大常委会第十七次会议通过，自2006年3月1日起施行。主席令第38号。

〔2〕 1996年3月17日第八届全国人民代表大会第四次会议通过，自1996年10月1日起施行。

是究竟什么是不一致呢？我国《立法法》对于法条规定之间的不同有两种称谓，一种为“抵触”，即上位法与下位法之间的冲突就属于“抵触”，且在《最高人民法院关于审理行政案件适用法律规范问题的座谈会纪要》中对于如何判断相抵触已经作出了明确的规定。另一种即为“不一致”，是指同一机关制定的规范性法律文件之间的冲突，不过关于如何判断两法之间的“不一致”，包括“新法”与“旧法”之间的“不一致”，立法机关和司法机关均未制定出可操作的具体判断方案，这会在一定程度上影响实践中法院的审判工作。

如 1986 年通过的《矿产资源法》〔1〕中有关于矿山企业批准设立的主管单位的规定，依据其第 13 条的规定，国营矿山企业采矿必须经地质矿产部门许可，依照其颁发的采矿许可证开采。但是，1988 年通过的《水法》〔2〕却作出了另外的规定。依据该法第 24 条第 4 款的规定，在行洪、排涝河道和航道范围内开采砂石、砂金，必须报经河道主管部门批准。两相对比，发现《矿产资源法》第 13 条与《水法》第 24 条第 4 款中关于采矿主管部门的规定是不一致的。这种不一致的规定导致的后果就是在关涉国营采矿单位在行洪、排涝河道和航道范围内开采砂石、砂金这一行为是否需要获得地质矿产主管部门的许可方面，各地实际做法不一，既有执行《矿产资源法》第 13 条的规定，由地质矿产主管部门依法颁发采矿许可证，同时也执行《水法》第 24 条的规定，经河道主管部门批准或者经河道主管部门会同航道主管部门批准的做法；也有只执行《矿产资源法》第 13 条规定，而不执行《水法》规定的做法。

---

〔1〕 1986 年 3 月 19 日由第六届全国人大常委会第 15 次会议通过，1996 年 8 月 29 日八届全国人大常委会第 21 次会议修正。

〔2〕 1988 年 1 月 21 日第六届全国人大常委会第 24 次会议通过，自 1988 年 7 月 1 日起实施。2002 年九届全国人大常委会第 29 次会议修订，自 2002 年 10 月 1 日起施行。

尽管在1990年、1991年、1998年，由全国人大法工委、国土资源部又分别多次出台了相关解释，如《关于在河道、航道范围内开采砂石、砂金适用法律问题的答复》[1]《关于在河道、航道范围内开采砂石、砂金适用法律问题的再次答复》[2]《关于理解运用〈矿产资源法〉及其配套法规有关条款问题的批复》[3]等，目的是希望能够使两法的规定得到统一，不过实际效果也未尽如人意。

最后，在新法优于旧法规则适用中要求新法对该冲突解决规则有明确的规定。

新法优于旧法规则适用中的一个难点问题在于：当新法为一般法，旧法为特别法时，在这种情况下若适用特别法优于一般法规则，则应当适用旧法；若适用新法优于旧法规则，则应当适用新法。如此推出的两个结论是截然不同的。而且由于这两个规则之间并不存在哪一个规则优先适用的问题，因此，新法优于旧法规则的适用必须以新法中对该冲突解决规则有明确的规定为前提。

司法实践中也存在不少这样的例子。如《行政复议法》[4]是1999年颁布的，相对1989年颁布的《集会游行示威法》，它属于新法范畴，但是由于对集会、游行、示威的申请及许可行为是属于特定领域内的行政行为，因而《集会游行示威法》相对于《行政复议法》而言它属于特别法。那么，如果两者之间对同一事项的规定有所不同的话，便一定会产生新一般法与旧特别法相冲突时该如何适用之问题。

举例而言，《行政复议法》第9条规定，公民、法人或者其他组织

---

〔1〕法工办发14号。

〔2〕法工委发18号。

〔3〕国土资函217号。

〔4〕1999年4月29日第九届全国人民代表大会常务委员会第9次会议通过。根据2009年8月27日第十一届全国人民代表大会常务委员会第10次会议《关于修改部分法律的决定》修正。

认为具体行政行为侵犯其合法权益的，可以自知道该具体行政行为之日起 60 日内提出行政复议申请。第 12 条规定，“对县级以上地方各级人民政府工作部门的具体行政行为不服的，由申请人选择，可以向该部门的本级人民政府申请行政复议，也可以向上一级主管部门申请行政复议。对海关、金融、国税、外汇管理等实行垂直领导的行政机关和国家安全机关的具体行政行为不服的，向上一级主管部门申请行政复议”。第 17 条规定，行政复议机关收到行政复议申请后，应当在 5 日内进行审查。而《集会游行示威法》[1]第 6 条规定，“集会、游行、示威的主管机关，是集会、游行、示威举行地的市、县公安局、城市公安分局；游行、示威路线经过两个以上区、县的，主管机关为所经过区、县的公安机关的共同上一级公安机关”。第 13 条规定，“集会、游行、示威的负责人对主管机关不许可的决定不服的，可以自接到决定通知之日起 3 日内，向同级人民政府申请复议，人民政府应当自接到申请复议书之日起 3 日内作出决定”。

对比前述两法的相关规定可以发现两者之间存在多处不一致，其一，两者所规定的行政复议机关是不同的。如果“集会、游行、示威的负责人对主管机关不许可的决定不服的”，依照《行政复议法》第 12 条，既可以向“该部门的本级人民政府申请行政复议，也可以向上一级主管部门申请行政复议”，但是依照《集会游行示威法》第 13 条的规定，只能“向同级人民政府申请复议”。那么，对此究竟应该以哪一部法为依据呢？其二，两者所规定的申请复议的时间是不同的。若集会、游行、示威的负责人对主管机关不许可的决定不服的，申请行政复议的时间是“自接到决定通知之日起 3 日内”，行政复议机关的处理时间是“自接到申请复议书之日起 3 日内作出决定”。而依据

〔1〕 1989 年 10 月 31 日七届全国人大常委会第 10 次会议通过，自公布之日起施行。

《行政复议法》,则申请行政复议的时间是 60 日。复议机关受理的时间是“5 日内进行审查”。可见,两法之间关于同一行为存在多处不同的规定。

前文已知,从颁布时间上来看,《行政复议法》属于新法,《集会游行示威法》属于旧法,依据新法优于旧法的规则,应当适用《行政复议法》;而从规定内容上来看,《行政复议法》属于一般法,《集会游行示威法》属于特别法,依据特别法优于一般法的规则,应该适用《集会游行示威法》。此处,两种法律适用规则本身相冲突,如何处理呢?笔者认为,若新法即《行政复议法》中对此作出了冲突解决规定的,适用该规定来进行处理。如《行政复议法》第 42 条规定,“本法施行前公布的法律和有关行政复议的规定与本法规定不一致的,以本法的规定为准”。依据该条规定,上述情形下应当适用的冲突解决规则是“新法优于旧法”,而不是“特别法优于一般法”。由此可知,新法优于旧法的最后一个适用条件是在新法中对此有明确的规定。

(二) 法不溯及既往原则的运用

1. 法的溯及力问题

新法与旧法的区分及其在内容上的冲突,进而产生了新法与旧法如何适用的问题,即法的溯及力问题。法的溯及力,也称法的溯及既往的效力,主要涉及新法对其生效之前的事件或者行为是否具有效力、是否能够适用的问题。如果有效,则新法具有溯及力,应当适用;如果无效,则新法无溯及力,不应当适用。法的溯及力是法学基础理论中一项重要问题,反映了法的时间效力中的一个重要方面。

关于法律是否应当具有溯及力的问题,学理上的认识不尽相同,大体上可以分为两种立场。

第一种观点认为,法律不应当具有溯及既往的效力。自然法学派秉持该立场。他们认为,自古罗马时期始有“法律仅仅适用于将来”的法谚。古典自然法学派秉承古罗马法的传统，反对新法具有溯及既往的效力。例如，古典自然法学派的代表人物托马斯·霍布斯认为，“在行为发生之后所制定的任何法律都不使之成为罪行。这行为如果是违反自然法的，那么法便成立在行为之前，至于成文的法则在制定之前无法让人知道，因之也就没有约束力”〔1〕。再如，新自然法学派的代表人物富勒认为，“法律只面向未来，不面向过去”〔2〕。又如，在罗尔斯明确提出的法治四原则中，“法无明文规定不为罪”就是其中之一，它要求法官在量刑时不追溯被治罪者的既往过错。〔3〕随着近现代西方法治理论的发展，法不溯及既往原则逐渐发展成为一项重要的法治原则。

第二种观点认为法律应当具有溯及既往的效力。秉持该种立场的多为规范主义法学派与实证主义法学派。他们认为法不溯及既往仅仅是人们追求的一种理想状态，要实现这一理想状态的前提是人们对于其所遵守的法律均十分了解和熟悉，而事实上这是做不到的。因为这会对法律本身提出一种完全确定性的要求，但就某一具体案件而言，作为案件裁判依据的法律本身在裁判结果未出现之前是不可能完全确定的，这种无法解释得通的悖论表明，事先并不存在确定的法律规范，法应当具有溯及力。

2. 法不溯及既往原则的运用

法不溯及既往原则的提出，最早源自贝卡里亚提出的“只有法律能为犯罪规定刑罚”〔4〕的观点。在此之后，法的溯及力问题便成为法律研究领域的一个重要问题。在一些西方国家，法不溯及既往原

〔1〕［英］托马斯·霍布斯：《利维坦》，黎思复等译，商务印书馆1985年版，第229页。

〔2〕严存生：《西方法律思想史》，法律出版社2004年版，第388页。

〔3〕［美］罗尔斯：《正义论》，何怀宏等译，中国社会科学出版社1988年版，第236页。

〔4〕［意］贝卡里亚：《论犯罪与刑罚》，黄风译，中国大百科全书出版社1993年版，第11页。

则不仅被确立为一项法治原则，更有甚者被确立为一种宪法原则。相较于国外学者从法理学和宪法学层面讨论法的溯及力问题，我国学者对该原则的内容表述更多的是以《刑法》第12条[1]中规定的“从旧兼从轻”原则为蓝本来进行阐释，而对该项原则在民法、行政法等领域中的具体应用情况缺乏足够的关注。事实上，所有法律均存在法律实施后是否具有溯及力的问题。仅研究刑法中的溯及力理论是远远不够的，它并不能照搬到法理学中，因为许多法律不存在处罚轻与重的问题。

不过在2000年《立法法》通过以后，这种情况有了较大程度的改观。该法第84条[2]规定，“法律、行政法规、地方性法规、自治条例和单行条例、规章不溯及既往，但为了更好地保护公民、法人和其他组织的权利和利益而作的特别规定除外”。与以往时期相比，该规定所确立的法的溯及力原则发生了比较重大的变化：其一，该规定褪掉了先前笼罩在法的溯及力问题上的刑法色彩，将其适用范围拓展到了包括刑法、民法、行政法等诸法律领域在内的广阔空间。其二，该规定通过《立法法》确认了法的溯及力问题。其三，该规定明确了我国在法的溯及力问题上的基本立场，否定了绝对排斥法的溯及力问题的观念。由此规定可以看出，我国现行立法对法的溯及力问题所秉持的基本立场是“从新兼有利原则”。以“从新”为主，“有利”为次。所谓“从新”，就是说新法只对该法生效后发生的行为具有效力，通常对于该法生效之前发生的行为是不具有效力的，即法律在原则上不具有溯及既往的效力，这是法无溯及力在我国立法上的重要体现。

---

〔1〕我国《刑法》第12条对法的溯及力问题作出了规定，“中华人民共和国成立以后本法施行以前的行为，如果当时的法律不认为是犯罪的，适用当时的法律；如果当时的法律认为是犯罪的，依照本法总则第四章第八节的规定应当追诉的，按照当时的法律追究刑事责任，但是如果本法不认为是犯罪或者处刑较轻的，适用本法”。

〔2〕在2015年的《立法法》中，该条款内容不变，位置移至第93条。

上述变化对于从根本上解决新法与旧法之间的适用冲突无疑具有重要的意义。

3. 法不溯及既往原则的例外

尽管现代法治一般以“法不溯及既往原则”为核心原则，但也不能够排除该项原则在运用时的例外情况，即法溯及既往的问题。如我国《立法法》第93条规定，“法律、行政法规、地方性法规、自治条例和单行条例、规章不溯及既往，但为了更好地保护公民、法人和其他组织的权利和利益而作的特别规定除外”。从该条规定的后半句可以看出，虽然我国实行的是通用的法不溯及既往原则，但是该原则也是存在例外的，即在如果新法更能保护公民、法人和其他组织的权利和利益时，则赋予新法溯及力，即新法对其生效前发生的行为也产生效力。

所谓“有利”，是指尽管新的法律在原则上是不溯及既往的，但是如果新的法律规定与旧的法律规定相比，更有利于保护公民、法人和其他组织的权利和利益的话，则可以溯及既往，即以新的法律规定适用于以前发生的行为。如2003年国务院公布的《工伤保险条例》第64条规定，“本条例自2004年1月1日起施行。本条例施行前已受到事故伤害或者患职业病的职工尚未完成工伤认定的，按照本条例的规定执行”。这也就是说，尽管该条例自2004年1月1日起施行，但是它对其所规定的上述情况具有溯及力。与以前国家的相关规定相比，《工伤保险条例》对工伤保险方面的规定显然更有利于对职工权利的保护，因此，该条例可以具有溯及既往的效力，这自然也符合《立法法》第84条所确立的“有利”溯及精神。总体而言，新法与旧法发生冲突情况下，根据法无溯及力原则的精神，新法只能对生效后的行为发生效力，因此应当适用新法，只有在对行政相对人更有利的情况下，才能适用旧法。

第三节　合理运用法官的自由裁量权

一、法官的自由裁量权基本原理

法官在案件审判的过程中拥有一定程度必要的自主权，这种权力被称为“法官的自由裁量权”。从字面上来看，自由裁量权只是中文的固定翻译，并不十分准确，紧扣原意的翻译应当是司法裁量权(judicial discretion)，它是19世纪末20世纪初西方法学家提出的重要法学理论。本书中视两种说法为相同含义。

关于自由裁量权的内涵充满争议，对此学者们众说纷纭，均提出了自己不同的看法。如美国学者梅里曼认为，法官自由裁量权是大陆法系与英美法系最为显著的区别之一。在英美法系，法官的自由裁量权被看成是其固有的传统的权力，是指法官为了实现真正的公平正义可以不拘泥于法律，能够根据案件事实决定其法律后果，还能够不断地解释法律使之更合于社会的变化。[1]而在大陆法系，法官的自由裁量权所受限制较大。戴维·M.沃克对自由裁量权作出的界定是：酌情作出决定的权力，并且这种决定在当时情况下应是正义、公正、正确、公平和合理的。法律常常授予法官权力或责任，使其在某种情况下可以行使自由裁量权。有时是根据情势所需，有时则仅仅是在规定的限度内行使这种权力。[2]弗里德曼认为，裁量通常是指受某规则管辖的某人有权在几种可采取的行为中作选择……裁量意味着在其领域中不受约束的权力。[3]我国学者孙国华认为，法

〔1〕［美］约翰·亨利·梅里曼：《大陆法系》，顾培东等译，法律出版社2004年版，第52页。

〔2〕［英］戴维·M.沃克：《牛津法律大辞典》，李双元等译，法律出版社2003年版，第329页。

〔3〕［美］弗里德曼：《法律制度》，李琼英等译，中国政法大学出版社1994年版，第37、43页。

官自由裁量权是指法官根据正义、公平、正确和合理的原则，对案件酌情作出决定的权力。西方国家法律中往往规定授予法官在某些情况下享有自由裁量权。……事实上，在不违背立法精神的条件下，赋予法官适当的自由裁量权可能有利于真正贯彻正义、公平的原则；但是，允许法官违背立法精神行使法官自由裁量权，则不免要为法官的司法专横和破坏法治提供口实。〔1〕沈岿认为，司法自由裁量权是“法院或法官在司法活动中合法合理地进行自由选择的权力”。〔2〕

由上面不同学者相近的观点可以看出，法官自由裁量权的核心是指法官在面对具体案件时有权发挥其主观能动性，但是该项权力的行使也须受到法律规范及公平正义理念的限制。笔者认为，法官的自由裁量权一般是指法官在确定案件的法律事实并运用法律规范、原则等作出司法裁决的整个过程中，运用自由心证、法律解释、法律推理等技术方法与手段，在法定权限幅度内，在可供选择的几种解决方案中优先选择一种方案，以期在司法结果中最大程度地体现法律之公平价值理念并最终实现社会正义的一种权力。

法官的自由裁量权是法律适用权的重要组成部分之一，法律适用过程中必然会涉及法官在审判活动中的主观能动性，即司法能动性问题，法官自由裁量权的行使直接影响到司法裁判结果。分析其本质，司法权就是裁量权，质言之就是一种挑选权或者选择权。但是随之而产生的一个尴尬就是，这种自由裁量权之自由的界限在哪里，这一问题备受重视，从法律产生之初，围绕司法过程中法官如何在严格的具体规则与宽松的自由裁量之间进行权衡取舍的问题，长期以

---

〔1〕 孙国华主编：《中华法学大辞典(法理学卷)》，中国检察出版社 1997 年版，第 542 页。
〔2〕 沈岿：《超越成文法律规则的有限选择——浅议行政诉讼中的司法自由裁量权》，《行政法学研究》1995 年第 3 期。

来理论界和司法界可谓众说纷纭，各种观点此消彼长。[1]因此关于法官自由裁量权的充分保障与合理规范之间的平衡问题是十分值得研究的。由于我国是成文法国家，长期以来，法官的自主权被限定在成文法条之内，因此对于我国而言，法官自由裁量权首先需要进一步充分保障，即要让法官真正公正地充分享有自由裁量的权力，其次才是合理规范控制，即要给法官的自由裁量权限设定一定的边界，以避免此权力被滥用。

二、 保障自由裁量权以发挥司法能动性

学理上认为，法官的自由裁量权须得以充分保障的原因主要在于以下几点。

首先，这是法律规定特性本身的必然要求。法律条文是对社会关系的抽象化，因而具有高度的一般性，无法完全涵盖万千变化、瞬时变动的社会关系，不可能将社会生活的所有细节都　　列举。由于法律的普遍性和稳定性与社会现象的特殊性和多变性之间存在诸多矛盾，使得任何一部法律都不可能达致完美无缺，必然存在法律漏洞。法律若没有得以适用，则只是一些不说话的条文，充其量是亚里士多德所说的“凝固的智慧”。法官自由裁量权的价值就在于平衡这些矛盾，弥补这些漏洞，激活这些智慧。同时，由于人类认识事物具有相对性，法律不可能穷尽一切情形而予以规定，只能作原则性的规定。但是在具体法律适用过程中，对某一具体案件的裁判结果有时则需要综合考虑方方面面细节性的因素。

其次，这是由语言的模糊性和多义性决定的。由于法律条文较为凝练和理性，法律语言对将来发生的事件更具开放性和包容性，因

〔1〕 江必新：《论司法自由裁量权》，载《法律适用》2006年第11期。

而便会产生出大量抽象的法律语言，甚至有时也不得不使用模糊语言。语言的局限性为法官自由裁量权的存在提供了语境论的解释。比如，法律中常见的“利益”一词，就其而言，实践中有时很难界定什么样的利益应当视为值得保护的利益，对利益予以保护的范围和限度应该是什么，以及对于各种利益之间哪种利益应当受到优先保护。虽然可以通过颁布一般性的法律规则进行规定和衡量，但在上述各种利益之间的保护优先顺序方面，则需要法官根据现实情况作出自己的价值判断，从而在最大限度上保护社会的整体利益和维护社会的公平正义。在抽象的法律条文与具体的事件或行为之间往往出现不尽协调或不尽一致的地方，这就需要法官运用自由裁量权，以便准确地适用法律。

最后，这是法官进行法律适用的内在要求。裁量伴随着法律适用的全过程，法官适用法律的过程就是不断进行裁量的过程，法律规范是“死”的，法律适用则是“活”的。法官作为法律规范的实际执行者，需要灵活适用法律，合理解释法律，而不能因循守旧，死搬教条。法律的生命力也只有通过法官的解释和运用才能得以展现和传承。法律适用过程就是法官将法律依据与案件事实相结合的过程，是法官的主观能动性连接着案件事实与法律依据，在法律依据与案件事实之间是否具有特定联系以及在多大程度上具有联系，则需要法官以其自由意志根据自由裁量权作出判断。法官的法律适用包含了自由意志，也包含了充分发挥主观性。没有任何法律能够得到如此精确的限定以至于明确到包含了一切可能出现的情况，因此法律必然会给实施这部法律的人留有一种有限的自主权，法治并不排除人的因素。审判实践中证据审查判断与法律适用等方面也都离不开法官的主观因素，离不开客观存在的法官内心确信。

由于我国是严格的成文法国家，在我国的司法实践中，法官的自由裁量权并未得到充分尊重，有时甚至会过度受制于立法机关，服从于立法机关的决定，反而法官自己会受处罚。这说明我国法官的自由裁量权太小，需要得到充分保障。如在上文中讨论的 1998 年惠宝公司诉酒泉市质量技术监督局行政处罚一案中，该案的二审法官就曾因为被地方人大认定作了错误的法律适用而被追究责任。又如在 2003 年河南省汝阳县种子公司诉伊川县种子公司一案[1]（又称“种子案”）中，洛阳市中级人民法院在此案的判决书中认定：《种子法》实施后，玉米种子的价格已由市场调节，《河南省农作物种子管理条例》作为法律位阶较低的地方性法规，其与《种子法》相冲突的条款“自然无效”，而河南省物价局、农业厅联合下发的《通知》又是根据该《条例》制定的一般规范性文件，其与《种子法》相抵触的条款亦为“无效”条款。该判决引起了河南省人大的极度不满，认为《河南省农作物种子管理条例》第 36 条关于种子经营价格的规定与《种子法》没有抵触，继续适用。

前述两个案例中的法律适用现象突出反映了司法实践中涉及法官自由裁量权的范围与界限如何认定问题。不仅在司法实践中引起广泛争议，许多学者亦从学理上对该问题进行了探讨。在这两个案件引发的学术争论中，核心焦点是当法官在面临法律规范冲突时，其究竟在多大程度上拥有适用法律和解释法律的权力。江平教授指出，“法官在判决中只是说地方人大制定的法规其中的一条‘自然无效’，这是法官自己的一个内心判断，法官有权在法律的范围内进行

[1] 案情简介：2003 年 1 月 25 日，河南省洛阳市中级人民法院开庭审理了伊川县种子公司委托汝阳县种子公司代为繁殖“农大 108”玉米杂交种子的纠纷。该案件在事实认定上双方没有分歧，而在赔偿问题上，根据《河南省农作物种子管理条例》第 36 条规定：“种子的收购和销售必须严格执行省内统一价格，不得随意提价。”而根据《中华人民共和国种子法》的立法规定，种子价格应由市场决定。不同法律规范之间的冲突使两者的赔偿相差了几十万元。

自由心证，判断哪个法律优先”。“一个法官出于并无恶意的目的，出了一些措辞上的失当，就被要求处以严苛的惩罚，是不合理的。”〔1〕然而在审判实践中，法官所拥有的自由裁量权囿于现行体制，受限较多。

面对司法实践中极大受限的法官自由裁量权，我国近年的司法改革对此也作出了予以拓展的努力，使得这一现状有所改变。例如，近年来我国司法实践中通过保障并扩展法官的自由裁量权以完善法律空白、填补法律漏洞的案例屡见不鲜。如关于高等学校与学生之间的纠纷能否纳入行政诉讼调整范畴，法律上并没有规定。但是自从 1998 年田某诉北京科技大学拒发毕业证、学位证一案后，司法审查开始介入高等教育，先后有 1999 年刘某某诉北京大学案等，这些案例对于推进教育领域的法制化进程起到了重要作用。又如，在我国的行政诉讼中，法院自由裁量权的一个例证便是 2017 年《行政诉讼法》第 77 条所规定的“行政处罚明显不当，或者其他行政行为涉及对数额的确定、认定确有错误的，人民法院可以判决变更”。所以，尽管我国司法制度中规定有“不告不理”的司法原则，该原则决定了法院的裁判不得超出案件当事人的请求范围，可是“不告不理”原则在行政诉讼中却无法得以完全遵守。从诉讼顺序上来说，原告的诉讼请求只是启动诉讼程序，之后法院对被诉行政行为的审查权尽在法官手中。法官需要发挥这种司法能动性，这也是在法院顺应现代社会复杂情况的需要下而发展出来的制度。

在行政诉讼的法律适用过程中，以下几种情况更需要保障法官自由裁量权的行使：(1)存在法律漏洞时；(2)处理法律适用冲突时；(3)由既定的法律规定得出的裁判结果不尽合理时。在这三种情况

---

〔1〕 田毅、王颖：《一个法官的命运与“法条抵触之辩”》，载《21 世纪经济报道》2003 年 11 月 17 日。

下，尤其需要法官在引用、阐述法律时深化对法律的理解，行使自由裁量权，作出合情合理的裁判。

法官在行政诉讼中如何行使自由裁量权与我国行政诉讼的目的、功能之间是存在紧密联系的。现代行政诉讼制度的建立实质上是一种国家机关之间的权力制约机制，是司法权对行政权的一种监督形式。这种权力制约是通过由行政相对人提起行政诉讼来启动的。在这种法治理念下，法官的自由裁量权在行政诉讼中应当凸显其重要性与能动性，这也是现代行政诉讼制度发展的需求。

三、 规范自由裁量权使其合理运用

法官的司法裁量权只能用来处理特定的、具体的案件，因此他根本无法使用该权利大规模地改造法律条款。所以法官的自由裁量权一方面要得到制度保障，另一方面也应当受到许多实质的限制，厘清自由裁量权的边界。法官自由裁量权的本质仅仅是用来填补法律空隙的，因而它需要有一个清晰的权限范围与界限。此外，自由裁量权的行使还必须遵循合法的程序。如果法官在没有行政诉讼基本原则的指导下进行裁量，则裁判权的恣意和任性就难以避免。

为促进法律适用统一，2012 年 2 月，最高人民法院颁行《关于在审判执行工作中切实规范自由裁量权行使保障法律统一适用的指导意见》，首次明确了自由裁量权的内涵、行使条件与行使原则，要求法官须正确运用证据规则、法律适用方法、法律解释方法并合理运用利益衡量方法。作为配套措施，该意见要求强化诉讼程序规范、审判组织规范、裁判文书规范和审判管理与监督，要求加强司法解释和案例指导，不断统一裁判标准，既要加强法官的职业保障，又要防止其滥用权力，建立防范法官滥用自由裁量权的有效制度。由此可以看出，规范法官自由裁量权的关键做法是统一裁判尺度和培养司法人员统一的职业思维。

（一）统一裁判尺度

"统一裁判尺度"本质上是国家法制统一在司法审判中的必然要求，统一裁判尺度的具体方式包括由最高人民法院发布指导案例以指导各级人民法院依法履行职责，以及对自由裁量权的运用加以在程序上进行控制，使法官得以合理运用自由裁量权，以保障民生权益。包括下列两种方法：

第一种方法是完善案例指导制度。指导性案例是指裁判已经发生法律效力，认定事实清楚，适用法律正确，裁判说理充分，法律效果和社会效果良好，对审理类似案件具有普遍指导意义的案例。[1]指导性案例可以从形式上促成司法尺度的统一；实质上减少了法官的司法随意性，保证了类似案件司法结果的趋同，提升司法裁判的社会认同感。我国有着悠久的案例指导传统，各级人民法院一直十分重视发挥案例的指导作用。近年来，最高人民法院逐步编写了《人民法院案例选》《中国审判案例要览》《最高人民法院公布裁判文书》等，都是对案例指导制度的有益探索。2015 年，最高人民法院发布了《〈关于案例指导工作的规定〉实施细则》，推动了指导性案例在司法实践中的运用。指导性案例的司法运用，是指人民法院在审理案件的过程中，在待审案件的主要事实与指导性案例类似的情况下，参照指导性案例作出判决。[2]在最近几年的司法实践中，最高人民法院经常通过公报形式发布指导性案例，从 2011 年 12 月至 2019 年 2 月，我国最高人民法院总共发布了 21 批指导性案例(总共 112 个)。这些举措对于规范地方各级人民法院统一司法裁判尺度起着较好的指导与示范作用。

---

〔1〕《最高人民法院关于案例指导工作的规定》，法发[2010]51 号。

〔2〕胡云腾等：《关于案例指导工作的规定的理解与适用》，载《人民司法》2011 年第 2 期。

第二种方法即是加强并规范自由裁量权行使的程序控制。这是规制法官自由裁量权的又一个非常重要的方法，其核心理念就是通过程序控制来规范自由裁量权，促使自由裁量权正当化。主要有以下几种路径：其一，对自由裁量过程中的程序规则予以明确规范，如任何人的权利义务受到影响时必须要事先听取他的意见，任何裁决都必须以听证或开庭所获取的证据和理由为依据等，这些都是正当程序的基本规则。其二，增强自由裁量过程的透明度和能见度，即在程序中尽可能公开裁判的理由，公开裁判所依据的法律规范，公开展示法官的自由裁量理由，实施并严格贯彻判决书量刑说理制度，从而形成司法理性，强化司法反馈现实的功能。[1]其三，在程序中授予当事人或相对人以适度的权利，对法官自由裁量权进行适当的制约与监督。如在某些情况下授予当事人同意权、选择权和确认权等，在作出自由裁量时必须取得当事人的同意或得到当事人的认可。

（二）培养司法人员统一的职业思维

培养司法人员统一的职业思维主要可以通过推行法官的强化裁判论证推理说明制度来进行。哈耶尼曾强调："对正义的实现而言，操作法律的人的质量比其操作法律的内容更加重要。"从这个意义上说，规制自由裁量权需要强化法官的职业素养，培育法官统一的职业思维，提高法官的职业水平。促进法官在裁判文书中的说理部分做到有理有据，清楚明白，如果理由说得遮遮掩掩，不明不白，似是而非，就不会体现裁判公正和司法公正。

具体而言，推动裁判文书说理改革需要法院根据不同审级和案件类型，实现裁判文书的繁简分流。加强对当事人争议较大、法律关系复杂、社会关注度较高的一审案件，以及所有的二审案件、再审案

---

〔1〕 江必新：《论司法自由裁量权》，载《法律适用》2006 年第 11 期。

件、审判委员会讨论决定案件裁判文书的说理性。完善裁判文书说理的刚性约束机制和激励机制，建立裁判文书说理的评价体系，将裁判文书的说理水平作为法官业绩评价和晋级、选升的重要因素。[1]尤其是在行政诉讼中，法官的自由裁量权也并不是可以随心所欲地行使的。司法审查行为绝不可以偏离行政相对人的诉求太远，偏离行政诉讼的目的太远，甚至完全将诉讼争议搁置一边而另辟蹊径，这都是不行的。法官在审判活动中必须充分考虑相对人的诉讼请求，因此，法官需要合理地运用法律赋予的自由裁量权，审慎行使自由裁量权。法官的自由裁量权也极容易受到名利的诱惑而肆意妄为，作出偏差的判决，从而严重影响当事人的合法权益。

此外，我们还需要注意区分自由裁量权在民事诉讼与行政诉讼中的不同运用。民事诉讼法律适用要解决的问题是被诉民事行为是否合法以及是否合理的问题，判断的标准是法无禁止性规定即为合法。因此民事诉讼中法官拥有的自由裁量权限更为广阔。而行政诉讼中，法官只能审查被诉行政行为是否合法，因为行政公权力本身就具有一定的裁量权特性，即行政机关是可以在自身的权限范围内自主作出行政行为的，司法不能过度干预行政行为的作出，因此在行政诉讼中，法官的自由裁量权必须受到更多的约束与限制。

总之，成熟的法律制度体现在规则的公平、裁量的适当等，作出的判决符合法律依据。现代中国的司法正在逐步地走向成熟，对法官自由裁量行为进行一定限度的放权，但必须在法律允许的范围之内。而不是用条条框框的法律规定自由裁量权，使得法官严格按照法律制度办事，降低了法官办案的积极性，对法官自由裁量权的充分放权，不仅能够使案件审判更加公平合理，也会在一定程度上提高法

〔1〕《最高人民法院关于全面深化人民法院改革的意见》，载《人民法院报》2015 年 2 月 27 日。

官的积极性，当然自由裁量权要求法官必须具有非常扎实的司法专业知识和实践工作经验。司法审判虽然是法律权威的体现，但司法审判也是一种法官依据实践经验对司法实践作出的主观判断，这种主观判断会受到很多因素的影响，这就要求不断完善自由裁量权的法律依据，尽量减少审判过失。

第四节 适当引入社会共同参与机制

一、社会共同参与机制概述

社会共同参与，又称公众参与(public participation)，它最初来自一种政治学上的概念，阐释了关于社会治理的人民参与制度。这一概念起源于 20 世纪 60 年代的西方欧美国家，自 20 世纪 90 年代介绍引入我国以来，公众参与社会治理的理论逐步引起了我国政治法律理论界的重视，不同学者看法各不一致，并分化为不同的学说流派。如俞可平认为，公民参与又称公共参与、公众参与，就是公民试图影响公共政策和公民生活的一切活动。〔1〕又如，蔡定剑认为，公众参与是指，公共权力在进行立法、制定公共政策、决定公共事务或进行公共治理时，由公共权力机构通过开放的途径从公众和利害相关的个人或组织获取信息，听取意见，并通过反馈互动对公共决策和治理行为产生影响的各种行为。〔2〕概括上述定义，社会共同参与机制须有以下几个特征：其一，参与主体的广泛性，既包括社会组织、群众自治组织，也包括个人，如公民代表、学者专家，等等。其二，参与主体的外部性，即参与人是以外部公民的身份参与立法、执法、司法等

〔1〕 贾西津主编：《中国公民参与——案例与模式》，社会科学文献出版社 2008 年版，第 1 页。

〔2〕 蔡定剑：《中国公众参与的问题与前景》，载《民主与科学》2010 年第 5 期。

活动的。其三，参与行为的完整性，即涵盖整个行政立法、行政执法、行政司法全过程。其四，参与依据的合法性，体现在《宪法》第 41 条的规定："中华人民共和国公民对于任何国家机关和国家工作人员，有提出批评和建议的权利；对于任何国家机关和国家工作人员的违法失职行为，有向有关国家机关提出申诉、控告或者检举的权利……"其五，参与的实质性，即参与行为能够对有权机关起到一定的约束或者影响作用。其六，参与价值的多元化，即社会共同参与不仅要能够体现民主性，而且还要能够体现一定程度上的专业性。

随着我国改革开放的不断深入以及社会民主政治的进一步推动与发展，民众的民主意识在持续提高，对于涉及民众切身利益的公共事务，参政议政也日益强烈，人们的政治参与、法制参与的积极性不断提高，民主权利意识越来越强，利益诉求越来越具体，参与立法、参与执法、参与司法的愿望越来越高，这就形成了社会共同参与机制。公众参与正日益从立法、公共政策制定和公共事务决策、公共治理透进司法过程。从云南"躲猫猫事件"网民各界人士调查委员会到"钱云会事件"公民观察团，司法过程的公众参与显示出越来越强劲的发展势头。〔1〕

二、 在诉讼中适当引入社会共同参与机制的必要性与原则

其实于我国的法制史而言，在诉讼中引入一定程度的民众参与已不是新鲜的事物。早在陕甘宁边区时期，著名的马锡五审判模式就是一种民众参与诉讼的方式。司法的群众路线在这个维度上主要表现为，"当一个案件弄不清楚的时候，可以到当地去问群众，或群众团体，他们的意见常常是正确的"。〔2〕至 20 世纪 80 年代末期，以提高诉讼效率、健全程序规范为导向的审判方式改革迅速展开，司法职

〔1〕 陈道银：《司法过程公众参与探析》，载《探索与争鸣》2011 年第 5 期。

〔2〕 谢觉哉：《谢觉哉同志在司法训练班的讲话》，载《人民司法》1987 年第 3 期。

业化改革使公众参与司法的进程一度减缓下来，使得司法逐渐脱离了民众，司法系统日渐封闭。1998 年以来的司法改革以司法专业化、职业化为原则，这种司法精英化的运作模式导致了司法过程中社会公众被边缘化，司法与人民渐行渐远，司法行为及其结果往往得不到社会的理解和认同。[1]近年来，为重塑司法公信力，提高人民对司法的满意度，以人民陪审员制度为主要表现形式的公众参与司法机制问题又逐渐受到了重视，我国近年来在公众参与司法的制度建设方面又有不少新进展。如 2004 年 8 月，第十届全国人民代表大会常务委员会第十一次会议通过了《全国人民代表大会常务委员会关于完善人民陪审员制度的决定》，进一步发展了我国的人民陪审员制度立法。2008 年后，新一轮司法改革的启动将公民参与司法纳入改革过程的一部分。社会共同参与司法不仅符合执政党的群众路线，即从群众中来，到群众中去，而且有力地体现了司法参与主体的广泛性和主动性。2014 年《中共中央关于全面推进依法治国若干重大问题的决定》中也提出，增强全民法治观念，推进法治社会建设。坚持人民司法为人民，依靠人民推进公正司法，通过公正司法维护人民权益。在司法调解、司法听证、涉诉信访等司法活动中保障人民群众参与。2018 年 4 月，全国人大常委会通过了最新的《人民陪审员法》。除了目前已有的人民陪审员制度、人民监督员制度之外，我们还需要从理论上探讨人民群众有序参与司法的其他方式，并在实践中积极创新，开拓建立新的参与模式，以体现司法民主，保障司法公正。

（一）社会共同参与司法的必要性

1. 社会共同参与司法的优势

人民群众有序参与司法，我们从法学理论上将其称为社会共同

[1] 沈德咏：《司法大众化不能被淡忘》，载《法制日报》2008 年 12 月 21 日。

参与司法，相比法官单独进行审判，该制度具有一定的优势，主要体现在以下几个方面：第一，将社会共同参与机制适当引入行政诉讼中，可以使社会公众能够直接参与司法审判，有充分的机会在司法中表达自己的利益诉求，最好地体现司法民主，践行“公民才最终是自己利益的最佳裁判”〔1〕，从而确保行政诉讼中整体利益价值取向的实现。第二，将社会共同参与机制适当引入行政诉讼中，可以使公民参与转变为公权力运行的重要组成部分，体现其协助司法的功能。能够调和因司法的封闭性、不透明性引发的各种矛盾，还可以增强法官的职业责任感，如人民陪审员制度加强了对法官审判权力运用的制约。使公众成为司法审判的主体之一，体现群众的作用，提高司法公信力，从而提高人民的司法满意度。第三，将社会共同参与机制适当引入行政诉讼中，可以使行政审判法律适用过程中产生的冲突问题坦诚于公民面前，往往涉及法律适用冲突问题的案件其疑难性较强，因此通过专家、学者的司法参与，能够更深入地从法学原理上对这些疑难问题进行探讨，给出专门的司法建议，从而有助于形成对具体疑难案件的有较强说理性、说服力、公信力的合法判决。

2. 社会共同参与司法与司法专业化、职业化并不矛盾

社会共同参与司法，并不排斥法院在行政诉讼审判过程中的主导性、决定性作用，只是在肯定法院在诉讼中的作用的同时，更注重发挥公众的参与作用。民众参与与司法专业化并不构成矛盾。司法专业化与民众的参与需要平衡。司法的确具有专业性，不过司法只是对案件的裁决，不是简单地求真。司法的关键目的之一还包括解决纠纷，裁判要能被人们所接受。司法不能仅仅停留在真相上。疑难案件有民众代表参与，有利于提升裁判的公信力。法院独立行使

〔1〕［英］戴维·赫尔德：《民主的模式》，燕继荣等译，中央编译出版社2004年版，第104页。

审判权，并不是说法院不可以在法律框架内通过审判行为回应社会的需求，以及通过诉讼程序回应当事人的诉讼行为。

公民参与司法一方面是回应社会的需要，实现割裂的职业化法官与社会公众之间的有效沟通；另一方面有助于提升司法公信力。在我国现有状况下，吸纳民众共同参与行政审判也是司法改革的需要。

（二）社会共同参与司法的基本原则

社会共同参与司法，其具体制度的构建应遵循以下三项基本原则，即规范性原则、拘束力原则与适当性原则。

规范性原则，是指公众参与司法的形式应当由法律进行明确规定，必须纳入法治的框架，公民对司法的参与必须规范有序，不能以公民参与司法为借口任意干预司法活动的进行。具体而言，规范性原则包含以下几个方面的要求：公民参与司法的范围法定性、公民参与司法的形式法定性、公民参与司法的程序法定性、公民参与司法的效果法定性。〔1〕

拘束力原则，是指公众参与司法行为要能够发挥一定的功效，需要制定相应的法律规范，具体规定司法机关的保障义务，改变过去人们认为的公民参与只是“走走过场”的印象，以保障公众参与行为的有效性、程度的深入性，使公众参与司法的行为具备一定的法律拘束力，在法定条件下能够对司法裁判结论起到一定程度的影响作用，防止司法的随意性。司法民主的重要内容，就是保障人民能够直接参与司法审判，用人民的权力来限制精英的权力，用常人的判断来约束法官的偏见。〔2〕

适当性原则，所谓“适当性”，是指社会共同参与司法，并不是完

〔1〕 陈卫东：《公民参与司法：理论、实践及改革》，载《法学研究》2015 年第 2 期。
〔2〕 胡玉鸿：《“人民的法院”与陪审制度》，载《政法论坛》2005 年第 4 期。

全抛弃司法所具有的专业性和至高性，无视法官的审判活动，忽略行政行为的职能性，而仅是于行政诉讼中在一定程度内、在某一种机制内、在某一个具体个案的审判中引入社会共同参与这种民间机制。并不是指完全依赖于公民审判以解决行政纠纷，更不是指用群众公审替代法官审判，而是指公民对司法参与的程度是有限的，公民对司法裁判的结果所能起到的影响与作用是有限的、有条件的，司法机关在行使审判权时不能受制于公众的思维。

三、在行政诉讼中适当引入社会共同参与机制的具体路径

目前而言，我国的社会共同参与司法机制主要体现在人民陪审员制度等方面，但其仅是社会共同参与司法机制的其中一种，过于单一的参与形式难以满足公众参与司法的实践需求。因此，在行政诉讼中适当引入社会共同参与机制，对于参与渠道的制度建设，我们可以从以下几个方面加以完善：

第一，对社会共同参与机制引入行政诉讼的法理基础进行探索。如对于公民参与行政诉讼的法理依据、参与公众的具体类型、公民参与行政诉讼应遵循的基本原则、公民在行政诉讼中的参与形式、参与保障等方面，完善公民参与行政诉讼的法学理论，为实践中的具体操作提供理论上正确的指引方向。

第二，巩固与完善现有的人民陪审员制度。陪审制度就一般意义上而言，是指法院在进行审判案件时，吸收非法律职业者参加法庭审判，与法官共同行使审判权的制度。[1]陪审制度的实行，有助于推进民众意见的表达，有助于准确反映出人民自身的利益，特别是由陪审员参与到行政诉讼的司法审判中。一方面，人民的代表理解人民

〔1〕陈业宏、唐鸣：《中外司法制度比较》，商务印书馆2000年版，第175页。

的需求;另一方面,人民的代表也能够考虑人民的整体利益。"实行陪审制度,就可把人民本身,或至少把一部分公民提到法官的地位。这其实就是陪审制度把领导社会的权力置于人民或这一部分公民之手。"〔1〕显然,这一思想的本质就在于打破了精英阶层、有产阶级对司法的垄断,保证普通民众在自身所熟悉、理解的案件当中有表达相关意见的机会。〔2〕

长期以来,我国的公众参与司法机制主要表现为人民陪审员制。2004 年 8 月,十届全国人大常委会颁布了《关于完善人民陪审员制度的决定》,这是我国关于人民陪审员制度的第一部法律文件。2010 年 6 月,最高人民法院为依法保障和规范人民陪审员参加审判活动,根据该法律的规定发布了《关于进一步加强和推进人民陪审工作的若干意见》。为进一步完善人民陪审员制度,推进司法民主,促进司法公正,2015 年 4 月 24 日,全国人大常委会先是通过了《关于授权在部分地区开展人民陪审员制度改革试点工作的决定》,该决定授权最高人民法院在北京、河北、黑龙江、江苏、福建、山东、河南、广西、重庆、陕西十个省(自治区、直辖市)各选择五个法院(含基层人民法院及中级人民法院)开展人民陪审员制度改革试点工作,对人民陪审员选任条件、选任程序、参审范围、参审机制、参审职权、退出和惩戒机制、履职保障制度等进行改革。接着在试点工作成熟之后,又于 2018 年 4 月通过了《人民陪审员法》。这些法律、规范性法律文件及司法解释有利于推进司法民主,促进司法公正,保障人民群众有序参与司法,提升司法公信力,让人民群众在每一个司法案件中感受到公平正义。它们在法治实践中促进了人民陪审员工作机制的改革,促进了人民陪审员参审机制的完善。这些规定强调了人民陪审员的代表性

〔1〕 [法]托克维尔:《论美国的民主》,董果良译,商务印书馆 1997 年版,第 314 页。
〔2〕 胡玉鸿:《"人民的法院"与陪审制度》,载《政法论坛》2005 年第 4 期。

和广泛性，广泛吸收社会不同行业、性别、年龄、民族的人员参加陪审工作，努力提高基层群众特别是工人、农民、进城务工人员、退伍军人、社区居民等群体的比例，确保基层群众所占比例不低于新增人民陪审员的三分之二。

目前我国人民陪审员制度存在一个严重问题是“陪而不审”，因此，加强人民陪审员的制度化、规范化建设，需要确保人民陪审员在审判活动中充分行使知情权、参与权、表达权和监督权；需要进一步扩大陪审案件范围，越是社会关注的案件，越应吸收人民陪审员参加案件审理；需要进一步规范人民陪审员的选任条件，改革选任方式，完善退出机制，认真落实随机抽取原则，克服“长期驻庭”和“编外法官”现象。要改进人民陪审员参审机制，明确人民陪审员参审案件职权，强化法官的法律指引和告知义务，坚决支持人民陪审员依法履职，切实解决“陪而不审、审而不议”等问题。

第三，设立专家评议组机制。

人民陪审员制度只是公民参与司法众多形式中的其中一种，我国现有的关于公众参与司法形式的法律规定十分有限，需要我们在实践中不断探索与践行新的公众参与司法形式。现阶段的公众参与大多处于试点阶段，大多缺乏规范化和制度化，缺少制度的稳定性，因此公民的积极性有待进一步通过宣传公众参与机制得以提高。建立新的共同参与机制需要我们完善相关法律规范为公众参与司法提供立法保障。

其实，在公众参与的主体方面，除了人民陪审员之外，职业法律人，即法学专家也应当是很重要的组成部分之一。在人民法院审理知识产权、海事海商、未成年人犯罪等特定类型案件以及其他各类疑难案件时，吸收具有专业知识的专家组成专家评议组，也称专家论证会，即由国家机关邀请有关专家就相关技术性或事实性问题进行论证，参与案件的审理，这样既弥补了法官有关专业知识的不足，又可以进一步提升案件审判质量和水平。法官并非所有领域的专家，在法官不了解的其他领域，且这些领域的知识又是公正审判案件所必须的，此时适当地征询这些专业知识还是必要的。

此处需注意的是，专家评议组和人民陪审员是两个具有独立价值的不同机制。人民陪审员的功能是进行事实上的认定，裁定案件事实，体现的是参与主体的广泛性和人民性、司法公开和民主，而专家评议组机制的功能是对法律适用方面的疑难性、专业性问题进行论证，体现的是司法参与的专业性。具体做法可借鉴美国的“法庭之友”制度，〔1〕由有声望的、权威的法学学者组成专家评议组，独立出具法律意见书，通过专家参与以弥补职业法官的不足。在中国的审判实践中，法官也会以调查之名了解相关领域的知识、技术、习惯和惯例。为解决法官专业知识与经验的不足问题，专家参与是一个非常有效的途径，对于降低成本、提升司法公信力、提升审判正当性以及改善纠纷解决效果也有不可或缺的意义。〔2〕就我国目前而言，亟需制定新的立法，对专家评议组的主体范围、参与形式、法律意见书提交的程序和规则等加以明确规定。

第四，在诉讼中引入听证会机制。

公众参与行政诉讼的渠道是多元化的，其中听证会是一种较为正式的参与方式。听证会是指国家机关组织公民就特定事项通过申辩、质证等方式发表意见，这种会议具有比较严格的程序。

---

〔1〕“法庭之友”是美国的一项重要司法制度。该制度从主要内容方面而言，就是在案件审理的过程中，打破法官对于审判的垄断，当事人以外的个人或组织可以通过一定的方式参与案件审理，即“法庭之友陈述”，简而言之，就是将法官尚未知悉的法律问题与证据事实告知法官，从而有效地帮助法官进行裁决。参见《美国“法庭之友”制度研究》，张泽涛，载《中国法学》2004年第1期。

〔2〕参见彭小龙：《民众参与审判的案件类型学分析》，载《中国法学》2012年第3期。

听证会的本质是听取民众代表的意见，体现民主这一公众参与的核心问题。重视社会公众在司法中所起的作用，需要我们从公民参与的角度积极探索，构建多元化的公民参与形式。公众的司法参与是由多种力量构成的，除人民陪审员、法学专家之外，新闻媒体、公民代表等同样也是不可或缺的，这些多层次的主体共同推动、影响了司法结果，其中新闻媒体由于它快速、广泛的传播性而成为公众参与司法的关键组成部分。近年来在一些案件审判实践中，我们可以逐渐看到由法院就某一疑难、争议案件组织召开听证会的情形，让民间机制介入，并且出台相关规范，使听证会不断制度化。2015 年最高人民法院曾就聂树斌案举行过听证会，今后可将该制度规范化。

以往的听证存在走过场、浮于表面的现象，形式意义大于实质意义，需要予以规范化。在参与听证的主体上，应做到广泛性与专业性相结合，公民代表中既包括法学专家，也包括来自不同职业领域的公民代表，以及媒体代表。并且还要注意将听证会机制与司法旁听制相区别，两者的本质区别体现在听证会的司法制约性上，即听证会须体现有效性，须对司法裁判产生法定的影响力。

第五，在硬件方面，拓宽司法审判的信息公开平台，通过传统媒体、互联网、政府平台、新兴媒介等多种手段，方便公众参与司法。

传统媒体是指书籍报刊、广播电台和电视台等，在我国，传统媒体被界定为“党和人民的喉舌”，自当反映民意，充当公众利益表达的渠道。它们均是公众参与司法的工具和途径，是公众参与司法的基本载体。互联网深刻地改变着社会的方方面面，也影响着我国的公众参与司法机制，特别是网络媒体的兴起，在信息技术层面上为普通公众参与司法提供了平台，公民甚至可以借助微信、博客、网络论坛，直接表达自己对于司法的看法。让公民通过网络表达、关注媒体等形式知晓司法、参与司法、监督司法，进而影响司法活动。以裁判文书网上公开等方式加大司法审判的信息公开，在裁判文书生效后可视情况作出判后释疑，甚至可以就一些广受质疑的影响较大的案件，对公众作出回应。尤其是在案件的判决遭受广泛质疑时，还是有解释和说明其公正性的必要的。这些都有利于揭开司法活动的神秘面纱，让司法的日常权力运作突破官僚科层的重重体制铁幕，重新回归到社会普通民众的公共生活中来，[1]使公众真正参与到司法的运行与监督中。

拓宽公众参与司法的各种渠道，一方面是回应人民对司法公正公开公信的期待，这是人民司法中“人民”性的体现，也是法治的本质要求。另一方面，司法机关也需要依法指导公众参与司法。尤其是在一直被视为民告官的行政诉讼中，人们普遍认为其透明度并不高，那么在行政诉讼中适度地引入一种全方位、多渠道的，包含人民陪审员、法学专家、公民代表在内的社会共同参与机制就显得十分必要。

本章小结

本章是全书的核心章节，主要是围绕着行政诉讼法律适用冲突解决的具体路径来进行阐述。由于本书主要探讨的是法律适用中的冲突问题，因而冲突的解决对策都是从司法层面展开的，不涉及从立法层面消除法律冲突的情况。本书中所谓冲突的解决与冲突的消灭是两个不同的概念。目前，在我国司法实践中，法院在适用相互冲突的法律文件时，通常有两条解决路径：第一，层报最高人民法院送请其他有权机关解释、裁决；第二，在法院内部作出判断选择，对于规章以下规范性文件，可以对其法律效力以及是否能够作为判决依据作

〔1〕 陈洪杰：《从“群众参与”到“公民参与”：司法公共性的未来》，载《法制与社会发展》2014年第1期。

出判断；对于规章以上规范性文件，则不能对其法律效力作出判断，只能通过对冲突三大规则的适用从而选择上位法、特别法或者新法进行裁判。

本章在目前司法实践冲突解决的基础上提出了几个主要的观点：

第一，逐步扩大法院的违法审查权限，有利于冲突在法院内部解决，以提高司法效率。具体做法为：第一步，凡是法律以下位阶的规范均纳入法院的审查范围，宜先从对其他规范性文件的审查开始。第二步，是将行政规章纳入违法审查的范围。第三步，是将部分（实施性的）行政法规纳入违法审查的范围。

第二，上位法优于下位法规则适用之完善。具体包括三个方面：(1)明确几种特殊情况下法律位阶的认定，如部门规章与政府规章、地方性法规、行政规范性文件、司法解释的位阶等；(2)“相抵触”的认定问题；(3)该规则适用的几种例外情况（经济特区授权法规、变通性规定的“下位法”、实施性规定的“下位法”优先适用）。

第三，特别法优于一般法规则适用之完善。特别法与一般法的制定主体必须是同一个机关。特别法与一般法的具体规定存在不一致情形。一般法中对该冲突解决规则有明确的规定。新的一般法与旧的特别法适用冲突的解决：旧特别法优于新一般法，仅在新的一般法明确废止旧的特别法的，才能适用新的一般法。

第四，新法优于旧法规则适用之完善。新法与旧法是同一机关制定的。新法和旧法都是有效法。新法与旧法的规定不一致。新法中对该冲突解决规则有明确的规定。

第五，处理法律适用冲突时，必须保障法官的自由裁量权以发挥司法能动性。法官自由裁量权的运用能够弥补法律在立法时规定上的不足，协调法律之间的相互冲突和矛盾，增强法律在适用过程中的合理性与正义性。同时，也需要从统一裁判尺度和培养司法人员统一的职业思维两方面对法官的自由裁量权加以规范，使其合理运用，以保障法制统一。

第六，在行政诉讼中适当引入社会共同参与机制，这可以使行政审判中产生的冲突问题坦陈于公民面前，往往涉及法律适用冲突问题的案件其疑难性较强，因此通过专家、学者的司法参与，能够更深入地从法理上对这些疑难问题进行探讨，从而有助于协调冲突，形成有较强明理性、说服力、公信力的合法判决。

结　语

亚里士多德认为法治应当包含两层含义，即法治有两个条件或标准，“已成立的法律获得普遍的服从，而大家所服从的法律又应该本身是制定得良好的法律”。[1]良法是善治之前提。从理想主义角度而言，良好的法律必须是一个门类齐全、结构严谨、和谐完备的统一体。法律被描绘成一幅规则体系的图画，然而这似乎太过简单，尤其是当人们在司法实践中不断遇到一些疑难案件、复杂案件时，如何处理其中涉及的法律关系，如何正确地解决争议性的纠纷，需要司法人员、法学学者充分发挥想象力，从现有的陈旧模式中跳脱出来，建立一种对我们错综复杂的实践而言更为真实的模式。

尽管法律从应然角度而言是完备的，是前后统一的，但实际上“天网恢恢、疏而不漏”的法律只是一种理想状态，由于立法技术、部门利益、价值冲突等原因，我国法律、法规、规章和司法解释等法律规范之间相互冲突的现象并不少见，法律的不完备才是一种恒常的客观存在。“规范之间有可能发生冲突是法律规范自身的一大局限性。”[2]理想的良法与现实中法的局限性之间的矛盾损害了法治的权威性和有效性，只有通过构建一套合理的解决法律适用冲突问题

〔1〕［古希腊］亚里士多德：《政治学》，吴寿彭译，商务印书馆2017年版，第202页。
〔2〕［德］阿列克西：《法律论证理论》，舒国滢译，中国法制出版社2002年版，第2—3页。

的规则才能将法律本身性质的不完善导致的冲突减至最小化。

中国特色社会主义法律体系的形成，标志着我国法律制度的发展、法学研究的发展都迈入了一个崭新的阶段。中国特色社会主义法治体系建设也要求我们必须坚持立法先行，发挥立法的引领和推动作用，提高立法质量。因此，中国特色社会主义法律体系的形成并不是立法活动的终结，而是下一个新的开始。社会实践是法律的基础，法律是社会实践的总结。我国正处于深刻的社会变革过程中，各种利益的交结博弈使得司法过程也呈现出动态发展模式。成文法的局限性使得法律漏洞在事实上是不可避免的。如现行法对某一生活事实根本未作规定，或虽有规定但不完全，或作了不妥当的规定，或有两个以上相互矛盾的规定，这时即可得出结论：对于该生活事实，存在法律漏洞。[1]既然法律漏洞是不可避免的，立法在客观上无法做到尽善尽美，那么我们只有通过研究法律适用中显现出的一系列冲突问题的解决原则和解决机制，通过完善法律适用制度以弥补法律漏洞，才能应对法律规定不周延，维护法制统一。

行政审判涉及的法律规范层级和门类较多，正确适用法律，必须准确地掌握法律、行政法规、地方性法规、自治条例和单行条例、部门规章、地方政府规章等不同层次的规范性文件的效力及其相互之间的关系。而司法实践中有关的法律适用规则并没有统一化，在法律适用中经常遇到如何识别法律依据、解决法律规范冲突等各种疑难问题。行政审判在解决法律规范冲突、维护法制统一中所起的作用越来越突出。为准确适用法律规范，确保行政案件的公正审理，提高行政审判的效率，维护国家法制的统一和尊严，对行政诉讼法律适用冲突进行系统研究是十分有必要的。

---

〔1〕 黄茂荣：《法学方法与现代民法》，法律出版社 2007 年版，第 36 页。

本书即是以上述问题研究为导向，总体写作脉络大致沿着对行政诉讼法律适用冲突问题的学理基础进行阐述，对法律适用冲突现象作出类型化分类，分析法律适用冲突现象产生的各种原因，并提出了解决该冲突问题的指导原则和解决路径。本书对行政诉讼法律适用冲突问题进行了全方位、多视角的立体诠释，较多运用了规范性、文本性的研究方法，所涉及的法律条文大多包含在《行政诉讼法》和《立法法》中。2014 年 11 月，我国《行政诉讼法》大修；2015 年 3 月，又逢《立法法》大修；2017 年 6 月，《行政诉讼法》第二次修订；2018 年 2 月，《最高人民法院关于适用〈中华人民共和国行政诉讼法〉的解释》正式施行。近几年来这些变动巨大的立法实践说明，目前国家对于行政诉讼及其法律适用问题给予了高度的关注，新形势、新实践带给司法工作者更高的要求，在立法基本结构体系已经建立起来的前提下，对不断变化中的司法现象进行研究或许更具有现实意义。本书也是在《行政诉讼法》及其司法解释、《立法法》大修后结合新的立法规定和司法实践对法律适用冲突问题的再次探讨，以期该项研究能够为弥补立法的不完备所造成的矛盾及问题提供解决的框架性思路、对症下药，找出具体的解决原则与解决路径，为司法制度的改革与完善添砖加瓦、贡献力量。

参考文献

一、 中文

（一）著作

1. 马怀德主编:《司法改革与行政诉讼制度的完善》,中国政法大学出版社 2006 年版。

2. 马怀德主编:《行政法与行政诉讼法(第五版)》,中国法制出版社 2015 年版。

3. 马怀德主编:《我国法律冲突的实证研究》,中国法制出版社 2010 年版。

4. 马怀德主编:《新编中华人民共和国行政诉讼法释义》,中国法制出版社 2014 年版。

5. 马怀德编著:《行政法与行政诉讼法学案例教程》,知识产权出版社 2014 年版。

6. 马怀德主编:《行政诉讼原理》,法律出版社 2009 年版。

7. 王旭:《行政法解释学研究:基本原理、实践技术与中国问题》,中国法制出版社 2010 年版。

8. 王名扬:《英国行政法》,北京大学出版社 2016 年版。

9. 王名扬:《法国行政法》,北京大学出版社 2016 年版。

10. 王名扬:《美国行政法(上下)》,北京大学出版社 2016 年版。

11. 王利明:《迈向法治:从法律体系到法治体系》,中国人民大学出版社 2015 年版。

12. 王利明:《法治:良法与善治》,北京大学出版社 2015 年版。

13. 王泽鉴:《法律思维与民法实例》,中国政法大学出版社 2001 年版。

14. 王学辉主编:《行政诉讼制度比较研究》,中国检察出版社 2004 年版。

15. 王振宇:《行政诉讼制度研究》,中国人民大学出版社 2012 年版。

16. 井涛:《法律适用的和谐与归一——论法官的自由裁量权》,中国方正出版社 2001 年版。

17. 中华人民共和国国务院新闻办公室:《中国特色社会主义法律体系》,人民出版社 2011 年版。

18. 中华人民共和国最高人民法院行政审判庭编:《中国行政审判案例》,中国法制出版社 2013 年版。

19. 公丕祥主编:《法理学(第三版)》,复旦大学出版社 2016 年版。

20. 公丕祥:《法制现代化的理论逻辑》,中国政法大学出版社 1999 年版。

21. 文正邦主编:《法治政府建构论》,法律出版社 2002 年版。

22. 孔祥俊:《法律规范冲突的选择适用与漏洞填补》,人民法院出版社 2004 年版。

23. 甘文:《行政诉讼司法解释之评论——理由、观点与问题》,中国法制出版社 2003 年版。

24. 叶必丰:《行政法与行政诉讼法(第三版)》,高等教育出版社 2015 年版。

25. 叶必丰、周佑勇:《行政规范研究》,法律出版社 2002 年版。

26. 包万超:《行政法与社会科学》,商务印书馆 2011 年版。

27. 朱景文主编:《中国人民大学中国法律发展报告(2014)——建设法治政府》,中国人民大学出版社 2015 年版。

28. 朱新力:《司法审查的基准:探索行政诉讼的裁判技术》,法律出版社 2005 年版。

29. 乔晓阳主编:《立法法讲话》,中国民主法制出版社 2000 年版。

30. 伍劲松:《行政解释研究:以行政执法与适用为视角》,人民出版社 2010 年版。

31. 全国人大常委会法制工作委员会行政法室编著:《中华人民共和国行政诉讼法解读》,中国法制出版社 2014 年版。

32. 刘东亮:《行政诉讼程序的改革与完善:行政行为司法审查标准问题研究》,中国法制出版社 2010 年版。

33. 刘行:《行政审判依据研究》,中国法制出版社 2011 年版。

34. 刘莘:《行政立法研究》,法律出版社 2003 年版。

35. 刘莘主编:《立法法》,北京大学出版社 2008 年版。

36. 刘善春:《行政诉讼价值论》,法律出版社 1998 年版。

37. 关保英主编:《行政法与行政诉讼法:理论·实务·案例(第二版)》,中国政法大学出版社 2015 年版。

38. 关保英主编:《行政法思想宝库》,山东人民出版社 2015 年版。

39. 关保英:《比较行政法学(第二版)》,法律出版社 2014 年版。

40. 关保英:《行政法案例教程(修订版)》,中国政法大学出版社 2013 年版。

41. 关保英:《行政法教科书之总论行政法(第二版)》,中国政法大学出版社 2009 年版。

42. 江必新、邵长茂:《新行政诉讼法修改条文理解与适用》,中国法制出版社 2015 年版。

43. 江必新、梁凤云:《最高人民法院新行政诉讼法司法解释理解与适用》,中国法制出版社 2015 年版。

44. 江必新、梁凤云:《行政诉讼法理论与实务(上下卷·第二版)》,北京大学出版社 2011 年版。

45. 江必新主编:《中国行政诉讼制度的完善》,法律出版社 2005 年版。

46. 江伟主编:《民事诉讼法(第三版)》,北京大学出版社 2015 年版。

47. 李步云、汪永清:《中国立法的基本理论和制度》,中国法制出版社 1998 年版。

48. 李纬华:《行政案件法律适用方法》,法律出版社 2011 年版。

49. 杨仁寿:《法学方法论(第二版)》,中国政法大学出版社 2013 年版。

50. 杨伟东:《权力结构中的行政诉讼》,北京大学出版社 2008 年版。

51. 杨伟东:《行政行为司法审查强度研究——行政审判权纵向范围分析》,中国人民大学出版社 2003 年版。

52. 杨建顺:《日本行政法通论》,中国法制出版社 1998 年版。

53. 杨海坤、章志远:《中国行政法原论》,中国人民大学出版社 2007 年版。

54. 杨海坤、章志远主编:《行政诉讼法专题研究评述》,中国法制出版社 2006 年版。

55. 杨解君:《行政法与行政诉讼法》,清华大学出版社 2009 年版。

56. 肖金明:《法治行政的逻辑》,中国政法大学出版社 2004 年版。

57. 肖建国:《民事诉讼程序价值论》,中国人民大学出版社 2000 年版。

58. 吴庚:《行政法之理论与实用(增订八版)》,中国人民大学出版社 2005 年版。

59. 吴淞豫:《行政诉讼证据合法性研究》,法律出版社 2009 年版。

60. 何海波:《司法审查的合法性基础:英国话题》,中国政法大学出版社 2005 年版。

61. 应松年主编:《中华人民共和国行政诉讼法修改条文释义与点评》,人民法院出版社 2015 年版。

62. 应松年主编:《行政诉讼法学(第六版)》,中国政法大学出版社 2015 年版。

63. 应松年主编:《英美法德日五国行政法》,中国政法大学出版社 2015 年版。

64. 应松年、杨伟东主编:《中国行政法学 20 年研究报告》,中国政法大学出版社 2008 年版。

65. 应松年:《当代中国行政法(上册)》,中国方正出版社 2005 年版。

66. 冷罗生:《日本现代审判制度》,中国政法大学出版社 2003 年版。

67. 汪庆华:《政治中的司法:中国行政诉讼的法律社会学考察》,清华大学出版社 2011 年版。

68. 沈宗灵主编:《法理学(第四版)》,北京大学出版社 2014 年版。

69. 沈德咏主编:《最高人民法院公报案例大全》,人民法院出版社 2009 年版。

70. 张千帆主编:《宪法学(第三版)》,法律出版社 2015 年版。

71. 张文显主编:《良法善治:民主法治与国家治理》,法律出版社 2015 年版。

72. 张文显主编:《中国特色社会主义司法理论体系研究》,法律出版社 2014 年版。

73. 张文显主编:《法理学(第四版)》,高等教育出版社、北京大学出版社 2011 年版。

74. 张文显:《二十世纪西方法哲学思潮研究》,法律出版社 1996 年版。

75. 张旭勇:《行政判决的分析与重构》,北京大学出版社 2006 年版。

76. 张志铭:《法律解释操作分析》,中国政法大学出版社 1998 年版。

77. 张春生主编:《中华人民共和国立法法释义》,法律出版社 2000 年版。

78. 张树义:《行政诉讼法学(第二版)》,中国政法大学出版社 2015 年版。

79. 张树义:《寻求行政诉讼制度发展的良性循环》,中国政法大学出版社 2000 年版。

80. 张保生:《法律推理的理论与方法》,中国政法大学出版社 2000 年版。

81. 张淑芳:《宪法运作的实证分析》,山东人民出版社 2011 年版。

82. 张淑芳:《行政法援用研究》,中国政法大学出版社 2008 年版。

83. 陈金钊:《法治与法律方法》,山东人民出版社 2003 年版。

84. 陈金钊:《法律解释的哲理》,山东人民出版社 1999 年版。

85. 陈新民:《中国行政法学原理》,中国政法大学出版社 2002 年版。

86. 范愉:《司法制度概论》,中国人民大学出版社 2004 年版。

87. 林莉红:《中国行政救济理论与实务》,武汉大学出版社 2000 年版。

88. 林莉红:《行政诉讼法学》,武汉大学出版社 2009 年版。

89. 林腾鹞:《行政法总论》,台湾三民书局 1999 年版。

90. 卓泽渊:《法的价值论》,法律出版社 1999 年版。

91. 国家法官学院、德国国际合作机构:《法律适用方法——行政法案例分析》,中国法制出版社 2012 年版。

92. 罗豪才、湛中乐主编:《行政法学(第三版)》,北京大学出版社 2012 年版。

93. 罗豪才编:《行政法的新视野》,商务印书馆 2011 年版。

94. 季卫东:《法治秩序的建构(增补版)》,商务印书馆 2014 年版。

95. 周永坤主编:《法理学》,法律出版社 2004 年版。

96. 周旺生:《立法学(第二版)》,法律出版社 2009 年版。

97. 周旺生:《立法学教程》,北京大学出版社 2006 年版。

98. 赵树坤:《社会冲突与法律控制》,法律出版社 2008 年版。

99. 胡玉鸿主编:《法律原理与技术(第二版)》,中国政法大学出版社 2007 年版。

100. 胡冰夏:《司法权:性质与构成的分析》,人民法院出版社 2003 年版。

101. 胡肖华主编:《权利与权力的博弈——行政诉讼法修改纵横谈》,中国法制出版社 2005 年版。

102. 胡建淼:《行政法学(第四版)》,法律出版社 2015 年版。

103. 胡建淼主编:《法律规范:评估与审查》,知识产权出版社 2015 年版。

104. 胡建淼等:《中国大陆行政诉讼:制度立法与案例》,浙江大学出版社 2011 年版。

105. 胡建淼主编:《法律适用学》,浙江大学出版社 2010 年版。

106. 胡建淼主编:《行政诉讼法学》,复旦大学出版社 2010 年版。

107. 胡锦光、莫于川:《行政法与行政诉讼法概论》,中国人民大学出版社 2009 年版。

108. 姜明安主编:《行政法论丛(第 17 卷)》,法律出版社 2015 年版。

109. 姜明安:《法规审查与法规评价研究》,北京大学出版社 2014 年版。

110. 姜明安主编:《行政法与行政诉讼法(第六版)》,北京大学出版社、高等教育出版社 2015 年版。

111. 顾建亚:《行政法律规范冲突的适用规则研究》,浙江大学出版社 2010 年版。

112. 徐秀义、韩大元:《现代法学基本原理》,中国人民公安大学出版社 2001 年版。

113. 徐国栋:《民法基本原则解释:诚信原则的历史、实务、法理研究》,北京大学出版社 2013 年版。

114. 翁岳生:《法治国家之行政与司法》,台湾月旦出版社股份有限公司 1994 年版。

115. 翁岳生编:《行政法(上册)》,中国法制出版社 2000 年版。

116. 高秦伟:《行政法规范解释论》,中国人民大学出版社 2008 年版。

117. 黄竹胜:《行政法解释的理论建构》,山东人民出版社 2007 年版。

118. 黄建辉:《法律漏洞 · 类推适用》,台湾蔚理法律出版社 1988 年版。

119. 龚祥瑞:《比较宪法与行政法》,法律出版社 2012 年版。

120. 崔卓兰、于立深:《行政规章研究》,吉林人民出版社 2002

年版。

121. 章志远:《行政诉讼法前沿问题研究》,山东人民出版社2008年版。

122. 章志远:《行政诉讼类型构造研究》,法律出版社2007年版。

123. 章剑生:《现代行政法基本理论(第二版)》,法律出版社2014年版。

124. 章剑生主编:《行政诉讼判决研究》,浙江大学出版社2010年版。

125. 梁凤云:《新行政诉讼法逐条注释》,中国法制出版社2017年版。

126. 梁凤云:《最高人民法院行政诉讼批复答复释解与应用》,中国法制出版社2011年版。

127. 梁慧星:《民法解释学(第四版)》,法律出版社2015年版。

128. 梁慧星:《裁判的方法(第二版)》,法律出版社2012年版。

129. 董皞:《司法解释论》,中国政法大学出版社2007年版。

130. 韩大元编著:《1954年宪法与中国宪政(第二版)》,武汉大学出版社2008年版。

131. 最高人民法院行政审判庭编:《行政执法与行政审判》,中国法制出版社2013年版。

132. 最高人民法院行政审判庭编著:《最高人民法院行政诉讼司法解释理解与适用》,人民法院出版社2018年版。

133. 最高人民法院研究室编:《新编民事诉讼司法解释理解与适用》,法律出版社2015年版。

134. 湛中乐:《现代行政过程论——法治理念、原则与制度》,北京大学出版社2005年版。

135. 解志勇:《论行政诉讼审查标准:兼论行政诉讼审查前提问

题》，中国人民公安大学出版社2009年版。

136. 蔡小雪等：《行政诉讼中的法律适用——最高人民法院行政诉讼批复答复解析》，人民法院出版社2011年版。

137. 蔡小雪：《行政诉讼证据规则及运用》，人民法院出版社2006年版。

138. 蔡小雪：《行政审判中的合法性审查》，人民法院出版社1999年版。

139. [法]狄骥：《公法的变迁》，郑戈译，中国法制出版社2010年版。

140. [日]盐野宏：《行政救济法》，杨建顺译，北京大学出版社2008年版。

141. [印]M.P.赛夫：《德国行政法——普通法的分析》，周伟译，台湾五南图书出版公司1991年版。

142. [英]L.布朗、[法]约翰·贝尔：《法国行政法》，高秦伟、王锴译，中国人民大学出版社2006年版。

143. [英]T.R.S.艾伦：《法律、自由与正义：英国宪政的法律基础》，成协中、江菁译，法律出版社2006年版。

144. [英]丹宁：《法律的正当程序》，李克强等译，法律出版社1999年版。

145. [英]卡罗尔·哈洛、理查德·罗林斯：《法律与行政》，杨伟东等译，商务印书馆2004年版。

146. [英]彼得·莱兰、戈登·安东尼：《英国行政法教科书》，杨伟东译，北京大学出版社2007年版。

147. [英]彼得·斯坦等：《西方社会的法律价值》，王献平译，中国法制出版社2004年版。

148. [英]威廉·韦德：《行政法》，徐炳译，中国大百科全书出版社 1997 年版。

149. [英]保罗·克雷格:《英国与美国的公法与民主》,毕洪海译,中国人民大学出版社 2008 年版。

150. [英]洛克:《政府论》,叶启芳、瞿菊农译,商务印书馆 1996 年版。

151. [法]卢梭:《社会契约论》,李平沤译,商务印书馆 2011 年版。

152. [法]让·里韦罗、让·瓦里纳:《法国行政法》,鲁仁译,商务印书馆 2008 年版。

153. [法]孟德斯鸠:《论法的精神》(上、下卷),许明龙译,商务印书馆 2012 年版。

154. [法]勒内·达维:《英国法与法国法:一种实质性比较》,潘华仿等译,清华大学出版社 2002 年版。

155. [美]本杰明·卡多佐:《司法过程的性质》,苏力译,商务印书馆 1997 年版。

156. [美]史蒂文·卡恩:《行政法原理与案例》,张梦中等译,中山大学出版社 2004 年版。

157. [美]弗里曼:《合作治理与新行政法》,毕洪海、陈标冲译,商务印书馆 2010 年版。

158. [美]克里斯托弗·沃尔夫:《司法能动主义——自由的保障还是安全的威胁?》,黄金荣译,中国政法大学出版社 2004 年版。

159. [美]罗斯科·庞德:《法理学(第三卷)》,廖德宇译,法律出版社 2007 年版。

160. [美]罗斯科·庞德:《通过法律的社会控制》,沈宗灵译,商务印书馆 2010 年版。

161. [美]彼得·H.舒克:《行政法基础》,王诚等译,法律出版社 2009 年版。

162. [美]彼得·德恩里科、邓子滨编著:《法的门前》,北京大学出版社 2012 年版。

163. [美]理查德·B.斯图尔特:《美国行政法的重构》,沈岿译,商务印书馆 2011 年版。

164. [美]盖尔霍恩、利文:《行政法与行政程序》,黄列译,中国社会科学出版社 1996 年版。

165. [美]博登海默:《法理学——法律哲学与法律方法》,邓正来译,中国政法大学出版社 1999 年版。

166. [奥]凯尔森:《法与国家的一般理论》,沈宗灵译,商务印书馆 2013 年版。

167. [德]平特纳:《德国普通行政法》,朱林译,中国政法大学出版社 1999 年版。

168. [德]卡尔·拉伦茨:《法学方法论》,陈爱娥译,商务印书馆 2003 年版。

169. [德]弗里德尼希·卡尔·冯·萨维尼:《论立法与法学的当代使命》,许章润译,中国法制出版社 2001 年版。

170. [德]伯恩·魏德士:《法理学》,丁小春、吴越译,法律出版社 2003 年版。

171. [德]汉斯·J.沃尔夫、奥托·巴霍夫、罗尔夫·施托贝尔:《行政法》(一二三卷),高家伟译,商务印书馆 2002 年版。

172. [德]拉德布鲁赫:《法学导论》,米健译,商务印书馆 2013 年版。

173. [德]茨威格特、克茨:《比较法总论》,潘汉典等译,法律出版社 2003 年版。

174. [德]哈特穆特·毛雷尔:《行政法学总论》,高家伟译,法律出版社 2000 年版。

175. [德]施密特·阿斯曼:《秩序理念下的行政法体系建构》,林明锵等译,北京大学出版社 2012 年版。

176. [德]奥托·迈耶:《德国行政法》,刘飞译,商务印书馆 2013 年版。

(二) 论文

1. 马怀德、葛波蔚:《WTO 与中国行政诉讼制度的发展——兼论对现行行政诉讼法的修改》,载《政法论坛》2002 年第 2 期。

2. 王世荣:《中国古代的判例研究:一个学术史的考察》,载《中国法学》2006 年第 1 期。

3. 王利明:《论中国判例制度的创建》,载《判解研究》2000 年第 1 期。

4. 王利明:《我国案例指导制度若干问题研究》,载《法学》2012 年第 1 期。

5. 王贵松:《法院对法律冲突问题的应对:现状与前瞻》,载《法商研究》2010 年第 2 期。

6. 方世荣:《论维护行政法制统一与行政诉讼制度创新》,载《中国法学》2004 年第 1 期。

7. 孔祥俊:《论法官在法律规范冲突中的选择适用权》,载《法律适用》2004 年第 4 期。

8. 叶必丰:《行政规范法律地位的制度论证》,载《中国法学》2003 年第 5 期。

9. 向忠诚:《行政审判权:一种具有政治性的司法权力》,载《行政与法》2007 年第 2 期。

10. 刘知了:《行政诉讼中人民法院对行政规章的解释》,载《理论月刊》2005 年第 11 期。

11. 刘振宇:《法律冲突时的适用标准——以刘家海诉交警部门

案为例》,载《行政与法》2011 年第 6 期。

12. 刘莘:《关于行政诉讼法律适用制度修改的思考》,载《苏州大学学报》2012 年第 1 期。

13. 刘善春、刘德敏:《行政审判中的规则阐明问题研究》,载《政法论坛》2006 年第 5 期。

14. 关保英:《行政规范性文件的法律地位研究》,载《河南司法警官职业学院学报》2003 年第 1 期。

15. 关保英:《行政法案例的范畴及价值研究》,载《行政法学研究》2013 年第 1 期。

16. 江必新:《论司法自由裁量权》,载《法律适用》2006 年第 11 期。

17. 许蔚东:《超越个案:诉讼批复答复的价值解析与功能优化》,载《法律适用》2014 年第 1 期。

18. 孙笑侠、熊静波:《判决与民意——兼比较考察中美法官如何对待民意》,载《政法论坛》2005 年第 5 期。

19. 苏力:《当代中国法律中的习惯——一个制定法的透视》,载《法学评论》2001 年第 3 期。

20. 苏力:《解释的难题:对几种法律文本解释方法的追问》,载《中国社会科学》1997 年第 4 期。

21. 李卫华:《论对抽象行政行为的司法审查》,载《河南政法管理干部学院学报》2000 年第 2 期。

22. 李琪:《20 年来我国立法权和行政权及其相互关系的完善与发展》,载《政治学研究》1998 年第 4 期。

23. 杨小君:《行政法律规范的冲突》,载《国家行政学院学报》2006 年第 3 期。

24. 杨开湘、姚丽雅:《论司法过程对法律漏洞的填补》,载《中南大学学报(社会科学版)》2003 年第 12 期。

25. 杨伟东:《行政行为司法审查强度研究——行政审判权纵向范围分析》,中国政法大学 2001 年博士论文。

26. 杨利敏:《我国立法法关于权限规定的缺陷分析》,载《法学》2000 年第 6 期。

27. 杨忠文、杨兆岩:《法的效力等级辨析》,载《求是学刊》2003 年第 6 期。

28. 吴春雷:《司法裁判中的法律原则适用质疑》,载《法学杂志》2005 年第 2 期。

29. 吴鹏:《中国行政诉讼法律适用中的法律规范审查》,载《法学杂志》2007 年第 2 期。

30. 吴鹏:《中国行政法法源理论的问题及其重构》,载《政治与法律》2006 年第 4 期。

31. 应松年、何海波:《我国行政法的渊源——反思与重述》,载《公法研究》2004 年 00 期。

32. 沈荣华:《关于地方政府规章的若干思考》,载《中国法学》2000 年第 1 期。

33. 沈福俊、林茗:《行政法基本原则的司法适用问题探究》,载《华东政法学院学报》2006 年第 3 期。

34. 张志铭:《中国的法律解释体制》,载《中国社会科学》1997 年第 2 期。

35. 张治宇:《行政判决·行政判例·行政判例法——一种比较的视角》,载《行政法学研究》2005 年第 4 期。

36. 张建:《论我国判例法的创制》,载《华东政法学院学报》1999 年第 6 期。

37. 张恒山:《“法的价值”概念辨析》,载《中外法学》1999 年第 5 期。

38. 张淑芳:《行政法的适用》,载《法学研究》2000 年第 5 期。

39. 张淑芳:《地方立法客体的选择条件及基本范畴研究》,载《法律科学》2015 年第 1 期。

40. 张淑芳:《行政主体适用法律法规错误研究》,载《法律科学》2013 年第 6 期。

41. 张淑芳:《行政规章越权研究》,载《河南财经政法大学学报》2012 年第 2 期。

42. 张淑芳:《论行政法规与行政法律的界限》,载《比较法研究》2012 年第 2 期。

43. 张翔:《公权制衡原则与宪法解释——司法审查以及宪法法院制度下的经验与理论》,载《法商研究》2002 年第 6 期。

44. 陈卫东、李训虎:《公正、效率与审级制度改革》,载《政法论坛》2003 年第 5 期。

45. 陈金钊:《司法过程中的法律发现》,载《中国法学》2002 年第 1 期。

46. 陈金钊:《何谓法律解释——对〈立法法〉中设置“法律解释”一节的认识》,载《法学评论》2001 年第 1 期。

47. 陈金钊:《法律论证及其意义》,载《河南省政法管理干部学院学报》2004 年第 4 期。

48. 陈金钊:《法律思维及其对法治的意义》,载《法商研究》2003 年第 6 期。

49. 陈春龙:《中国司法解释的地位与功能》,载《中国法学》2003 年第 1 期。

50. 陈端洪:《司法与民主:中国司法民主化及其批判》,载《中外法学》1998 年第 4 期。

51. 武乾:《中国近代判例制度及其特征》,载《现代法学》2001 年第 2 期。

52. 范忠信、侯猛:《法律冲突问题的法理认识》,载《江苏社会科学》2000 年第 4 期。

53. 罗豪才:《行政法的核心与理论模式》,载《法学》2002 年第 8 期。

54. 罗豪才:《现代行政法制的发展趋势》,载《国家行政学院学报》2001 年第 5 期。

55. 金国坤:《论行政规范性文件的法律规范》,载《国家行政学院学报》2003 年第 6 期。

56. 周永坤:《法治视角下的立法法——立法法若干不足之评析》,载《法学评论》2001 年第 2 期。

57. 周伟:《宪法解释案例实证研究》,载《中国法学》2002 年第 2 期。

58. 周伟:《通过案例解释法律:最高人民法院案例指导制度的发展》,载《当代法学》2009 年第 2 期。

59. 周佑勇:《行政法基本原则的反思与重构》,载《中国法学》2003 年第 4 期。

60. 赵静波:《行政判例制度研究》,吉林大学 2008 年博士论文。

61. 胡云腾、于同志:《案例指导制度若干重大疑难争议问题研究》,载《法学研究》2008 年第 6 期。

62. 胡玉鸿:《行政审判权的政治性》,载《法学》2004 年第 5 期。

63. 胡玉鸿:《试论法律位阶划分的标准——兼及行政法规与地方性法规之间的位阶问题》,载《中国法学》2004 年第 3 期。

64. 胡建峰:《论行政规则在司法审查中的地位》,载《行政法学研究》2004 年第 1 期。

65. 姜保忠:《法律解释及其在法律适用中的作用》,载《法学杂志》2011 年第 6 期。

66. 袁曙宏、韩春晖:《社会转型时期的法治发展规律研究》,载《法学研究》2006 年第 4 期。

67. 夏秀渊:《论法官管理体制改革》,载《行政与法》2003 年第 1 期。

68. 夏锦文、莫良元:《社会转型中案例指导制度的性质定位与价值维度》,载《法学》2009 年第 11 期。

69. 夏锦文:《世纪沉浮:司法独立的思想与制度变迁——以司法现代化为视角的考察》,载《政法论坛》2004 年第 1 期。

70. 顾建亚:《法律位阶划分标准探新》,载《浙江大学学报(人文社会科学版)》2006 年第 6 期。

71. 钱建华:《行政审判依据间的冲突及选择的操作分析》,载《河北法学》2006 年第 1 期。

72. 黄先雄:《从司法权与行政权的关系看我国行政诉讼制度的困境》,载《中南大学学报(社会科学版)》2004 年第 4 期。

73. 曹士兵:《最高人民法院裁判、司法解释的法律地位》,载《中国法学》2006 年第 3 期。

74. 曹南屏:《论司法公正及其制度保障》,载《清华法律评论》2000 年第 3 辑。

75. 崔文俊:《对行政法规行政审判依据地位问题的探讨》,载《行政论坛》2007 年第 4 期。

76. 章剑生:《依法审判中的"行政法规"——以〈行政诉讼法〉第 52 条第 1 句为分析对象》,载《华东政法大学学报》2012 年第 2 期。

77. 梁冬梅:《行政诉讼法律适用问题解决的对策》,载《社会科学战线》2009 年第 9 期。

78. 葛洪义:《法官的权力——中国法官权力约束制度研究》,载《中国法学》2003 年第 4 期。

79. 董茂云:《法典法、判例法与中国的法典化道路》,载《比较法研究》1997 年第 1 期。

80. 董皞、贺晓翊:《指导性案例在统一法律适用中的技术探讨》,载《法学》2008 年第 11 期。

81. 董皞:《论行政审判对行政规范的审查与适用》,载《中国法学》2000 年第 5 期。

82. 蒋中东:《论行政审判依据——以成文法依据为中心》,载《公法研究》2005 年第 2 期。

83. 蒋惠岭:《目的解释法的理论及适用(上)》,载《法律适用》2002 年第 8 期。

84. 曾德军:《从立法中心主义到司法中心主义的转变——关于法治另一条道路的思考》,载《求索》2007 年第 6 期。

85. 蔡小雪:《国务院下属部门规范性文件的法律效力判断与适用》,载《人民司法》2008 年第 4 期。

86. 蔡小雪:《国务院办公厅发布的规范性文件的法律效力的判断与适用》,载《行政执法与行政审判》2007 年第 6 辑。

87. 蔡定剑:《法律冲突及其解决的途径》,载《中国法学》1999 年第 3 期。

88. 滕彪:《"司法"的变迁》,载《中外法学》2002 年第 6 期。

二、 英文

1. Alfred C. Aman, Jr., William T. Mayton, Administrative Law, Second Edition, West Group, 2001.

2. Alfred C. Aman, The Limits of Globalization and the Future of Administrative Law: From Government to Governance. Indiana Journal of Global Legal Studies, Spring 2001, Volume 8.

3. Alfred C. Aman，Proposals for Reforming the Administrative Procedure Act：Globalization，Democracy and the Furtherance of a Global Public Interest. Indiana Journal of Global Legal Studies，Spring，1999，Volume 6.

4. Arend Lijphart，Patterns of Democracy：Government Forms and Performance in Thirty-six Countries，Yale University Press，1999.

5. Christopher F.Edley，Administrative Law：Rethinking Judicial Control of Bureaucracy，Yale University Press，1992.

6. Conita S. C. Leung，Chinese Administrative Law Package：Limitations and Prospects，Hong Kong Law Journal，1998.

7. Damien Cremean，Rereading Administrative Law in the 21st Century，Fourth Edition，LexisNexis，2010.

8. Dr. Daniel E. Hall，Administrative Law：Bureaucracy in a Democracy，Sixth Edition，Pearson Education Inc，2014.

9. Eduardo Jordão & Susan Rose-Ackerman，Judicial Review of Executive Policymaking in Advanced Democracies：Beyond Rights Review，Administrative Law Review，66 Winter，2014.

10. Ernest Gellhorn，Ronald M. Levin：Administrative Law and Process，West Publishing Company，1997.

11. Ernest Gellhorn，Regulated Industry，West Publishing Company，1999.

12. F. Warren，Administrative Law in the Political System，Second Edition，West Publishing Company，1988.

13. Fox，William F.，Understanding Administrative Law，LexisNexis，2012.

14. Frank B.Cross, Pragmatic Pathologies of Judicial Review of Administrative Rulemaking, North Carolina Law Review, April, 2000.

15. Günter Frankenberg, Political Technology and The Erosion of The Rule of Law, Edward Elgar Publishing Ltd, 2014.

16. Herwig C.H.Hofmann, Alexander H.Türk, Legal Challenges in EU Administrative Law, Edward Elgar Publishing Ltd, 2009.

17. Jerry L. Mashaw, Creating the Administrative Constitution: The Lost One Hundred Years of American Administrative Law, Yale University Press, 2012.

18. Keith Werhan, Principles of Administrative Law, Second edition, West Academic Publishing, 2014.

19. Li Yahong, A Solution to the Problems in the Chinese Legislative System? Hong Kong Law Journal, 2000.

20. Lu, Lynn D., Standing in the Shadow of Tax Exceptionalism: Expanding Access to Judicial Review of Federal Agency Rules, Administrative Law Review, 66 Winter, 2014.

21. Michael Louis Corrado, Comparative Constitutional Review: Cases and Materials, Carolina Academic Press, 2005.

22. Paul Kahn, The Reign of Law: Marbury v. Madison and the Construction of America, Yale University Press, 1997.

23. Roger A. Shiner, Legal Institutions and the Sources of Law, Springer, 2005.

24. Steven J.Cann, Administrative Law, California: Sage Publications, Inc., 1995.

25. Susan Rose-Ackerman, Peter L. Lindseth Edited, Comparative Administrative Law, Edward Elgar Publishing Ltd, 2010.

26. Susan Rose-Ackerman, Henry R. Luce Edited, Economics of Administrative Law, Edward Elgar Publishing Ltd, 2008.

27. Vanberg, Georg, Constitutional Review in Comparative Perspective: The Politics of Constitutional Review in Germany, Cambridge University Press, 2005.

28. William F. Funk, Richard H. Seamon, Administrative Law: Examples & Explanations, Wolters Kluwer Law & Business, 2012.

附　录

文件一：2017年《中华人民共和国行政诉讼法》相关法条

（1989年4月4日第七届全国人民代表大会第二次会议通过　根据2014年11月1日第十二届全国人民代表大会常务委员会第十一次会议《关于修改〈中华人民共和国行政诉讼法〉的决定》第一次修正　根据2017年6月27日第十二届全国人民代表大会常务委员会第二十八次会议《关于修改〈中华人民共和国民事诉讼法〉和〈中华人民共和国行政诉讼法〉的决定》第二次修正）

第六十三条　人民法院审理行政案件，以法律和行政法规、地方性法规为依据。地方性法规适用于本行政区域内发生的行政案件。

人民法院审理民族自治地方的行政案件，并以该民族自治地方的自治条例和单行条例为依据。

人民法院审理行政案件，参照规章。

第六十四条　人民法院在审理行政案件中，经审查认为本法第五十三条规定的规范性文件不合法的，不作为认定行政行为合法的依据，并向制定机关提出处理建议。

文件二:2015年《中华人民共和国立法法》相关法条

(2000年3月15日第九届全国人民代表大会第三次会议通过 根据2015年3月15日第十二届全国人民代表大会第三次会议《关于修改〈中华人民共和国立法法〉的决定》修正)

第五章 适用与备案审查

第八十七条 宪法具有最高的法律效力,一切法律、行政法规、地方性法规、自治条例和单行条例、规章都不得同宪法相抵触。

第八十八条 法律的效力高于行政法规、地方性法规、规章。

行政法规的效力高于地方性法规、规章。

第八十九条 地方性法规的效力高于本级和下级地方政府规章。

省、自治区的人民政府制定的规章的效力高于本行政区域内的设区的市、自治州的人民政府制定的规章。

第九十条 自治条例和单行条例依法对法律、行政法规、地方性法规作变通规定的,在本自治地方适用自治条例和单行条例的规定。

经济特区法规根据授权对法律、行政法规、地方性法规作变通规定的,在本经济特区适用经济特区法规的规定。

第九十一条 部门规章之间、部门规章与地方政府规章之间具有同等效力,在各自的权限范围内施行。

第九十二条 同一机关制定的法律、行政法规、地方性法规、自治条例和单行条例、规章,特别规定与一般规定不一致的,适用特别规定;新的规定与旧的规定不一致的,适用新的规定。

第九十三条 法律、行政法规、地方性法规、自治条例和单行条例、规章不溯及既往,但为了更好地保护公民、法人和其他组织的权利和利益而作的特别规定除外。

第九十四条 法律之间对同一事项的新的一般规定与旧的特别

规定不一致，不能确定如何适用时，由全国人民代表大会常务委员会裁决。

行政法规之间对同一事项的新的一般规定与旧的特别规定不一致，不能确定如何适用时，由国务院裁决。

第九十五条　地方性法规、规章之间不一致时，由有关机关依照下列规定的权限作出裁决：

（一）同一机关制定的新的一般规定与旧的特别规定不一致时，由制定机关裁决；

（二）地方性法规与部门规章之间对同一事项的规定不一致，不能确定如何适用时，由国务院提出意见，国务院认为应当适用地方性法规的，应当决定在该地方适用地方性法规的规定；认为应当适用部门规章的，应当提请全国人民代表大会常务委员会裁决；

（三）部门规章之间、部门规章与地方政府规章之间对同一事项的规定不一致时，由国务院裁决。

根据授权制定的法规与法律规定不一致，不能确定如何适用时，由全国人民代表大会常务委员会裁决。

第九十六条　法律、行政法规、地方性法规、自治条例和单行条例、规章有下列情形之一的，由有关机关依照本法第九十七条规定的权限予以改变或者撤销：

（一）超越权限的；

（二）下位法违反上位法规定的；

（三）规章之间对同一事项的规定不一致，经裁决应当改变或者撤销一方的规定的；

（四）规章的规定被认为不适当，应当予以改变或者撤销的；

（五）违背法定程序的。

第九十七条　改变或者撤销法律、行政法规、地方性法规、自治条例和单行条例、规章的权限是：

（一）全国人民代表大会有权改变或者撤销它的常务委员会制定的不适当的法律，有权撤销全国人民代表大会常务委员会批准的违背宪法和本法第七十五条第二款规定的自治条例和单行条例；

（二）全国人民代表大会常务委员会有权撤销同宪法和法律相抵触的行政法规，有权撤销同宪法、法律和行政法规相抵触的地方性法规，有权撤销省、自治区、直辖市的人民代表大会常务委员会批准的违背宪法和本法第七十五条第二款规定的自治条例和单行条例；

（三）国务院有权改变或者撤销不适当的部门规章和地方政府规章；

（四）省、自治区、直辖市的人民代表大会有权改变或者撤销它的常务委员会制定的和批准的不适当的地方性法规；

（五）地方人民代表大会常务委员会有权撤销本级人民政府制定的不适当的规章；

（六）省、自治区的人民政府有权改变或者撤销下一级人民政府制定的不适当的规章；

（七）授权机关有权撤销被授权机关制定的超越授权范围或者违背授权目的的法规，必要时可以撤销授权。

第九十八条　行政法规、地方性法规、自治条例和单行条例、规章应当在公布后的三十日内依照下列规定报有关机关备案：

（一）行政法规报全国人民代表大会常务委员会备案；

（二）省、自治区、直辖市的人民代表大会及其常务委员会制定的地方性法规，报全国人民代表大会常务委员会和国务院备案；设区的市、自治州的人民代表大会及其常务委员会制定的地方性法规，由省、自治区的人民代表大会常务委员会报全国人民代表大会常务委员会和国务院备案；

（三）自治州、自治县的人民代表大会制定的自治条例和单行条例，由省、自治区、直辖市的人民代表大会常务委员会报全国人民代表大会常务委员会和国务院备案；自治条例、单行条例报送备案时，应当说明对法律、行政法规、地方性法规作出变通的情况；

（四）部门规章和地方政府规章报国务院备案；地方政府规章应当同时报本级人民代表大会常务委员会备案；设区的市、自治州的人民政府制定的规章应当同时报省、自治区的人民代表大会常务委员会和人民政府备案；

（五）根据授权制定的法规应当报授权决定规定的机关备案；经济特区法规报送备案时，应当说明对法律、行政法规、地方性法规作出变通的情况。

第九十九条　国务院、中央军事委员会、最高人民法院、最高人民检察院和各省、自治区、直辖市的人民代表大会常务委员会认为行政法规、地方性法规、自治条例和单行条例同宪法或者法律相抵触的，可以向全国人民代表大会常务委员会书面提出进行审查的要求，由常务委员会工作机构分送有关的专门委员会进行审查、提出意见。

前款规定以外的其他国家机关和社会团体、企业事业组织以及公民认为行政法规、地方性法规、自治条例和单行条例同宪法或者法律相抵触的，可以向全国人民代表大会常务委员会书面提出进行审查的建议，由常务委员会工作机构进行研究，必要时，送有关的专门委员会进行审查、提出意见。

有关的专门委员会和常务委员会工作机构可以对报送备案的规范性文件进行主动审查。

第一百条　全国人民代表大会专门委员会、常务委员会工作机构在审查、研究中认为行政法规、地方性法规、自治条例和单行条例同宪法或者法律相抵触的，可以向制定机关提出书面审查意见、研究意见；也可以由法律委员会与有关的专门委员会、常务委员会工作机构召开联合审查会议，要求制定机关到会说明情况，再向制定机关提出书面审查意见。制定机关应当在两个月内研究提出是否修改的意见，并向全国人民代表大会法律委员会和有关的专门委员会或者常务委员会工作机构反馈。

全国人民代表大会法律委员会、有关的专门委员会、常务委员会工作机构根据前款规定，向制定机关提出审查意见、研究意见，制定机关按照所提意见对行政法规、地方性法规、自治条例和单行条例进行修改或者废止的，审查终止。

全国人民代表大会法律委员会、有关的专门委员会、常务委员会工作机构经审查、研究认为行政法规、地方性法规、自治条例和单行条例同宪法或者法律相抵触而制定机关不予修改的，应当向委员长会议提出予以撤销的议案、建议，由委员长会议决定提请常务委员会会议审议决定。

第一百零一条　全国人民代表大会有关的专门委员会和常务委员会工作机构应当按照规定要求，将审查、研究情况向提出审查建议的国家机关、社会团体、企业事业组织以及公民反馈，并可以向社会公开。

第一百零二条　其他接受备案的机关对报送备案的地方性法规、自治条例和单行条例、规章的审查程序，按照维护法制统一的原则，由接受备案的机关规定。

文件三：《最高人民法院关于审理行政案件适用法律规范问题的座谈会纪要》

法[2004]96 号

行政审判涉及的法律规范层级和门类较多，立法法施行以后有关法律适用规则亦发生了很大变化，在法律适用中经常遇到如何识别法律依据、解决法律规范冲突等各种疑难问题。这些问题能否妥当地加以解决，直接影响行政审判的公正和效率。而且，随着我国法治水平的提高和适应加入世贸组织的需要，行政审判在解决法律规范冲突、维护法制统一中的作用越来越突出。为准确适用法律规范，确保行政案件的公正审理，维护国家法制的统一和尊严，促进依法行政，最高人民法院行政审判庭曾就审理行政案件适用法律规范的突出问题进行专题调研，并征求有关部门意见。2003 年 10 月，最高人民法院在上海召开全国法院行政审判工作座谈会期间，就审理行政案件适用法律规范问题进行了专题座谈。与会人员在总结审判经验的基础上，根据立法法、行政诉讼法及其他有关法律规定，对一些带有普遍性的问题形成了共识。现将有关内容纪要如下：

一、关于行政案件的审判依据

根据行政诉讼法和立法法有关规定，人民法院审理行政案件，依据法律、行政法规、地方性法规、自治条例和单行条例，参照规章。在参照规章时，应当对规章的规定是否合法有效进行判断，对于合法有效的规章应当适用。根据立法法、行政法规制定程序条例和规章制定程序条例关于法律、行政法规和规章的解释的规定，全国人大常委会的法律解释，国务院或者国务院授权的部门公布的行政法规解释，人民法院作为审理行政案件的法律依据；规章制定机关作出的与规章具有同等效力的规章解释，人民法院审理行政案件时参照适用。

考虑建国后我国立法程序的沿革情况，现行有效的行政法规有以下三种类型：一是国务院制定并公布的行政法规；二是立法法施行以前，按照当时有效的行政法规制定程序，经国务院批准、由国务院部门公布的行政法规。但在立法法施行以后，经国务院批准、由国务院部门公布的规范性文件，不再属于行政法规；三是在清理行政法规时由国务院确认的其他行政法规。

行政审判实践中，经常涉及有关部门为指导法律执行或者实施行政措施而作出的具体应用解释和制定的其他规范性文件，主要是：国务院部门以及省、市、自治区和较大的市的人民政府或其主管部门对于具体应用法律、法规或规章作出的解释；县级以上人民政府及其主管部门制定发布的具有普遍约束力的决定、命令或其他规范性文件。行政机关往往将这些具体应用解释和其他规范性文件作为具体行政行为的直接依据。这些具体应用解释和规范性文件不是正式的法律渊源，对人民法院不具有法律规范意义上的约束力。但是，人民法院经审查认为被诉具体行政行为依据的具体应用解释和其他规范性文件合法、有效并合理、适当的，在认定被诉具体行政行为合法性时应承认其效力；人民法院可以在裁判理由中对具体应用解释和其他规范性文件是否合法、有效、合理或适当进行评述。

二、关于法律规范冲突的适用规则

调整同一对象的两个或者两个以上的法律规范因规定不同的法律后果而产生冲突的，一般情况下应当按照立法法规定的上位法优于下位法、后法优于前法以及特别法优于一般法等法律适用规则，判断和选择所应适用的法律规范。冲突规范所涉及的事项比较重大、有关机关对是否存在冲突有不同意见、应当优先适用的法律规范的合法有效性尚有疑问或者按照法律适用规则不能确定如何适用时，依据立法法规定的程序逐级送请有权机关裁决。

（一）下位法不符合上位法的判断和适用

下位法的规定不符合上位法的，人民法院原则上应当适用上位法。当前许多具体行政行为是依据下位法作出的，并未援引和适用上位法。在这种情况下，为维护法制统一，人民法院审查具体行政行为的合法性时，应当对下位法是否符合上位法一并进行判断。经判断下位法与上位法相抵触的，应当依据上位法认定被诉具体行政行为的合法性。从审判实践看，下位法不符合上位法的常见情形有：下位法缩小上位法规定的权利主体范围，或者违反上位法立法目的扩大上位法规定的权利主体范围；下位法限制或者剥夺上位法规定的权利，或者违反上位法立法目的扩大上位法规定的权利范围；下位法扩大行政主体或其职权范围；下位法延长上位法规定的履行法定职责期限；下位法以参照、准用等方式扩大或者限缩上位法规定的义务或者义务主体的范围、性质或者条件；下位法增设或者限缩违反上位法规定的适用条件；下位法扩大或者限缩上位法规定的给予行政处罚的行为、种类和幅度的范围；下位法改变上位法已规定的违法行为的性质；下位法超出上位法规定的强制措施的适用范围、种类和方式，以及增设或者限缩其适用条件；法规、规章或者其他规范文件设定不符合行政许可法规定的行政许可，或者增设违反上位法的行政许可条件；其他相抵触的情形。

法律、行政法规或者地方性法规修改后，其实施性规定未被明文废止的，人民法院在适用时应当区分下列情形：实施性规定与修改后的法律、行政法规或者地方性法规相抵触的，不予适用；因法律、行政法规或者地方性法规的修改，相应的实施性规定丧失依据而不能单独施行的，不予适用；实施性规定与修改后的法律、行政法规或者地方性法规不相抵触的，可以适用。

（二）特别规定与一般规定的适用关系

同一法律、行政法规、地方性法规、自治条例和单行条例、规章内的不同条文对相同事项有一般规定和特别规定的，优先适用特别规定。

法律之间、行政法规之间或者地方性法规之间对同一事项的新的一般规定与旧的特别规定不一致的，人民法院原则上应按照下列情形适用:新的一般规定允许旧的特别规定继续适用的,适用旧的特别规定;新的一般规定废止旧的特别规定的,适用新的一般规定。不能确定新的一般规定是否允许旧的规定继续适用的,人民法院应当中止行政案件的审理,属于法律的,逐级上报最高人民法院送请全国人民代表大会常务委员会裁决;属于行政法规的,逐级上报最高人民法院送请国务院裁决;属于地方性法规的,由高级人民法院送请制定机关裁决。

(三)地方性法规与部门规章冲突的选择适用

地方性法规与部门规章之间对同一事项的规定不一致的,人民法院一般可以按照下列情形适用:(1)法律或者行政法规授权部门规章作出实施性规定的,其规定优先适用;(2)尚未制定法律、行政法规的,部门规章对于国务院决定、命令授权的事项,或者对于中央宏观调控的事项、需要全国统一的市场活动规则及对外贸易和外商投资等需要全国统一规定的事项作出的规定,应当优先适用;(3)地方性法规根据法律或者行政法规的授权,根据本行政区域的实际情况作出的具体规定,应当优先适用;(4)地方性法规对属于地方性事务的事项作出的规定,应当优先适用;(5)尚未制定法律、行政法规的,地方性法规根据本行政区域的具体情况,对需要全国统一规定以外的事项作出的规定,应当优先适用;(6)能够直接适用的其他情形。不能确定如何适用的,应当中止行政案件的审理,逐级上报最高人民法院按照立法法第八十六条第一款第(二)项的规定送请有权机关处理。

(四)规章冲突的选择适用

部门规章与地方政府规章之间对相同事项的规定不一致的,人民法院一般可以按照下列情形适用:(1)法律或者行政法规授权部门规章作出实施性规定的,其规定优先适用;(2)尚未制定法律、行政法规的，部门规章对于国务院决定、命令授权的事项，或者对属于中央宏观调控的事项、需要全国统一的市场活动规则及对外贸易和外商投资等事项作出的规定，应当优先适用；(3)地方政府规章根据法律或者行政法规的授权，根据本行政区域的实际情况作出的具体规定，应当优先适用；(4)地方政府规章对属于本行政区域的具体行政管理事项作出的规定，应当优先适用；(5)能够直接适用的其他情形。不能确定如何适用的，应当中止行政案件的审理，逐级上报最高人民法院送请国务院裁决。

国务院部门之间制定的规章对同一事项的规定不一致的，人民法院一般可以按照下列情形选择适用：(1)适用与上位法不相抵触的部门规章规定；(2)与上位法均不抵触的，优先适用根据专属职权制定的规章规定；(3)两个以上的国务院部门就涉及其职权范围的事项联合制定的规章规定，优先于其中一个部门单独作出的规定；(4)能够选择适用的其他情形。不能确定如何适用的，应当中止行政案件的审理，逐级上报最高人民法院送请国务院裁决。

国务院部门或者省、市、自治区人民政府制定的其他规范性文件对相同事项的规定不一致的，参照上列精神处理。

三、关于新旧法律规范的适用规则

根据行政审判中的普遍认识和做法，行政相对人的行为发生在新法施行以前，具体行政行为作出在新法施行以后，人民法院审查具体行政行为的合法性时，实体问题适用旧法规定，程序问题适用新法规定，但下列情形除外：(一)法律、法规或规章另有规定的；(二)适用新法对保护行政相对人的合法权益更为有利的；(三)按照具体行政行为的性质应当适用新法的实体规定的。

四、关于法律规范具体应用解释问题

在裁判案件中解释法律规范，是人民法院适用法律的重要组成部分。人民法院对于所适用的法律规范，一般按照其通常语义进行解释；有专业上的特殊涵义的，该涵义优先；语义不清楚或者有歧义的，可以根据上下文和立法宗旨、目的和原则等确定其涵义。

法律规范在列举其适用的典型事项后，又以“等”、“其他”等词语进行表述的，属于不完全列举的例示性规定。以“等”、“其他”等概括性用语表示的事项，均为明文列举的事项以外的事项，且其所概括的情形应为与列举事项类似的事项。

人民法院在解释和适用法律时，应当妥善处理法律效果与社会效果的关系，既要严格适用法律规定和维护法律规定的严肃性，确保法律适用的确定性、统一性和连续性，又要注意与时俱进，注意办案的社会效果，避免刻板僵化地理解和适用法律条文，在法律适用中维护国家利益和社会公共利益。

后　记

本书是笔者在博士论文基础之上经过多次补充和完善得以完成的。2017 年以来，新《行政诉讼法》以及作为其重要配套性规范的 2018 年新《行政诉讼法》司法解释相继出台和施行，本书及时在内容上依据最新颁布的相关宪法和法律规定作出了增补，并将法条的修订内容反映在本书相应各章节之中。

这篇博士论文是对我博士学习阶段的成果总结。之所以选择“行政诉讼法律适用冲突”这一研究主题，是源于博导张淑芳教授对我在行政法学方面的指导，由于自己对法律冲突领域一直较为关注，张老师便结合我的研究兴趣帮助我选择了该主题。题目确定以后便是漫长的材料收集、论文写作的过程，在这整个过程中有过困惑彷徨与踌躇不前，也有过坚持不懈与峰回路转，不过写作本身的体验及磨砺在论文成稿之际都转变为了一种历练与收获。泰戈尔曾说，生命是永恒不断地创造，因为在它内部蕴含着过剩的精力，它不断流溢，越出时间和空间的界限，它不停地追求，以形形色色的自我表现的形式表现出来。此时这句话最能表达我的心境。

在本书行将付梓之际，我要特别感谢的人有很多。首先衷心感谢上海财经大学法学院张淑芳教授。作为我的博士生导师，张老师不仅治学严谨，而且言传身教，指引扶携我在法学研究学术道路上起步，带我一窥学术之堂奥，培养我独立从事科研的能力，指导我做课题，事无巨细帮助我修改论文，并提出了许多宝贵的修改意见。本书从选题确定到格局布置、从逻辑建构到研究方法，以及观点内容的修葺等都得益于导师张淑芳教授无数次耐心细致的指点，本书的顺利完成浸透着老师的辛劳。应该说，没有张老师的教育和悉心指导，就没有本书的问世。在漫长的学术旅途中，博士历程只是一个起步阶段，能够在懵懵懂懂的起步阶段得到导师无微不至的关心和指导，感激之情无以回报，在此向张老师表示深深的敬意和感激，也谢谢关保英教授的指导，同时感谢上海财经大学法学院的其他各位老师多年来对我的关怀和培养。此外，还要感谢复旦大学法学博士后流动站对于我的研究提供的各种后续支持与帮助。有幸受眷顾蒙恩于诸多师长，我心中时刻铭记，唯有今后更加奋发努力，在新的工作岗位上以更多的科研成果来报答师恩。

行政诉讼法律适用冲突领域中涉及的具体问题非常多且庞杂，与司法实践的结合也较为紧密。我们如果对行政审判过程进行细致解读，可以发现在行政诉讼中法院在审判中能够加以适用的规范性法律文件包括法律、行政法规、地方性法规、规章、司法解释、其他行政规范性文件，甚至是法律原则、最高人民法院发布的指导性案例、政策、国际法等，各类法律文件对于法官的判决均起着不同程度的指导、导向、参考等或大或小的影响作用。行政诉讼中的法源是如此之众多，这些不同类型的法源、冠以不同外在表现形式的法律性文件，在行政审判中均发挥着它们不同的作用。行政诉讼的法律适用问题是一个涉及面非常广泛的问题，本书只是围绕“冲突”这一聚焦点来进行探讨，而对法律原则、政策、指导性案例的适用问题，囿于篇幅或者结构方面的考虑未能纳入讨论范围或者未能完整深入地展开，但并不代表这些问题不重要，这些学理上存争议性的问题以及司法实践中的疑难问题，都有待于笔者今后更进一步的研究。

现本书非常荣幸得到上海市社会科学博士文库出版资助，在此谨向上海市学术著作出版资助评审委员会的各位匿名评审专家、工作人员以及负责本书出版工作的张晓玲编辑、冯静编辑等同志表示深深地感谢！

最后，我还要感谢家人的鼓励，是他们一直教育我，知识有着超越于普通生活的力量和特质，只有文字中流淌着的精神和闪烁着的光芒才能克服人们自然属性的瑕疵，并支持我热爱自己所学的法学专业，勇于探索，不断前进。因此我希望在此书出版之际，将喜悦和欣慰与家人共享。

司法实践的不断发展终会推动对于行政诉讼法律适用冲突问题的理论研究不断深化与变迁，本书只能说是关涉该问题某一阶段的成果总结，尽管内容上已经过诸次修改与补正，但是研究中恐难免会挂一漏万，不足之处敬请各位师长、方家批评指正！

张　晗

2019 年 3 月

图书在版编目(CIP)数据

行政诉讼法律适用冲突研究/张晗著.—上海：
上海人民出版社，2019
ISBN 978-7-208-15946-4

Ⅰ.①行…　Ⅱ.①张…　Ⅲ.①行政诉讼法-法律适用-研究-中国　Ⅳ.①D925.305

中国版本图书馆CIP数据核字(2019)第128334号

责任编辑　冯　静

行政诉讼法律适用冲突研究
张　晗　著

出　　版　上海人民出版社
（200001　上海福建中路193号）
发　　行　上海人民出版社发行中心
印　　刷　常熟市新骅印刷有限公司
开　　本　635×965　1/16
印　　张　18
插　　页　5
字　　数　211,000
版　　次　2019年9月第1版
印　　次　2019年9月第1次印刷
ISBN 978-7-208-15946-4/D·3445
定　　价　65.00元

马克思主义研究　哲学社会科学研究　第三十辑　（2018年12月）

马克思与政治哲学问题　陈祥勤 著
现代国家政治能力建构的逻辑　丁冬汉 著
《玉篇》文献考述　吕浩 著
明清传奇杂剧编年史(全五册)　程华平 著
非洲英语文学的源与流　朱振武 著
边缘革命:中外合作办学对高等教育能力建设的影响　丁笑炯 著

博士文库　第二十辑　（2018年12月）

行政诉讼法律适用冲突研究　张晗 著
朱子语录文献语言研究　潘牧天 著